わが思索のあと

わが思索のあと

ALAIN
HISTOIRE DE MES PENSÉES

アラン

神谷幹夫 訳

岩波書店

ALAIN
HISTOIRE DE MES PENSÉES

manuscrit d'Alain (MNR Ms 3)
(Bibliothèque Jacques Doucet, Paris)

序

ロベール・ブルニュ

『わが思索のあと』はどんな意味をもっているのか。

その意義は、すべての読者にとってそうであるように日本人にとっても、第一に、アランを知るため、そして、アランを読むためのもっともすぐれた序章であることだ。

この本が一九五八年、プレイアッド叢書のなかで、アランの作品集の第一巻〔『芸術と神々』〕の最初に選ばれたのもそういうわけだった。しかし、この本はまた、思想経験の書でもあった。すなわち、〔神とさえ呼んでいる〕ひとりの人間〔師ラニョー〕との出会いでもあったのだ。

そこにはアランの作家活動の頂点が、また彼の思索の涯《きわみ》が示されている。すなわち、師ラニョーと出会い〔アランはラニョーを知った、讃歎した、そして彼に倣おうと決めた〕、そして、戦争〔アランは第一次世界大戦に従軍した〕という出来事に決然と、ルサンチマンもなければ敬意もなく、身を託した人間アランが。最初は、精神の光のもとにこの世の幻《イリュージョン》に夢を託しているような、自己の思惟と死闘を演じている、毅然たる人間アランが。

告白もなければ否認もない書である。

その自然な基調《トーン》が、気分、陽気さ、親密さ、重さが、状況とものの見事に合致している。存在〔おのれが現に存すること」への感謝の書でもある。その意味は存在への感謝の念が、理解するという無尽蔵の喜びに培われている、ということだ。そして、存在への感謝の念が、おのれの思惟の道を絶えず修正し、いま一度、思索の道を、思想の発展を涯までゆき尽くさねばならぬ、という堅牢な精神によって堅持されているということだ。

その主著(『神々』)に頼りながら、アランは『わが思索のあと』をこう結論している。「今ここに書き終わるこのもうひとつの書物に対し、ご寛恕を乞う次第である。この書は、正しく理解されたならば、叡知と友情とに満ちあふれた、『神々』への長い序《プレファス》にほかならない」(本書二三八頁)。

そこから、おのずと、こういうふうに思い到るのではないか。

この著書においてアランは、第一人称で、歴史家というよりもむしろ哲学者として、作品の著者、しかも普遍的性格をもつ作品、いな、特異な、微妙繊細な思索の道を切りひらいた作品の著者として、心の内を明かしている。

日本の読者は、モンテーニュやデカルトとともに生まれたフランスの偉大な伝統の実例を、かならずそこに、見いだすだろう。

(二〇〇三年五月、パリにて)

目　次

目次

＊本文中の〔　〕内は訳者による。

子どもだった頃

ある人が、臆見《おっけん》に囚われていない人が、つまりわたしの生徒でもなければ弟子でもない人という意味だが、わたしの思索のあとにたいへん興味を抱き、それを詳しく書いてみてはどうかと勧めてくれた。それは今夏(一九三五年)のことだった。この言葉はまるで稲妻のように、わたしの心を馳せ廻《めぐ》った。わたしは身の上話を好まない。そのために、小説のかたちでさえも、私生活については何も書くことができなかったほどである。それはおそらく、私生活について考えるのがそれほど好きでなかったからだろう。あるいはそんなことをしなくても慰められていたからだろう。わたしは忘れる術《すべ》を、また始める術を心得ていた。このような実践的思索は箴言《しんげん》のかたちに留め置くしかない。なぜなら、この思索は説話のかたちを逸脱しているから。自分を語らないということは、そこにおいては、一種のルール、しかも結局はかならず忘れ去られてしまうような、ほとんど非情なルールなのである。

『大戦の思い出』を書いた時、わたしはこのルールに背いた。それればかりか、三年余のあいだ、紙に書かれたまま放置された。読み直す了見もあったが、読み直すのが怖くもあった。その原稿が火に燃やされなかったのは、おそらくこのような怠慢さのせいであろう。また、たとえいつか、日の目を見るとしても、本当の意味での告白を見いだすことはないだろう。なぜなら、どんなに大胆であろうとも、それはまだ、かなり慎重なものだから。わたしの告白に従って、しかも、本当はまったくやっていないことの「告白」に従って、わたしの思い出そのものがいつもアレンジされたものであることを、根拠をもって認識するだろう。

そうではあるが、しかしまた、わたしの思索は告白されるに値するものだ。やましい点は一種の怠惰だけである。わたしの思うところではこれも、わたしには大いに役立っているものなのだ。思想と行動とを分離するのは詭計《きけい》がすぎると言われるかもしれない。わたしのなかにはそのような分離はかつて存在しなかったことを、すぐに言っておきたい。それどころかまったく反対に、思想のほうこそ、わたしの絶望を払いのけることをやめなかった。思想はいつも、そしていまなお、検討すべき、差し迫った問題を、いな、言い換えれば克服しなければならない愚かさを、わたしに課しているからだ。他のことは向こう見ずの決断と、臆見に対する完全な無視によって、おのずからなるようになっていった。こうした行動は、もしわたしがたくさんの大切な真理を秩序づけ、調和させることを、いつも、第一に、気遣うようなことをしなかったならば、わたしをはるか遠くに導いただろう。しかし、このような宝物がなぜわたしにゆだねられたか、何のためにゆだねられたか、わたしは知らない。知りたいとさえも思わない。この指摘から、わたしはありがたいことに、解決のつかない問題にはかかわり合わなかったことが予測される。この点については、わたしはついに、なぜそうなったかがわかった。わたしの言いたかったことに戻ろう。すなわち思想が自分の生き方にどんな影響をおよぼしたか、である。

一例だけ挙げてみよう。それはきわめて単純なものであるが、たぶん単純すぎるものではあるまい。むかし、エコール・ノルマル〔高等師範学校〕にいた頃のことだが、仲間たちと一緒に、酒を呑むのが好きだった。ある晩、天地を彷徨《さまよ》いながら、雄渾壮大な数ページを書きたくてたまらなくなったのを覚えている。ペンは飛ぶように動いた。しかし朝になってみると、それはまったくつまらぬものであった。というより、わたしがいつもそこから出発する愚かしさの見事な典型であった。なぜなら、わたしはもっともらしい外観をしたばかばかしさを、心の中で克服しないですむような日は、生涯、一日としてなかったから。さて、今述べた場合では、自己陶酔に陥っていたのだ。白状すると、この時わたしは自分が怖くなって、アルコールを断ってしまった。それ以来ほぼ三〇年のあいだ、会議ではカフェとミルクしか飲まなかった。例外がなかったとは言わない。なぜなら、いつも、一杯やることは、わたしにとってどうしてもやってしまう愚かな振る舞いのようであったから。すなわち、まったくそれなしで済ますわけにはいかないものだった。さて、わたしは図らずも酔うことを知った。しかしもうそれを信じなかった。もうそれを期待しなかった。もう求めなかった。この種の驕《おご》った気分には裁きをくだしていた。さて、前置きはもういいだろう。なぜなら、わたしがあるしかたで自分のことを語ることに、楽しみをおぼえているのがよくわかるから。しかしこの楽しみは、わたしの目にはすべての酩酊と同様、軽蔑すべきものだ。わたしはここで、まったく酔いから醒めた時期のことを、要するに自分の生涯のあれこれ、しかもわたしがそれによろこびをもって応えうるものを語りたい。

子どもの頃のことはあまり言わない。なぜなら、愚かなことばかりだったから。果てしのない物語を真似た。暗唱し、演じた。読んで、自分に物語ったものだ。これらの物語は内容的にはわたしが愛読した二冊の子どものための本に似ていた。ひとつは『騎手バヤール』であり、もうひとつは『森の子ヴィクトール』というタイトルの、一二巻からなる地底冒険物語であった。わたしはいまなお、自分がつねに泰然自若とした不敗の主人公である冒険譚《ぼうけんたん》を、何時間でも熱心に自分に物語ることができる。わたしの生涯を通じて、自分に自分を語って聞かせるこれらの説話は、武勇譚であった。問題はいつも敵を皆殺しにすることで、わたしは皆殺しにせずにはいられなかった。『宝島』を読み終えるずっと前に自分で考えた想像上の島のことが、いまもわたしの脳裡にはある。この点ではわたしはどんな進歩もしていない。これらの説話はみんな、同じような途方もない愚かさをとどめている。ここには人間のある部分、すなわち戦争を、名誉を、そして権力を愛するそれが見いだされる。わたしはそれを、わが同胞たちのなかにもはっきり認めた。おそらく彼らにあっては、きわめて不実にも、思想と呼んでいるものと混ざり合っている。自分としては、この種の栄光を十分に軽蔑してきたつもりである。この栄光は休戦後にメスに入城したフランスの一将軍の栄光と酷似している。

ところでわたしは将校になる夢を見た。勝利を収め、支配し、強制し、おびえさせることを夢みた。いまなお、そういう夢に対して、ある種の寛大さをもっている。しかしながら、けっして信じない。この状況を詳しく説明したい。一度ならずわたしは、まったき意味で夢を見た。すなわち眠りのなかでアカデミー賞を受賞した、あるいはレジョンドヌール勲章をもらった。そのことは考慮に値する、なぜなら、夢のなかでわたしはよろこびを感じたのだから。はたして気を蕩《とろ》かす夢想はこうしたつまらぬ成功だけでなく、はるか彼方にまで到っている。わたしはそれをけっして信じなかった。それはつまり、そうした夢に空虚さと滑稽さを感じたということである。たとえば、金持ちになった夢を見たとする。そこにおいて滑稽に思われたのは、この富を現実に支えているものが何もなかったことだ。わたしは働くことなど考えていなかった。しかし同時に、働くことを考えないのは滑稽であることを知っていた。同様に、わたしは自分が暴君である夢を見たこともある。しかしわたしは手段のことなどまったく思い到らなかった。するとすぐに反省によって、わたしはこうしたさまざまな手段を発見した。わたしを惹きつけることのない手段だった。そうした手段のなかで最悪だと思われたのは、自分を信じなければならない、ということだ。そこから、わたしは、アレクサンドロスやカエサルやナポレオンだって、自分だったら、絶対そんなことはしないような馬鹿なことをした瞬間《とき》があったと確信した。わたしの抱いた野心は、だいたい、そんなふうに言うことができた。

したがって、まったく愚かな少年時代だった。すべての少年時代がそうであるように――。そこにおいてわたしは、二つの変貌だけを指摘したい。一つは明晰なものだが、もう一つは曖昧なものだ。ともに、思惟の変貌を内容としている。第一の変貌は、モルターニュ〔アランの生まれた、ノルマンディ地方の町〕の学校で、ある司祭がわたしに幾何学を啓示したことだ。彼は幾何学を教えていたが、理解してはいなかった。わたしはまだ、彼が第四学級〔一三歳から一四歳〕用の小さな教科書を手にもっていたのをよく覚えている。この教科書だが、わたしはそれを一度も読むことはなかった。彼は大学ふうにやろうとしたのだ。黒板に図表を書いては大声で証明を読み上げていた。ユークリッドによる証明など少しも彼の心を打つものではなかったことは明らかだ。彼の仕事は、そして彼が教科書につけ加えているものは、定規とコンパスによって証明を確認することであった。そこには、何か幾何学のようなものが生まれているように見えた。しかしそれはまったく幾何学とはほど遠かった。けれどもわたしは、同時に、もう一つの幾何学、本物の幾何学があるのではないかと思った。わたしはその時、何かが、これまで経験したことのない美しい何かが、稲妻のように閃《ひらめ》くのを感じた。そのことは翌年リセ・アランソンで、第四学級をふたたび習った時、完全に確認されたことだった。

もうひとつの思惟の変貌も、まったく同じように、ラディカルなものであった。一二歳になるまで、自分はお祈りをし、公教要理《カテキスム》〔キリスト教の教理をわかりやすく説いた要約〕を習い、きわめて誠実に聖体拝領〔ミサ聖餐においてキリストのからだとなったとされるパンと葡萄酒を食すること〕をしてきた。本当のことである。なぜなら、悪魔や地獄が本当に怖かったから。また、ミサに応え、ロザリオの祈りを唱えるのに良心的であったことも言わねばならない。その点では、生粋のペルシュ地方〔フランス、ノルマンディ地域圏〕の人で、そこを離れなかった仲間のガスランにも劣らないような、異論のない評判を得たほどであった。われわれふたりは最初の組をなして、町の臨終の人のためにロザリオ一連を唱えるように託された。われわれはよく、校長の家の庭に連れてゆかれ、ロザリオの祈りと祈りのあいだにスグリの実を食べさせてもらったことを覚えている。ここにはどんな欺瞞《ぎまん》もない。ただ、ふたりの修練者の純粋な美徳のみ。ところが、一二、三年後には、もはやわたしのなかには、こうしたきわめて真摯な宗教心の痕跡はひとかけらもなかった。どうしてこの変化が起きたのか、言うこともできなかった。おそらく、筋骨が逞《たくま》しくなった時、恐怖が支配するのは終わったのだろう。わたしは子どもだった頃はずっと臆病だった。わたしは悪魔ばかりではなく、あらゆる種類の盗賊を想像して怖くてたまらなかった。わたしは盗賊たちの話をすっかり真に受けていた。盗賊たちは森が深くて住む人の少ないあの田舎には必ずいたのだ。ところが、そうした恐怖が全部、なくなったのだ。いな、もっと言えば、わたしの行動を支配することをすっかりやめたのである。宗教は恐怖にすぎないとまでは言わない。しかし、とにかく、宗教心が恐怖心と一緒にわたしから去ってしまったことは事実である。

わたしはこのような推移《パサージュ》を深く省察した。当時はそんなことにはほとんど気がつかなかったが。その点についてひとことで言えば、次の真理を確信した。最初の情動はほとんど変わらないが、雄々《おお》しい決断によって抑えられるやいなや、勢いがなくなり忘れられたようになる。ひとつの心の動きが他の動きを排除する。英雄たちがしばしば言うように、行動する前に怖がるのはどうということはない。ところが、亡霊があらわれたら、ただちに行動しなければならない。すなわち、やろうと思っていたことを、本当にやってのけることだ。進んでみるのだ。したがって、この恐怖を感じるのはほんの一瞬間だけであろう。そこから次のような結論が出てくる。すなわち、何も信じないという強い意志のような大胆さに、神々も、悪魔たちも、すぐに退散する。それに、力をつけると同時に、わたしは人間の支配下に移った。リセの仲間たちの例を考えるまでもなく。彼ら全部のなかから、わたしはひとりも信者を挙げることができない。ガスランはそのことをどう思うだろうか。それを知る機会はなかったが、農夫である彼は、きっとそういう問題提起をしなかっただろう。いまもおそらく、信心深くまた王党派であろう。

ところで、やがてわかるだろうが、わたしは、その気になれば、信心深くも、王党派にでもなれるだけのものをもっている。この「もしその気になれば」という言葉こそ、異端者において焚刑《ふんけい》に処せられたものなのだ。この問題を終えるにあたって、こう言っておこう。わたしは人びとの言うことに驚愕している、そしてパスカルにもまた。彼らは、宗教は信じがたいものである、それが人の心に生起するためには天啓が必要であると言うのだから。わたしはむしろ、正反対のことを感じている。この点においては、わたしはこれまで知ったすべての人のうちで、おそらくもっとも非宗教的なのだと思う。実際、すべての仮面を剝いで、すべての役割を打ち壊して、すべての常套句を取り除いてしまえば、彼らはわたしよりももっと信心深くない者である、と確信している。彼らの演じている喜劇《コメディ》は政治的なものである。

この経験に戻ることによって、この経験はどんな観念ももたないように見えたけれども、しかしわたしは、この経験からひとつの重要な観念をつくり出し、それを確固たるものにしたと思う。すなわち、情動とは事実上、運動にほかならない。なぜなら、最初の恐怖を軽蔑することと、デカルト流に自分の魂と身体を区別することとは、同じことなのだ。そして情動のなかには思考がまったくないこと、情動は何も言わない、何もあかししないことを、やがて機会があれば理解しようと企てるのは、勇気ある思惟のはたらきによってだから。わたしの思いなすところによれば、それこそが証明の真の吟味である。一度ならず指摘するように、証明を求めるべきは亡霊に対してではない。なぜなら、このような場合、だれも、反論できない亡霊を、けっして見ないと請け合うことはできないから。むしろ、思想はすべて、まったく無でしかないところの、亡霊から始まることを知らねばならない。こうして、すべての亡霊がまず、暫定的に、人間の身体に送り返される。人間の身体には亡霊たちの真の場所があるのだ。彼らはもうそこから戻ってはこない。

次に、わかったことは、判断の自由についてほど、わたしが省察したものはなかったことだ。この時期以来、行動における生き生きした、迅速な自由が、言わばわたしのお気に入りの身振りであった。この同じ身振りを、他の多くの人たちのなかに認めた。強制の、いな、単に思案のパースペクティヴは、雷電のようなあの反撃を呼び起こすだけだった。この反撃はまた、状況を一変させることによって、強制や思案を予想してなされるすべての省察を無益な、場違いのものにしてしまう。こうした性格的特徴は、怒りに先立ってあらわれる一種の暴力であって、今日でもなお、人がわたしにおそれをなすかもしれない唯一のものである。わたしの自由を妨げようとする人に対しては、向こう見ずなかたちでこの自由をあかしする。この種の決断は、しばしば途方もない悪意に匹敵する。実際は何ひとつ似ていないにもかかわらず。ところで、それ以来、これらの不意の、後戻りしない方向転換を省察したわたしは、それらがわたしの思考を導くために大いに役立っていたことを理解した。やめたいことはもはや考えないという術策は、これらの身体の不意の変化から出てきている。その効果は驚くべきものだ。人はそれを少しも信じないけれども。ある事物をもはや考えまいと頑なな態度を決め込むやいなや、わたしはうるさい人を永久に遠ざけることを命じた専制君主に似ているのだ。このような単純化の精神は、思想においてはすばらしいものである。このようにしてわたしはいつも肚《はら》を決めたのだ。すなわち、しばしば自分に与えた最初の決断に身を投じ、もはやそこに後戻りしないこと。書く行為はこの決断を身振りにおいて表現していた。わたしは優柔不断から解放されていた。いまなお、書く行為においてわたしは、しばしば、熟慮すれば不確実であることを選ぶ。わたしにとってこれは仕方のないことだ。この選択で我慢しなければならない。なぜなら、逆戻りは大嫌いだから。そこから、抹消した箇所はない。わたしが気づいたのは、決断することと行為することのあいだには、いかなる相違もないということだ。ずっと後になって、すでに教養を身につけた生徒たちに、ちゃんとした文体で、しかも修正しないで定義を書くように勧めた時、彼らにこう言った。「考え込んでは絶対だめだ。書きなさい。始めてみなさい」。この方法はあらゆる隷属を破棄する。具合の悪い点は、しばしば失敗することだ。しかしわたしの一貫した規則はいつも、すべてをまた始めることだ。修正するのではなく。

ところで、かなりラディカルなこの種の方法は、それを実際的問題に適用するやいなや、一見したところ、何か非情なものをもっている。けっして後戻りしないというのは辛いことである。しかしわたしは、あまりにしばしば、おのれ自身を相手とした苦境に陥ったため、絶対、過去にさかのぼらないことを学んだ。これはデカルトが言ったように、悔い改めから解放されることである。だからわたしは、デカルトのなかに、自分にふさわしい師をはっきり認めた。デカルトが大好きだというのではない。ここでは好き嫌いなど問題ではなかった。初期の思いから速やかに逃れて肚を決めねばならなかった。それ以来、わたしは、肚を決めることによって始めに棄てたすべてのものがふたたび見いだされることを知った。ここには、わたしの知る限り、本物の哲学があらわれている。信じるのをやめたこの年齢には、わたしは哲学も、どんな知識も気にしなかった。わたしはラテン語やギリシア語やフランス語を無理やり習っていた。退屈したわけでもなかったが。わたしの全注意は、ヴァカンスの楽しみにあった。たとえば、人間らしい仕事に参加すること、収穫の手伝いをすること、馬の調教を手伝うこと、勢子《せこ》になること、獲物袋を運ぶこと、ロウチ〔鯉《コイ》の一種〕やザリガニを摑《つか》むことだった。

この点で、二つの例外が、しかも注目に値するものが見られる。第一は幾何学にかかわるものである。ようやくわたしは、リセで、ある細心の人物から幾何学の説明を聴くことができた。彼は経験を超えて証明を捉える術を心得ていた。自分の描いた図形の前で、ゆっくりと独り言を言うのが彼の癖であった。われわれは彼のきわめて慎重な言説《ディスクール》を覚えておかねばならなかった。一語でも変更することを認めなかったのだ。わたしとしては、理解することはすぐにできた。しかし、初めて、言語がわたしの注意を奪った。「なぜなら」「ゆえに」「したがって」といった連結語の意味に気がついた。あいまいさなしに、しかも可能な限り少ない語でもって言い切る術に興味を抱いた。ついには、最少の文字でもって語られたものを好むようになった。わたしは練習をする機会を得た。なぜなら、学期末の作文試験で、授業課題と呼ばれているもののあとに、ある純粋幾何学の問題が出されたから。わたしは始めから、全部一〇点で一番だったので、いつもこれほどうまくやれるかどうかが、わたしにもみんなにも、一種の賭けになってしまった。先生はわたしの答案に熱心に見入った。そして問題に視線をやって、笑みを浮かべた。ところで、全部一〇点(これは一度もつけたことのない最高点だった)ということから、問題の解答はすっきりと、すなわち厳密さと簡潔さの規則どおりになされていると想定された。わたしはそのことをよく知っていた。わたしは賭けに勝ちたかった。そして五年間勝ち続けた。こうしてわたしは仕事の観念を知った。なぜなら、他のすべてのことは遊びにすぎなかったから。しかしながら、これらの輝かしい成績はとんだ誤解を生ぜしめることになった。優秀な人物はわたしをもう理工科学校生《ポリテクニシャン》と見てしまった。彼はまず、わたしに文科と理科の二つのバカロレアを、同時に受けさせようと図った。彼はアドヴァイスを少しも惜しまなかった。しかしわたしは、この目的のために一冊の本も開いたことがなかったこと、そしてまさに補充として知らねばならなかった普通の曲線についても、まったく無知であったことを知ってほしい。そのことはもはやわたしの賭けの範囲ではなかったのだ。要するに、恥ずかしいことに、理系の試験に落ちた。仲間たちの言い種《ぐさ》では、あっさりと落ちた。このような憂鬱はわたしにとって、たいしたことではなかった。ショックだったのは、先生たちが、そしてそれに続いて両親までも、わたしの不合格はまったく不当であるとどこまでも信じているのを見ることだった。わたしはそうではないと言ったのだが、わたしの言うことなど聞いてさえもらえなかった。このことについては、当時、わたしは深く反省した。いまなお、反省している。みんながわたしの頭脳に置いていた信頼の蓄積を、わたしは十分に量っていなかったのだ。よくわかっていたことだが、仲間たちはわたしを、全科目において一番であるはずの人だとしてしまった。この感情はわたしのなかに、人間に対する過信を生み出してしまった。なぜなら、要するに、連中は子どもだったのだから。わたしの屈辱を見るのは彼らにとって屈辱だったのだ。その点ではわたしを責めることもできたのだ。さらに驚くべきは、歴史の先生のやり方である。彼はわたしが多くを知ることなしに才能でそれを切り抜けられるような作文の問題を、いつも出した。彼はそのことを隠そうともしなかった。仲間たちもそういうものだと思っていた。したがって、みんなの一致した思惑によってすぐれた運命に導かれてしまい、わたしは不遜の極みにあった。ディケンズの小説とユゴーの『観照』とそれに音楽がわたしのすべての時間を奪ってしまった。

　幾何学と同時に音楽が啓示された(ああ、プラトンよ)。しかもそれはもっとも劣悪な、もっともくだらぬ音楽であった。リセは楽隊をもっていた。その指揮者は、技《メチエ》を心得ていたが、細部はなおざりにする人物であった。したがって、わたしはやさしい楽器を、コルネットやトロンボーンやバスを、習得した。わたしは総譜《スコア》や和音や不協和音に飛びついた。わたしには目新しいものだった。ついにわたしは、副指揮者となり、その資格でもってほとんどすべてのことをやってのけた。われわれは裕福ではなかったから、指揮用の総譜(ピアノ編曲)だけを買って各人の力量を勘案して自分でパートを配分することを、わたしは考えた。間違えることによってわたしは習得した。指揮者はついに、わたしを職人として扱ってくれた。たまたま生徒監が亡くなり、指揮者が悲嘆に暮れるあまり(彼はカフェの常連だった)、粗末な紙の上に翌日演奏する葬送行進曲をなぐり書きした。わたしはその楽譜を受け取り、読んで、推し量った。指揮者が練習の仕上げをした。それはすべての楽隊が葬式のとき聞かせるような短調の哀歌であった。この音楽はつまらぬものだった。われわれのポルカやワルツや速歩行進曲と同じように。しかし結局、和音はどんな音楽でも同じなので、そこからわたしは音楽を知るようになった。わたしはまた、この時期から、まずい音楽に対する顕著な趣味と、それを望み次第につくり上げる能力とを身につけた。明日からでも町の楽隊のために行進曲やダンス曲をつくり出して食べてゆける自信があるほどである。この当時、わたしはモーツァルトやベートーヴェンのものは何も聴いたことがなかった。このような学び方には一長一短があった。こうしてわたしは、幸運にも、始めから芸術に対して、それを語るためとは別のしかたで、興味を抱いたのだった。

わたしの「ポリテクニシャン」としての経歴は短かった。わたしのために、ヴァンヴのリセ(後のリセ・ミシュレ校)へ給費を移動することが請願され、許可された。わたしは七月の失敗を一〇月に取り返さねばならなかった。そして数学の特別授業を受けねばならなかった。わたしは気乗りせずにこの道に入ろうとしていた。ちょうどその時、父の古い友人で、かなり前からわたしのすることを見てきた人が、突然、わたしにこう言ってくれた。「ポリテクニックの受験準備はやめたまえ。ずっと楽な勉強で君はエコール・ノルマルの文科に入れるよ」。わたしはこの考えが気に入った。ヴァンヴの人たちも文句は言わなかった。こうしてわたしは、けっして考えたことのなかった道に投げ込まれた。

若者だった頃

すでに言ったように、親密な思い出については語らない。家庭生活については何も言うまい。それは、とくにどうということもなかったのだ。わたしがふしあわせな子だったことが、すぐにわかるだろう。しかしそれは本当ではない。わたしはものを考えさせてくれたことだけを、語りたい。わたしの父はまるでディオゲネスみたいな男で、わたしをティルバリ〔二輪馬車〕に乗せてつれ回した。わたしはすぐに手綱がとれるようになった。力がつくに応じて、父の獣医の仕事を手伝った。彼はその道の大家であり、人からもそう認められていた。手ずから、わたしは多くを学んだのだ。わたしの精神の眼をひらいてくれた省察の一例は、こうである。ある日、五〇〇メートルほど先を走っている一頭の馬を指してわたしに言った。「あの馬が片目なのがわかるか」。「片目だって、どうしてわかるの」と聞き返した。「馬鹿だな、あの馬の片方の耳を見てごらん。くるくるまわりながら、音をひろっているではないか。あちら側の目がわるいのだ」と父は言った。またある時は、まるで独り言でもいうように、フランスからたくさんの馬を買うアメリカ人がどうして、ペルシュ種の移植に成功しないかを言ってくれた。「アメリカにはフランスのように乾いた牧場がない。湿原ではフランスの馬は足の病気にやられる。水疵病《すいひびょう》というやつだ。これにやられると、爪先で歩くようになる。そこからお尻のかたちがくずれてしまう。二、三年経てばもう駄馬だ」。動物のかたちも丘のかたちのようなものであるのが漠然とわかった。この日から、わたしはダーウィン主義者として考えるのをやめなかった。父は無口だった。だが、時としてなかなか気の利いた諷刺を見つけた。わたしがアグレジェ〔上級教員資格者〕になった時、父はこう言った。「それでもお前は馬鹿だろうよ」。こういう教訓はわたしにはいらなかった。しかし、こうした教訓はつねに必要だと言おう。天文学が好きになったのも父のおかげだろう。彼はなんでも読んだ。およそ宗教的な人間ではなかったのに聖人伝まで読んでいた。彼の天文学は趣味の域を出なかったが、鞭《むち》でシリウス星を指しながら、「地球にいちばん近い星だ」と教えた。どうしてそのことがわかるのか、自らに問うたのは、その時だったか、あるいはもう少し後のことだったか。とにかく天文学において気に入ったのは数学であるのは事実だ。今でもまだ、光年とか渦状星雲とかいうのを馬鹿にしている。家族の話はやめよう。なぜなら、そんな話になると、いつも敬虔《けいけん》な嘘ばかりを言おうとしたものだから。そんな嘘が読者におもしろいわけがない。

ある人についてちょっと長く話すことにする。わたしはその人を尊敬しなければならないというのでもなかった。彼もそんなことは求めなかった。でも、わたしに関心をもってくれた。彼は弁護士で、父よりも少し若く、きわめて裕福に暮らしていた。ル・ペルシュの人は一般にそうであるが、君主制擁護者で、正統王朝派であった。彼はしばしばわたしをからかってこう言ったものだ。君が共和主義者なのはよくわかるが、それは結局、何にもならぬ。世が世なら、彼は宮廷人になりたかったのだろう。しかし、彼はたくさんの本を読んでいた。しかもよく読んでいた。愛と名誉を信じていた。わたしが驚いたことのひとつで、実際今なお驚いていることだが、ある日彼がこう言うのを聞いたことがある。わたしが嘘をついて悩んでいる時のことだった。なぜなら、われわれはなんでも話したから。

「いかなる場合にあってても絶対嘘をついてはいけない。例外が好きな人は詭弁家だ」と言い、たいへん厳粛にそれをくりかえした。わたしには、彼自身が日に何度も嘘をついているのをすっぱぬくこともできただろう。秘密を絶対漏らさないことにかけては彼の右に出る者はいなかった。それに、彼の顔は美しかったが、自然と閉じられていて、見通すことができなかった。わたしは時々、彼は政治家になれそうだと思った。それに、彼はブーランジェ事件〔一八八九年、フランス第三共和政に対し、軍国主義者が共和政転覆を謀った事件〕の陰謀家のひとりであった。しかし、こと嘘については、あの原理をどう考えるべきか。原理から応用にどうしたら到れるのか。この男がわたしに対しては決して偽善者でなかったのをよく知っている。しかも、わたしは彼からどのような弁解も聞いたことがない。わたしはこの大問題について相当量のページを書いたあと、ようやくあることを明言することができたが、これはただ密かに取っておくしかない。わたしはここで、人間とじかにぶつかって、そこにある確固とした不透明なものを見いだしていた。そのうえ、矛盾のない筋の通ったものからはほど遠いけれども、実体的なもの、きわめて尊敬すべき、合理的なものを感じていた。どこから、それは来るのか。おそらく、彼の考えが矛盾のない筋の通ったものではないとわかっても、わたしは彼に全幅の信頼をおいていたことからだろう。この点においてわたしは正しかったこと、彼は嘘についても他のどんなことでも決してわたしを騙さなかったことを、今なお確信している。

わたしはここで、わたしがそれでもって何かをなした壁のひとつに手をふれている。わたしはいつも、解決というものを軽蔑した。その理由《わけ》が、ようやくわかった。とにかく反論と解決とを内容とする議論はわたしを無のなかに投げ込んだのは事実だ。まったくもっともらしい調停、まったく不確かな調停に、わたしは断固反対した。そういうものはわたしにいつも、これ以上ないほどの疑惑を抱かせた。論証も、反証とほとんど同じく嫌いだ。わたしのよく知っているある不分明さ・暗さ、わたしはこれだけが好きだ。これは虚しいものでも内容のないものでもない。それどころか充実したものだ。わたしはこれまでそれによって支えられてきたし、今も支えられている。それを見とおしたくて躍起になることもなく、いな、反対に、決して見とおせないことに安んじて信じ切っているのだ。時としてわたしは、もうひとつの顔《イマージュ》を顕わしたものだ。なぜなら、わたしはいつも即興で考える人、韜《とう》晦者《かいしゃ》だったから。しばしば才気に満ちていたものだった。しばしば、わたしが完膚なきまでにやっつけた者から、恐れられ、羨まれ、こっぴどく批判されたものだ。わたしとしては、そんなことはなんでもないことで、またその結果どうなろうと、どんな意味も認めなかった。なぜなら、人の臆見など、わたしにとってはどうでもいいもので、相手にしなかったから。わたしを軽薄だと言う人たち、いな、もっとあしざまに言う人たちに対して、彼らの臆見を変えさせるため、わたしは指一本動かすことさえしなかった。

今なお、わたしは同じである。そんなに昔のことではないが、一種の政治的な駆け引き、ことばの軍《いくさ》のような昼餉《ひるげ》をともにしたことがある(これはわたしの習慣ではない)。隣に座ったある名士に対して、わたしはきわどい術策をあれこれと用いた。それは彼をまどわすためではなく、自分で楽しむためだった。彼がそれを省察してどう言おうと、わたしはまったく気にしない。それはつまり、現実の政治とかかわった時でも、どれほど純粋派の人びとから疑われ、糾弾され、軽蔑されたかもしれないが、それでも気にはならなかった。結局、わたしは間違っていなかったのだ。なぜなら、彼らはいつも、自分の臆見を撤回し、しまいにはわたしを、もっとも確実な、もっとも裏切ることの少ない男だとみなすに到ったからだ。

今語ったその友人は、ウール川の水源にある、森と沼ばかりの人里離れた地方へ、よくわたしを狩りに連れていってくれた。わたしは猟をすぐにやめて、この静寂のなかを歩いた。わたしはそこでカンバスを塗りたくった。鹿や猪に出合ったこともある。夜はわたしの主人と話をした。彼は批評家で、経験もあった。バルザックやゴンクールをわたしに読むように勧めたのは彼だった。スタンダールについては、彼は何も知らなかった(一八八五年頃だった)。彼のところには『アンナ・カレーニナ』があったが、彼はそれを知らないように見えた。バルザックは、いつもそうであるように、説話と省察との無尽蔵のテクストだった。彼はほとんど議論しなかった。むしろ、ただ従ってゆく人だった。このような、ただ従いゆく人間が明らかに自由な精神であることに感嘆した。彼はわたしにまったく欠けていた世の礼儀作法を、身につけさせようと努めた。だから、わたしはまず、大作家に対する礼儀として、彼らはいつも正しいとみなす作法を覚えた。わたしを批判しようとした人たちを、はじめ、これほど驚愕させたものはなかった。のちには、これほど憤慨させたものはなかった。わたしは職業柄、反駁者という厭《いと》わしい輩《やから》のなかで生きてきたのだ。

わたしはまたも、先走ってしまった。このような、きわめて高潔かつ慇懃《いんぎん》な人物と一緒にいて、ただ礼儀作法を真似た。それ以上のことなどあまり考えることなく。わたしが拒絶の理由を決して言わない習慣を身につけたのも彼からだった。それ以来、わたしは、理由を言って拒絶するのは少しも拒絶ではないことを理解した。残念なことに、わたしはこの肩幅の広い影法師を途上で喪《うしな》うことになる。

神々が正義にいます限り、彼は木陰に銃を背負い、犬を連れて、極楽の園を彷徨っているにちがいない。

ラニョー

さて、わたしはリセ・ミシュレ校に入った。そこでジュール・ラニョー〔Jules Lagneau, 1851-94. 教育者、哲学者〕の教えを受けた。わたしはひとりの思想家を知った。わたしは彼を讃歎した。彼の真似をしようと決心した。その時からずっと、たしかにわたしは、わが師を擁護してきた。しかし、はたして彼が欲したようにそれをやっただろうか。そうでないのはたしかだ。わたしは彼から、対象に即しながら、それにもかかわらず思考のものである一種の分析を学んだ。視覚、触覚、聴覚についての彼の探究は、わたしにひとつの世界をひらいてくれた。わたしは、事物の世界もまた、ひとつの思考の事実であることを知った。たとえば、空間の要素である距離を問いながら、わたしはそれが思考以外の何ものでもないことを理解した。なぜなら、距離は存在せず、それは事物とわたしとの、また、事物と事物との関係にすぎないからだ。こうして、事物の衣裳のように見えるこの輝く空間を、わたしは変化するもの、構成されたもの、たどられたもの、線を引かれたもの、掘りうがたれたもの、判断によってしか存在をもたないものとして、認識した。そのつど想定され、計られ、堅持されるものとして――。そのつど不注意によって消え失せるものとして――。わたしが拒否しても拒否できなかったこの観念は、わたしを永遠に変えてしまった。毎朝そこでわが師に出会う驚きのなか、むずかしさのなかに、自分をくりかえし置くことによって――。たしかに、朝ごとに、いかなる人も世界を再構築している。目醒めとはそういうものだ。意識とはそういうものだ。朝ごとに哲学者は、二重の目醒めによって、この目醒めそのものを讃歎し、「魂の魂」を取り戻す。わたしはそこからほとんど動くことができなかった。なぜなら、この発見というのは、慣れることもなじむことも、信じることさえもできなかったからだ。発見に対して人は、ただ発見をすること、ふたたび発見をすることしかできない。つまり発見は記憶できる結果に還元されないとしたら、発見がふたたび起きるのは同じ驚愕によって、同じ創意によってであり、それ以外ではないのだ。

「思考は量るものである」。ラニョーのこの定式は(わたしは何にも優《ま》して、このことばを想起する)わたしを低俗なイデアリスムから守ってくれた。なぜなら、尺度は世界の素材のようなものであるから。世界がわたしに依存しなくなるのはまさに尺度によってである。したがって、わたしは思惟によって自己の埒外《らちがい》に出るのだ。思惟が主体的であるのは、思惟がわたし自身であるのは、ただ思惟が、わたしの尺度とわたしの人間である状況との関係を捉える限りにおいて、である。言い換えれば、一対象を世界のなかで知覚する限りにおいて、である。また情念さえもが攪乱者となるのは、幻想《イリュージョン》と誤《ご》謬《びゅう》とが裁かれる時、事物と状況との真実に対して、である。なんらかの意味において神のうちで思惟しなかったならば、わたしはまったく思惟しなかったであろう、としばしば考えた。この考えはスピノザ的である。それ以来わたしは、ラニョーは思っていたよりもスピノザ的であることを知った。わたしがスピノザ主義者にならなかったことは驚くべきことだ。その頃わたしは、ほとんど何も理解することなく『エチカ』を写しはじめた。わたしを、いわば第三の天まで引き上げたものは、わたしが見ている世界の夢のなかで輝かしい真理を発見したことである。そしてそのうえ、かつそれによって世界そのものを、実存在そのものを発見したことである。こうしてわたしは、自分でもほとんど信じていなかったひとつの病気、すなわち懐疑主義から永久に癒された。真理はわたしからはるか彼方にあると考えるどころか、反対にわたしは、真理の真理を見いだしていること、いな、ある意味では知りうるいっさいのものを見いだしている、と思っている。だから、わたしはあらゆる真理の体系が出来上がるのを待つことはない。どのようにしてそれが出来上がるかを知ろうとさえもしない。反対にわたしは、あらゆる真理は真理の体系のなかで滅びると確信している。そのようにある部分が他の部分を支えているのは世界であって、それはけっして思惟ではない。わたしは、観念はいかなる意味においても存在しうるものであるとは、けっして信じなかった。反対に、観念は、観念を構築する弁証法的運動によってのみ、あるのだ。観念を棄てたところで観念を見いだすことはおぼつかない。反対に、観念を発見しなければならない。わたしは観念を発見するための正しい秩序があるとさえも思わない。秩序は交差している。数学がその実例を与えている。さらに数学はその観念を保存する。それはつまり、観念を喪失することだ。それに対して哲学は、観念を保存することができない。なぜなら、哲学は、観念というのは保存されないことを理解しているから。ラニョーがこのゲームの規則を完全に承認していたかどうか、わたしは知らない。しかし、わたしは承認していたと信じる。「絶対的真理はけっして存在しない。それはわれわれが日々、手に入れるパンである」と、彼は言った。しかし、わたしの推察では、もっと不動の教説、身体をもった教説を、時として欲した点で彼もやはり人間であった。

わたしが驚いたのは、多くの、しかもかなり優秀な弟子たちが、この探究の真理、実体的な真理、当てにできる真理を、知ろうと欲したことだ。レオン・ルテリエはそのような人びとのひとりであった。この知識欲によって、彼はラニョーから神の存在に関する有名な教えを引き出すに到った。それは再構築されて、その後印刷された。その頃、わたしはもう弟子の座にはいなかった。わたしだったら、このような冒瀆的な試みには反対しただろう。どのようにしてか？　思考を恐れないひとりの聴講者を演出することによって。いずれにせよラニョーの最後の言葉は、神が存在するとは言えない、ということだった。それはたしかだと思う。しかし正直に言うと、人はこの結論に何度もつまずくだろう。おそらくこの人は、可能なすべての秩序を破壊し、また破壊することが、時として怖くなったのであろう。わたしがどうしてそこから抜け出したかを、説明したい。読者がすでに推察されるように、臆見に対する無関心と、自分に満足しきっている秩序をちょっとゆさぶってみようとする才知が、わたしの思想家としての仕事を、わが師よりも容易にしてくれたのだ。わたしはそれで幸福に生きることができたが、彼はそれで死んだのである。正直に言えば、わたしはいつも弦《つる》から放たれた矢のようであった。そしていつも無鉄砲で、大胆不敵であった。各々の運動からわたしは抵抗を覚知したので、わたしは、自分の教えていることを確信していたが、それだけ結果については不確実であった。思考は、思考自身によって人間的秩序を再構築しなければならないと想定したからだ。しかしわたしはまた、そのような想定は意味がないとも思う。秩序は恐ろしいまでに存在する。どんな大胆不敵な思考も、有名な言葉に従えば、それに従うことによってしかそれを変えることができないのだ。改革者のこの断固とした、しかも不安定な立場（いつもまた始めること！）こそ、ラディカルな政治を、わたしがそれを理解しているとおりに、すなわち、あるがままに定義するものであることに、人は気づくだろう。
あるがままに！　この独断論は観念愛好家を激昂させる。もしわたしがこれほど断固としてさえいなければ、彼は喜んでわたしの言い分を認めるだろう、と推察される。わたしは人の気に入ることを、まったく求めない。わたしは本質的分割に真っ直ぐ行く手段をもっているのに、すなわち、観念によって経験を限定〔定義〕しうるというのに、なぜ著者から著者へと探究するふりをして、すでに知られたあらゆる臆見を究め尽くすのか、わからない。しかし、ここでは愚かな反論は鶏が飛ぶようなものである。観念によって経験を限定〔定義〕するとは、なんとまたばかげた方法であろう！　しかし、人は幾何学者が畑の面積を計算するのを非難しない。なぜなら、幾何学は面積を変えないから。反対に、幾何学は面積をもっとも精確に発見する方法である。それに対して、情念は鼻を地面に擦りつけながら、まんまと間違えるだろう。同様に、わたしが、ある観念に従って政治的経験を限定〔定義〕すると言う時、それは観念が経験を変えるという意味ではない。まったく反対に、観念が経験をあるがままに現出させるという意味だ。この方法は、要約するのは容易であるが、理解し実践するのはむずかしい。ここに書かれていることはすべて、なんらかのしかたで、それを説明するのに役立つであろう。

わたしが生徒たちのために語っていたときには、これらすべての解明を公にしようなどと思わなかった。これらの解明は、すべての問題の明らかな混同と混淆とをまぬかれない。生徒たちは、少なくとも幾人かは、それを切り抜けた。もっとも教養の高い読者でも、そこには困難さを見いだすだろう。しかし、おそらく彼は、もし思考とはたんなる愛好家にとってもっとも失望する機能であることを経験したならば、粘り強く耐え抜くだろう。やり方を心得ねばならない。考えるという仕事は、鍛冶屋の仕事と同じように学ばれる、とラニョーはしばしば言った。わたしはそのことを、ラニョーが意味したとおりに理解したであろうか。わたしはそのような問いが意味をもたない年齢である。わたしはあらゆる手段によってなんとか切り抜ける。わたしはどんなことからも何かを得ている。だから、わたしがプラトンのなかに見いだすものを、プラトンが考えていなかったとしても、構わない。わたしがそこに見いだすものが、わたしの思索を深め、何かを理解するようになればそれでよいのだ。この思考はわたしのうちで少しずつ強固なものになった。わたしは好きな著者をより深く理解するにつれて、字句の精確さにはとらわれなくなったようである。わたしが著者たちをどのように捉えたかは、あとで十分わかるだろう。

厳しい師であったラニョーの規律のもとに、わたしは偉大な著者たちについてある観念をもち始めた。しばしばスピノザの『エチカ』が読まれた。分析され、あらゆる角度から検討され、あたかも机の上で窮め尽くされたようであった。わたしとしても、いまも目にする手帖に有名な命題を書き写した。そして自分なりに、それらを註解していた。この恐るべき著者については、おそらく他の多くの人たちにも起こったことが、わたしにも起こっていた。わたしは一行ずつすべてを理解していた。しかしこれらのきわめて明晰な観念が、たがいに積み重ねられると、透視できない暗さをつくり出したのだ。なぜわたしは、この報われない仕事を何年間も続けたのだろうか。おそらく、すでに語ったあの確実さ、すなわち少なくともどっしりと動かない暗さを見いだしているという確実さがあったからだ。わたしがどのような意味で希望をすべて喪失するに到ったかを説明しよう。それは要するに、仕事のなかでももっともむずかしいことをやっていたからである。ところがスピノザはわたしを癒してくれた。いつも、しかもきわめて迅速に、である。わたしは彼のなかに、人間と動物の精髄を、そしてついにはスフィンクスのようなあらゆるものを見いだしているようだった。そこには自由が湧き出るような慰めがあることを、できるだけ説明しよう。なぜなら、誤謬中の誤謬は、障害から遠く離れて自由であろうと欲することであるから。そのために人はむずかしさに不平をこぼす。ところが、むずかしさというのは反対に、そこに身を棄てて、ある意味でそれにまったく身をゆだねようとするやいなや、われわれを強めてくれるものなのだ。二流の思想家は、おそらく、むずかしさを遠くから眺めて防衛態勢をとる人びとである。それでは戦わないうちに疲れてしまう。わたしは箴言《しんげん》を惜しみなくまきちらしている。なぜなら、わたしがどのようにして思考の任務を、何のごまかしもなくやり遂げたかを、ほんとうに知りたがっている未知の友人たちのために、今書いているからだ。このモノローグを、わたしの好きなように進めても彼らが許してくれることを知っている。

スピノザと同じように、しばしばあらわれたもうひとりの著者は、プラトンだった。それもまたもっとも難解なあのプラトンである。『ティマイオス』がわれわれの眼の前で読まれ、それをよく理解していない、しかも優雅な口調にはまったく無頓着な先生によって、ギリシア語から直訳された。わたしにおよぼされた効果は魔法《マジック》のようであった。このような軽妙で微笑を絶やさない自由は、想像を絶するものであった。それは突如としてもっとも激しい注意を獲得するが、同時にそれ自身、われわれの地上的力をおもんぱかるかのように、すぐにわれわれを思いとどまらせる。いみじくも神聖であると言われたこの著者を、もはや読むことをやめなかった。いつも彼の導きに身をゆだねた。そして彼の言葉の戯れや善良な婦人の物語を楽しんだ。思うに、アルキビアデスやグラウコンのように、暇をもち、けっして強いられることもせきたてられることもなかった人間として、聴くことができた。このことは、おそらく、しかもわたしにとっていつも苦痛をともなった専門の研究において、わたしのなかに、いつも新鮮で眠りから目醒めているある部分を残してくれた。それによってわたしは、側面から一瞥、視線を投じただけで、恐ろしい難問のただ中から突然、あるものを、さらにもうひとつのものを、理解した。ずっと昔、思想の商人たちの行列が、ある者はわたしに、せいぜい愛惜の念を示しながら、わたしを途上に棄て去った。わたしは（スタンダールの好みで言えば）この動物たちの気に入らなかったのだ。尊大で明敏であったから、また反論をまったく軽蔑していたから。しかしながら、わたしはだれにも軽蔑を感じたことはなかった。またわたしの同胞や兄弟以外の人を見いださないので、思想の商人よりもずっと謙虚になることができる。まったく悔悛を感じていないのに、しばしば軽蔑を表明するというのは、はたして不幸だろうか。おそらくそうではあるまい。

こうしてわたしは、この郊外のリセでスピノザとプラトンの偉大な戯れに興じた。そしてまさにそのことによって、書くことを練習した。さらに純粋な修辞学《レトリック》のすべての訓練に服した。ただし歴史だけは別で、わたしはそれをけっして覚えたことがなかった。外出日にはパリを知ったが、すべてが気に入ったわけではない。しかしわたしは、ヴァンヴの丘からその全景が見えるこの靄《もや》のかかった巨大な塊に愛着を感じた。そこにわたしは、探検家のように無数の村落や、アリやミツバチと同じようにしか知られていないと思われる未開の原住民たちを発見した。ここでもまた、考える前に行動する幸福を得たことを、指摘しなければならない。なぜなら、わたしのことを保証してくれた二人の保証人は、一人はジャンヌ・ダルク通りの屑屋に、もう一人はリシャール・ルノワール通りのささやかな職人の家に居を構えた二人の薬剤師（二人は兄弟）であったから。わたしは両者のあいだで薬びんを少し運ぶくらいはまったく当然なことであると思っていた。この幸福な瞬間において、わたしは庶民を観察するどころか、わたしが庶民になっていた。わが薬剤師たちは、わたしと同じモルターニュの子らで、文学的研究に対してはさして尊敬をもたない素朴な人たちであった。そんなことから、わたしはやがて彼らから離れて探究し、彼らのことをまったく忘れてしまった。わたしは彼らがけっしてたしなまなかった演劇と音楽に魅せられた。

その後ひきつづいて、わたしは演劇を夢みていたある友人によって、一群の音楽家たちと関係をもった。これについては、わたしの思索を深めてくれたものだけを記したい。二十歳《はたち》になってはじめてモーツァルトやベートーヴェンを知ったことは、たしかに、大きな出来事だった。魂をうっとりさせるあの魅惑によって、わたしは音楽会の虜《とりこ》となった。（ラムルー〔フランスの指揮者、ヴァイオリン奏者〕はわれわれの英雄であり、「第九交響曲」はわれわれの寵児であった。）演劇にはそれほど魅せられなかったが、しかしそこにも飛び込んでいった。フランス座では、お金がないときでもいつも席が取れるように改札係や座席案内係と知り合った。学生服のおかげで、このような特典に浴したのだ。少し経つと舞台裏も知った。手に帽子をもたないでそこにいれば、楽員や衣裳方と同様に注意を引かないことがわかった。わたしはそこで何を見たか。巨大な、思ってもみなかったような虚栄、そしてまた仕掛けの単純さ。この単純さはきわめて古風な、きわめて力強い、そして静かながらきわめて滑稽なこの芸術を、いくらか照らし出していた。わたしが指摘したいのは――なぜなら、本当のことで、しかもおそらくまれなことであるからだが――それは俳優になるとか戯曲を書くという考えを、一度も持たなかったことである。しかしながら、仲間の慰みのために韻文の一幕を書いたことを覚えている。そのような芸当などわたしにはすごく簡単だったのだ。いまでもやれる。まあまあ満足できる、もっと言えば、かなり美しい韻文を書くことはわたしにはなんでもないことだ。そこから、わたしは、この芸術は自分の芸術ではないと知った。わたしの芸術はむしろ音楽であった。わたしがどんなにみじめな出発を通して旋律と低音との関係を知るに到ったかは、人のよく知るところであった。この知識はよりすぐれた経験によって洗練された。それから数年後には相変わらず先生なしで鍵盤をたたき続けたおかげで、即興演奏の術を獲得した。もとより知る人はごく少なかったが、しかし、人を驚かせるだけのものはあった。それについてわたしはこう考えた。わたしが即興演奏から記譜へ移っていたら、これは忍耐の要る仕事であるが、時としてわたしの頭をかすめた音楽的創造に存在を与えることができたであろう、と。ピアノの即興がわたしの真の創作とはまったく無関係であったことは驚くべきことだ。楽器の即興は旋律とリズムによる即興に到る一階梯であり、楽器の演奏が幼い頃のやさしい記憶を消し去るように、直接紙上に書きとめられた音楽は他の音楽を涸《か》らしてしまうのだろう、と思う。わたしはこの点について探究しなかった。しかし、音楽についてほど、わたしが考えを深めた主題はない。しかし、それについて書いたわずかばかりのものは、ほとんど注目されなかった。ジャン＝ジャック〔・ルソー〕のまねをして、専門家はいつも、わたしが音楽を知らないと非難したなどと言うつもりはない。しかしそれは、真の友人たちの前以外では、わたしは音楽ができることを誇らなかったからでもある。

エコール・ノルマル

わたしは高等師範学校《エコール・ノルマル》に近づいた。もしその分野の情報にもっと通じていたならば、わたしは一度で合格していただろう。しかし、多くの人たちと同じように、何度も試みなければならないものと思っていた。わたしは自分に欠けていたもの、すなわち歴史およびラテンの韻律法をもう少し、かつ大急ぎでやっておくべきであったろう。それらの勉強を延ばしていた、そして結局やらなかった。その代わり、フランス語の小論文《ディセルタシオン》の書き方を、文学におけるのも哲学におけるのも、迅速に覚えた。ヴォルテールを端から端まで読み耽った。後になってわかったことであるが、そのことはきわめてすぐれた素地を培ってくれた。わたしはモリエール、ラシーヌおよびラ・フォンテーヌに精通していた。文学者たちが哲学的逆説と呼んでいるものを見事に構成したことを覚えている。文学者たちはそれを好まないが、しかし尊敬している。ある年のこと、ブリュンティエール〔Ferdinand Vincent-de-Paul Marie Brunetière. 文学史家、批評家〕は機嫌を損ねた。(人はいつも、その時、何が起こったのか、ほぼわかっていた)それにもかかわらず彼は、わたしに及第せざるをえないような点をつけた。大学教授たちのなかには、気分によらない、いな、確信にもよらないあの公平無私があるのに、しばしば気がついた。それゆえ、ある種の思想を抱いていると必ず彼らの機嫌を損なうなどということはけっしてなかった。そんなものは試験に失敗した者を慰める伝説にすぎない。わたしに関しては、だれからも知られていなかったが、すぐに好意をもって見られていたことは確かだ。あの文学史家でさえもわたしに精いっぱいのことをしてくれた。しかし、この好意に対して自分でもなぜかわからずに、不可解な軽率さでもって応えた。たとえば、ブリュンティエールの前でユゴーの有名な一節（「天よりの火」）、「エジプトよ！　真白なる麦の穂波の、限りなく広がれる……」をコメントしなければならないわたしは、その節を大声で、かなりぎこちなく読んだ。そして、あっけにとられた教授を尻目に、さっさと全体の批評をはじめた。聴講者が憤慨したことを、後になって知った。ブリュンティエールはわたしを救おうとしたが、ほとんどそれに応じなかった。もしもそこに、自分の性格のひとつのあらわれを見ているだけであったならば、わたしはそんなことを語らなかっただろう。言いたいのは、わたしに生まれつきの、そしてわたしの呼吸そのものであるひとつの精神のはたらきが問題だったということだ。わたしがもっているひとつの観念、それを否定しなければならない。それがその観念を試してみるわたしなりのやり方なのだ。そしてもしそれを否定するのが好都合でないと思われたならば、その時こそ、わたしは即座にその観念を否定する。いかなる懐疑主義もそこには介入しない。それどころか、このように認識の木を揺り動かすことによって、よい実は救われ、悪い実は無用者に投げつけられる、と確信している。このようなつむじ曲がりが起きるのは、たいてい、おのれ自身に対してだけである。なぜなら、わたしは他の人たちに反駁しようとする気にはならないし、また著者たちにも反駁しないから。もっとも容易な展開、おのずからなる展開に従うというのは、わたしの目には恥ずべきものであった。そしてこの種のけっして報われない徳を身につけたのは、ラニョーの手本からだった。危険に身を投ずるように、突然観念を放棄する習慣をもちながら、どうして自分を支えてこられたものか、自分にもわからない。それは調子よくゆきすぎている文章を破棄するのとほとんど同じことだ。そんなことが百回も千回も起こったのだ。だから、人がわたしの言うことを聴きながら、形成する最初の観念は、信じがたい支離滅裂さと混乱を呈している。さらにもっと信じがたいことは、わたしを裁かねばならなかった人たちが、忍耐強くわたしに期待してくれたことだ。そのことから学んだこと、（それはプラトンが戯れに述べている以外、だれもわたしに言わなかったことだが）それは対立こそ思考のはたらきそのものであり、観念に肉体をあたえる唯一の手段である、ということだ。そのことはプラトンが戯れのように素描しているあの反対のもの、たとえば、暑さと寒さ、重さと軽さ、大と小などのなかで顕著である。これらを考えたあげく、ついに、わかった。これらの対立物は互いに他のものに内属していて、ある物体が小さいことを判断するにも、同時にそれが大きいことを判断しなければ不可能であるということが——。どういうことか。それはつまり、ひとつの類いの観念を拡大するためそのすべての外延をめぐる、ということだ。青という性質は、およそあり得るすべての青を意味し、青の系列がそこで消え去る白までをも含んでいるのだ。蠟は固い液体であり、蠟燭《ろうそく》は柔らかい固体であると言おうとしたマクスウェルに感心した。ここでは反対する喜びは何にも導かない。しかしそれはもうひとつの、もっと隠れた観念を準備する。すなわち、固さというのは、圧力との関連でのみ思考されうるものである。なぜなら、十分な圧力はどんなに固い物体でも流動させるにちがいないから。人はこの例において、プラトンが寒さと暑さについて言おうとしたように、液体と固体はそれぞれの判断においてつねに一緒にあるということに気がつくだろう。わたしは読者を、いつもわたしの精神の気に入った領域に導いているが、そこでは千度に一度も性質について何か確かなものを思考するのに成功しなかった。しかしながら、わたしはさわやかな風を感じていた。わたしは理屈ぬきに解体され、混沌を形づくっている事物に囲まれていた。

ヘーゲルはそれぞれの観念のうちに、その観念と同一の反対のものを求めたすえに、内容と確実さに満ちたすばらしい観念を発見した。あらゆる容易さのこの拒否こそ、彼を軌道に乗せたものである。なお、わたしがヘーゲルに出会ったのはずっと後のこと、正確には戦後のことである。当時、わたしが聴いていた人たちは、ラニョーでさえも、ヘーゲルは経験を演繹した人であると考えているようだった。事実、それこそ衒学者《げんがくしゃ》の骨頂である。しかしヘーゲルのなかにはそのような点は何もなかった。なぜなら、反対に彼の自然哲学、そして最後には彼の精神哲学は、純粋論理学の不完全さから出てきているから。ヘーゲルの体系の要約である『エンチクロペディー』を読んだだけで、この点に関するあらゆる種類の疑惑は一掃されるだろう。しかしながらわたしは、今日の官学の思想家たちがヘーゲルについて、わたしの修業時代に大小の先生たちが考えていたのと同じことを、考えていると思われる理由がある。それはわたしにとって解しがたいことだ。おそらくこのヘーゲル哲学は、教えられている哲学に恥をかかせるだろう。いずれにせよ、この難解さはラニョーの味方ではなかった。その代わり、あらゆるプロシア的なものに対する偏見は彼のなかできわめて強かった。わたしに関していうと、この種の偏見を抱いたことはけっしてなかった。どうやらそのことは、わたしの精神というよりも生まれつきに負っているようだ。なぜなら、わたしは自らそれを欲しても、敵をもつことができないようにできているから。またよくあるちょっとした悪口も、わたしには想像上の、しかもほんの一時《いっとき》だけの憤慨しかもたらさなかったから。この点についてわたしは、怒りは自分のなかであまりに強烈、あまりに行動的で、すぐに喧嘩をはじめないわけにはいかないほどである、と思っている。そしてわたしは、それに続いて起こったことを二度三度と経験した後、他人についてのすべての実際的判断を拒絶するほど慎重になった。この静けさはまた、時としてわたしが考えて行動するのを見ている人たちを激怒させる。そんなことはどうでもよい。言っておかねばならないことは、わたしは何の困難もなくヘーゲルに加わったということだ。なぜなら、ヘーゲルを知る前から、断片的ではあったが、ヘーゲリアンであったから。その代わりヘーゲルの体系には、わたしは他のいかなる体系と同じように、驚きも魅惑も感じなかった。体系というのは手段あるいはアプローチにほかならないと確信していたから。ヘーゲルから、あたかも風車の粉のように舞い下りてくる諸真理については、わたしはそれらを認めたが、ただ別の仕方で照らし出した。わたしはそれらを自分の糧とし、訓練の機会ともした。わたしをよく知っている人たちは、わたしが本をばらばらにしてしまうことを知っている。同様にわたしは、著者たちをもばらばらに解体する。ただプラトンだけは、自分で自分をばらばらに解体してしまったから別である。しかし彼らを長い間かけて解体し、ひっくり返してから、わたしはしばしば、幸いにも、あったままの彼らを再発見している。ある難解なページを、意図的に著者から遠く隔たって、あたかもわたしが自分で考え出したように説明することは、わたしの仕事のなかで幾度も起こった冒険である。しかししばしば、次のページにはわたしが言ったのと同じことが言われていた。

そのことから、人はへとへとに疲れる仕事の観念を抱く。後になってからは、その通りであった職業が全能の力をもったから。しかしわたしの修業時代には、さんざん脳味噌を絞るようなことはしなかった。わたしは構築しては解体していた。結局わたしはずいぶん怠惰であった。わたしはそのことを遺憾には思わない。今でも注意力を解き放ち、自分を休息させることにはわたしの奸知（かんち）のすべてがある。わたしは考えることを先に延ばす。そのおかげでわたしは大胆な捉え方をすることができる。そんなものはつまらないと言うかもしれない、だれもあえてそれを言わなかったけれども。しかしわたしとしては、自分の怠惰な時の思考に感心している。それはわたしが野心に燃えていた時に夢見たものをはるかにしのいでいる。

試験とコンクールに戻ろう。ただ言いたいことは、わたしが成功と失敗をなめたということ、大した遅れもなかったこと、そしていつも好意的な見解によって支えられていたことだけである。しかしながら、エコール・ノルマルのわたしの三年間は騒々しく放縦であった。わたしが真面目に相手にしたのは、二人の文法学者、ラテン語のリーマンとギリシア語のトゥルニエだけである。この二人は思想家であった。わたしはすぐに、疑うがゆえに確実な得がたい種を認めた。もしこの赤毛のドイツ人リーマンに、キケロの一句の意味を尋ねるならば、彼はそのようなことなどまったく知らなかった人のように、おびえていた。彼は一抹の困難さをおぼえたが、やがてその困難さのなかに、宝石のように明確な、論証で固められた、異論の余地のない唯一の意味があらわれた。老トゥルニエは(リーマンは若かった)さらにもっと驚嘆に値した。なぜなら、彼の口ぐせでは、たとえばソポクレスのある詩句にひとつの意味を見いだしうることは不思議であったから。彼はどの写字生が重大な誤りを犯したかもしれないとか、どの聡明な文法学者が続いてそれを直したか、もちろん間違って直したかを探究していた。彼は理解しないように専心した。それなのに、彼はメダルのように美しく、畏敬の念を喚起した。彼がラヴィス(Ernest Lavisse. 歴史家)と競い合った時(彼はラヴィスについて歌をつくったのだ!)、われわれは彼の名誉のために一種の騒動を起こした。

子どもたちの騒動でどんな理念もなかった。政治はまだエコール・ノルマルには侵入していなかった。人はそのことをなかなか本気にしないだろう。なぜなら、われわれよりわずか後のペギー〔Charles Péguy. 詩人、劇作家、思想家〕の世代は、社会主義者か王党派か神秘主義者であったから。しかしこれらの問題はわれわれには関係がなかった。その頃から司書であり、すでにきわめて尊敬すべき社会主義者であったあの有名なヘルも、非常に恐れられていたにもかかわらず、まだほとんど影響力をもってはいなかった。わたしはわれわれの仲間に、ただひとりの社会主義者も知らなかった。ブーランジェ運動は何も動かさなかった。ドレフュス事件はやがてエコール・ノルマルを騒がすことになるが、それは八九年から九二年にかけてのことである。バレス〔Maurice Barrès. 小説家、政治家〕はわれわれの寮の部屋で読まれていたが、だれも彼を真面目に問題にはしなかった。ジョレス〔Jean Jaurès. 社会主義者、政治家〕はまったく知られていなかった。われわれは文芸と情事とに分かれて耽っていた。野心家の心を動かしていた考えは、できればパリで、何かの新聞に割り込むことであった。持参金つきの結婚の考えも、もっと後になってあらわれたものにすぎない。当時、何よりもまず欲したのは、サント＝ブーヴ〔Charles Augustin Sainte-Beuve, 1804–69. 政治家、文芸評論家〕やルナン〔Ernest Renan, 1823–92. 作家、哲学者〕やテーヌ〔Hippolyte Taine, 1828–93. 文芸評論家、哲学者、歴史家〕の栄光であった。こういう人たちが時代の神々であった。しかもテーヌはまだ生きていて、ほとんどすべての人を惹きつけていた。というのも、彼の家に招かれて夕食をともにすることも不可能なことではなかったから。おそらくわれわれは皆、真理に対する一種の激しい愛を抱いていた。しかしわれわれはそれを知らなかった。

これらの権威者たちに、わたしはただちに反旗をひるがえした。テーヌに対しては彼の『知性論』、あるいは少なくとも彼の『ナポレオン』を読んだ限りでは、尊敬の念を抱くことができない。わたしはそのことを言ったし、叫びさえした。そのことからわたしは偏執狂《マニア》とみなされた。それは今日でもまだ同じことである。わたしは機会があればサント＝ブーヴを攻撃するが、その時もまたほとんど理解されない。ルナンには今でも擁護者がいると思うが、あえてわたしが、彼をふさわしい地位に置くまでもなく、彼は自分自身でそこに降りてくる。彼の『マルクス・アウレリウス』と『イエス伝』を読むだけで十分である。それらはいずれも人間に対する罪である。しかし、わたしの属する世代とその後に来た世代がこれら三人の悪しき師を崇拝したことは、疑いを容れる余地がない。したがって、わたしはただ一人であり、わたしについてくる人はほとんどいなかった。しかしわたしは尊敬された。わたしは仲間たちのなかには同じ親切を、先生たちのなかには以前と変わらぬ好意を見いだした。すべての人が結局のところ、わたしを認めていたのだと思う。ブリュンティエールでさえも、彼をずいぶんひどくあしらったわたしに対して、いつも申し分のない態度であった。わたしは彼の鼻先でプラトンを読むふりをした。彼はわたしを笑いとばすほど強靱な人間であった。彼はほとんどすべての人びとを思いのまま操り、わたしが今名を挙げた三人の文学の番人を代表し、新鮮な調子をもってみごとに継承していたのは事実である。ブリュンティエールは心からわたしを励ましてさえくれた。おそらく、彼はわたしのような反対者が必要だと感じたのだろう。わたしは自分がまったく正しく、その後すべての雑誌を覆うようになった凡庸さに対して正面から反対して出発した、と今日でもまだ思っている。わたしが狙ったのは魂の抜けた批評だった。わたしの狙いは正しかった。というのは、わたしは恐怖をまき散らしたから。しかも冷笑と韜晦《とうかい》が混ざったようなやり方で。人がわたしの言うことを真面目に受け取ったことに、わたしは今でも驚いている。そこからわたしは、これらの老獪《ろうかい》な人びとは、猪のような目つきや振る舞いをする校長ペロをも含めて、このような奔放不羈《ほんぽうふき》についてかなり正しく判断していたと結論した。しかし彼らは、彼らがよく知っている断崖絶壁に沿って、わたしが自分の責任で走るにまかせたのである。ヘルとわたしは、理解し合えるはずであった。しかしまったくそうはいかなかった。われわれの間には恐るべき誤解があった。それはおそらく、節度を欠いたふたりの戦士の衝突とも言うべきものであった。われわれの相互の罵《のの》り合いは辛辣をきわめた。わたしは彼のことを、たくさんの言語を知ることにより、たくさんの本を読むことにより、博識の全砲火によって知性を粉砕していると非難した。彼はわたしを、無知で怠惰で移り気な人間として処して、小劇場や『ラ・ヴィ・パリジェンヌ』に向いている人間だと考えていた。彼がわたしに警告したことは正しかった。ずっと後になってから、彼はわたしを、きわめて率直に誉めてくれた。彼はどんなことでもできたから。わたしはしばしば、彼が人や物事についていかにも正しく判断することに感心した。彼があらゆる権力に対して示した泰然たる勇気は、他の多くの人びとに対してと同じように、わたしに対しても模範として残った。わたしは時として、彼の限界を見た。創造的な精神は、彼においては臆病だった、そして、いらいらしていた。

しかしながらわたしは、学生としての務めは果たしていた。成績はかなり良かったが、優秀ではなかった。しかしわたしは、本を端から端まで読み、飛び読みはしないという方法を実践していた。わたしはプラトンを全部読んだ、そしてアリストテレスをほとんど全部読んだ。わたしはカントの著作に入った。そしてすぐに、カントが完璧な学校教師であるのを認めた。しかしわたしは、大騒ぎや罵り合いに多くの時間を失ってしまった。わたしの夜の一部を占めていたトランプ遊びを考えることなく。わたしはその時、ギャンブル狂だと思った。しかし、そうではなかった。わたしはただ、何にでもすぐに興味をおぼえるのだ。

この三年間にわたしのなかで明らかになってきたものは、意志に関する教えであった、とわたしには思われる。アリストテレスがそこでは与《あずか》って力があった。なぜなら、創出する力は個々の発展によって知性の上に置かれねばならないという仕方で、わたしは彼を理解したから。この観念はアリストテレスのなかにあるが、それはわれわれがこの錯綜した作品において、精神を、能動的神、あるいは自然学的神から、知性を経て精神それ自体にまで高めてゆく偉大な諸位階を感得するという限りにおいてである。この素朴な詩(なぜなら、アリストテレスの文体は写字生たちによって寸断されていない場合は、第一級の美しさをもつものであるから)に心を奪われて、ほとんどプラトンを忘れるほどであった。この三年間しばしば会っていたラニョーは、この変化に驚いた。わたしにはそれがよくわかった。彼は軽率に忠告するような人物ではなかった。

アリストテレスの自然的な発展は、ストア派のなかに見いだされる。まったく断片的で、しばしば謎のようなこの哲学は、わたしが自分の人生のなかで行なったただ一度の学識によって裏づけられた研究の機会を、わたしに与えてくれた。当時は、ストア派のテクストの集成は、まだ使われていなかった。わたしはうんざりさせる厖大な書物のなかに、ストア派を探究する仕事を自らに課した。ディオゲネス・ラエルティオスは退屈でもなければ悪文でもないことを知ったのは、その時である。セクストゥス・エンピリクスはその真価を認めるのがむずかしかった。もっと厄介な事情があった。ツェラー〔Eduard Zeller. ドイツの哲学者、哲学史家〕によって引用を確かめるだけで満足する代わりに、本当に読む味を知ったのは、この時である。わたしの考えでは、この失われた時は、わたしの思索の素材となったのである。そしてこの時、わたしは、どうして歴史を学ぶことができなかったかを理解しはじめた。それはわたしが歴史を概要においてしか知らなかったからだ。だから歴史はわたしのなかで、何も動かさなかった。わたしは歴史の真の原動力を知らなかった。この点については、わたしはそれ以来、サン＝シモンの『回想録』、レスの『回想録』そして『セント・ヘレナの回想録』を、少しも飛ばさないで三回以上も読んだことを言いたい。それほど重要でない他の回想録を数えることなく。そしてついに、わたしは歴史の細部を知り、かつそれを認識した。

今度は、わたしがストア派のなかに何を見いだしたかを説明しなければならない。力の陶酔とも言うべきよく知られたあの誇り高い諦念《たいねん》だけではない。たしかにそれも、相当なものである。しかしこの教えは、意志の機能を、論議の上に置くもうひとつの教えを想定している。なぜなら、明らかにあらゆる叡知の一部をなしている必然の、あるいは運命の教説は、運命はそれだけではもはや何ものでもないことをわれわれに理解させる深く隠れた論拠を見失うやいなや、必ずすべてを呑み込んでしまうから。なぜなら、不幸な人たちが言うように、あきらめるのは少しもわたしの自由になることではないから。わたしはいつも、自分でありうるものであるから。

ところで、この観念は多くの精神を殺してしまった。わたしはいつも、致命的な打撃を逃れるように、この観念を避けた。しかしわたしは、この観念の根源をよく見ない限りは、その後も巧みに逃れることができるかどうか定かではなかった。アリストテレスはまったく自由そのものである。自由が自然の奥に隠されているという、そのことによって、おそらくそれで、人は自由を信じることができない。神は、たとえ自由な神であっても、各人の自由にとっていつも危機である。わたしがいうのは外的な神のことである。ストア派はもっと核心に迫ったように思われる。認識する意志なくして世界の認識そのものはいかなるものであろうか、ということを探究したから。だから彼らの定式は、きわめて晦渋《かいじゅう》であるにもかかわらず、人の心を打つものがある。なぜなら、当時、論議の的であった真理の規準を求めながら、彼らは、真理は、真理を求めようとする意志の緊張そのもの、あるいは調子《トーン》のなかにあると言ったから。彼らは、賢者は嘘を言う時でさえも、けっして誤っていないのだとつけ加えて、パラドクスを深めている。これは凄いことだ。彼らの挙げている例のひとつが、この観念を、その反対の観念によって照らし出しているように見える。なぜなら、真っ昼間、昼だと叫ぶ狂人は、それだからといって真理を所有してはいない、と彼らは言っているから。ほかのことはすべて、推察されるであろう。なぜなら、手が開かれ、次いで閉じられ、次いで握られ、次いでさらにもうひとつの手で握られることは、認識の諸段階を力強く表象するものであるが、それはいつも、省察への誘いにほかならないから。

その当時、わたしにとって躓《スキャンダル》きとなったものは、思索家を自任する人びとが、身を焼くような思いを感じることなくこれらのテクストに触れているのを見たことだ。それ以来わたしは、ほとんどすべての人びとの最大の関心事は、新しい哲学を発見することであると理解した。それはつまり、古代哲学は批判されるべきものにすぎないと想定されているのだ。わたしとしては、新しい哲学を発見することが可能であるとは、けっして信じなかった。わたしはもっともすぐれた人びとが言おうと欲したことを再発見することで満足した。まさにそのことが、もっとも深い意味において創造することである。なぜなら、それは人間を継承することであるから。しかし、もろもろの体系においてすべては真であり、何を考え、探究しようとしても、体系の勢いと飛躍を取り入れねばならないという、ヘーゲルの広大な観念をよく理解する前は、すべては真であり、すべては偽のように見えるというあの衝撃的な観念に従って、その場で掘り下げるためには箴言のような心を打つ定式があれば、わたしには十分であった。したがってわたしは、ストア派の格率を近代的認識、たとえばコペルニクスの天文学に適用してみた。するとわたしは、真理を言っている数多くの狂人たちを認めた。しかし何において彼らを認めるのか。彼らが真理を所有していると思っている点において、とわたしは考えた。それに対して、真の知者は自分の観念を、世界をより正確に捉えるための一手段として以外には、けっして認めないのである。たとえば、幾何学を知っている人びとが何かを知っていると思っているのをわたしは見たが、彼らは、真理に到るにはすばらしいものであるが、人がそれを適用することが必要な、知ることの一手段をもっているにすぎない。そこにおいてわたしは、「把握され、かつ把握するイマージュ」を説明しているにすぎない。このイマージュは結局のところ、ゼノンやクリュシッポスにとって真理のしるしであったのだ。それは精力的な探究が真理のしるしであると言うのも同じことである。わたしはこの教説をデカルトのなかに再発見した。もとより彼は、この教説をストア派から取ってきたのではなかったが。しかもデカルトは、この点においてはストア派よりももっと晦渋であり、おそらく意識的に晦渋にしているように、わたしには見えた。なぜなら、真理の商人たちの間には、彼らが主意主義と名づけたものに高飛車に反駁する点で、あらゆる時代を通じて一致があるから。彼らの目には、それはたしかに一種の病気なのである。

そこから反対に、わたしは、この点ではきわめて抽象的であるが、きわめて強固なラニョーの教えを自分で理解する手段を見いだしたので、人は、わたしが教条主義者たちの論争のためにつぶす暇もなく、彼らの監督をする責任もないものとして、すぐに彼らすべてと例外なしに関係を断ってしまったのは、けっして気まぐれからではないことを理解されよう。わたしは幾人かの本物の偉人たちと一緒に出世した。その他の人びとは、わたしにとって存在しなかった。人がそのことで何と言ったとしても、また何と言おうとも、わたしはそれを嘲笑するにちがいない。わたしはただひとつのことを真剣に考えた。それはできる限り愚かなことを言わないこと、またわたしが自分自身で理解しないことは教えないことである。偏見なしにわたしの言うことを聴くならば、そのことはすぐに明らかなことであるが、おかげでわたしは教授として、とやかく言われたことはなかった。こうしてうまく切り抜けた。しかしわたしはだれにも、わたしのもっともすぐれた生徒たちにさえも、訴えない。なぜなら、わたしは審判者などまったく認めないから。審判者などまったく要求しないから。この点にかけては、わたしは自分でも驚くほど無関心の域に進んだ。なぜなら、一度ならずわたしの論拠がある種の読者には気に入らないということがあったから。たとえば、ずっと後になって『神々』のなかで形をなした、宗教についてのあの見解は、わたしがそれを最初に述べた教員諸君には、ほとんど気に入らなかった。この問題について、わたしははっきりこう考えている。「おそらく、結局は、彼らは正しい」。

そこからわたしが言いたいことは、福音書のありふれた批判や、司祭に対するありふれた政策は、教養と反省の一手段であり、これはある人たちの好みに合っているのかもしれない、ということだ。しかし、わたしの好みではない。すべてはそこから解決される。わたしは信じることを拒否し、吟味することを主張するすべての人たちの友であるのをやめない。

わたしは今、たしかにラニョーから取られた、判断における意志についてのあの教説を強調する。この教えはわたしを照らした。少なくともわたしとしてはそう思う。この教えに興味をもつ者はほとんどだれもいないだろう。わたしはそう思っている。つまりわたしが言いたいのは、それに興味をもたない人たちは、いかなる問題においても言うべき新しいことを何も見いださず、死者と生者を覚醒させるいかなる手段をも見いださない、ということだ。しかしながら、わたしは経験によって、たとえ経済学や文学を論じようとも、いつも何か読者の琴線に触れていることを知った。ここでわたしは、自分がいちばんよく説明できそうだと信じることを言いたい。すなわち、わたしが経験のなかで見いだす二次的、あるいは三次的ないかなる観念も、現実においていつも、わたしが第一哲学〔形而上学〕と呼んでいる或《あ》るまったく晦渋で知られていない哲学から出てきている。この哲学からわたしは、もしそれを論じようとすれば、部屋の整頓の仕方やカーテンの掛け方を、それ以上できないほど明晰に、引き出すだろう。この隠れた絆《きずな》を、わたしはいつもよく見ている。わたしはそれを、必ずしも証明することはできない。

わたしはここで、思想と経験の関係に触れている。わたしはただ、経験にもとづかないような認識とはいかなるものでありうるか理解できない、と言いたいのだ。わたしはさまざまな人間や事物を、自分のできる限り、たいてい、ある指標にもとづいて、もし緩やかな準備を考慮しないならば、驚くような速さで、認識した。近年、すなわち高等な研究に従事して四〇年以上も経ってから、ある著名な、しかもわたしに何ひとつ負うところのない歴史家から思いがけない挨拶を受けた。「真実を認識し、それを言う勇気のあるアランへ」と彼は書いていた。わたしは非常にうれしかった。そこでまたわたしは、もうひとつの意外な出来事《アヴァンテュール》を思い出した。それによってわたしは、ついに、人間についての一見解を、当然のことながら疑り深いこの種の人びとに対するより大きな友情を、与えられた。

わたしが『ラ・デペシュ・ド・ルーアン』(*La Dépêche de Rouen*)紙において読まれはじめていた頃、すなわち一九〇六年から一九一〇年頃にかけて、あるかなり有名な批評家が、大事件については関与しなかったならば、何も考えることができない、と言ったリーニュ〔Charles-Joseph de Ligne. オランダの文学者〕公の言葉をコメントしながら、自分はこの格率に対する二つの例外を知っている、ルナン〔一一一頁参照〕とアランである、とつけ加えた。それは滑稽だった。わたしはそのことを感じた。それどころか、それはひとりの著者を殺すに足るものであった。まさにそのことが、彼のおかげで、わたしに起こってきたのだ。なぜなら、それからずっと後のこと、近年になって、わたしが偶然知ったことであるが、同じ批評家がわたしについて、学校の先生は人生について何も知らない、自分はただ、わたしが退職してから、少しは現実の人間性や利害や情念に近づくことを希望する、そうすればわたしはもう書かなくなるだろう、と言ったというのだから。これこそ極端から極端に走ることだ。たしかにこの批評家は、彼が最初に言ったことに赤面した。彼はそのことに赤面するのが当然であった。彼はそこから段々とこの最後の厳しい言葉に到ったのだ。それはたしかに讃辞よりも正しいし、かなりの影響力をもっている。教育は非常によいポストではない。人はそこにおいてしばしば理由もなく、とにかく無批判に考える。こうして、年とともに自分の観念をより巧みに構成するようになるに従って、ますます巷《ちまた》のことや現実の状況に疎《うと》くなることがある。わたしもこの職業からくる不都合からまったく逃れるわけにはいかなかった。わたしは今、もしわたしがどうにかこうにか同胞に伍して、今の時代と意思の疎通ができるとすれば、それはわたしの信じるところでは、わたしがいつも、幸いにもすべてのものに役立つきわめて古い観念によって、思考したからだと言いたい。そのように準備されたわたしは、おそらく、あらゆる人の経験でもあるわたしの経験から、最新の観念を追いかけようとする人びとには、反対に、欠けている認識を引き出した、とつけ加えよう。わたしの石器時代的方法によっていかに多くのものを引き出したかを、あとでもっとよく説明したい。ある日のことラニョーはわたしに、病気の療養期に彼は庭の〔井戸の〕巻き揚げ機だけを対象とし、そこから学んだ、と言った。おそらくこの手本によって、わたしは、巻き揚げ機にすべての力学の秘密を尋ねるのをやめなかった。わたしはそれを理解する。なぜなら、井戸の水を汲み上げることはわたしにとって今日なお、精神の強いよろこびであるから。大事件云々については、わたしは、そんなものはありもしないこと、ナポレオンの謀略も焼き栗屋のそれと似たようなものだと信じたい。こう書いたからといってわたしは人間の価値を貶《おとし》めるつもりは毛頭ないことに、十分注意してほしい。その反対なのだ。

批評家と批評家の力についてひとこと述べるのによい機会である。わたしが自分のいかなる作品をも、ひとりの批評家に対しても捧げなかったことを、人は知っているだろう。それは軽蔑しているからではない。むしろ、批評家には、わたしに作品の公刊を思いとどまらせる力があることを認めているからだ。そしてこの力はわたしには不当であると思われるので、わたしは批評家の意見であろうとだれの意見であろうと知りたいとはけっして思わないのだ。わたしのよろこびは書くことであり、活字に変わった自分の原稿を見ることである。けっしてわたしは、だれに対しても自分の書物を読むように勧めたことはなかった。しかもしばしばちょっとした事件があるとか、原稿の一ページが気に入らないとか、出版社の返事が遅れたりすると、それだけでもう書いたものは封筒に入れて放っておくし、わたしはもうそのことを考えない。書いている間は、わたしはだれのことも気にかけない。しかしわたしがそれを公刊する段取りにまでゆきつくためには、わたしには讃辞と切願が必要である。それは、もしわたしが生涯にわたって、いわばわたしから次々に著書を引き出してくれた親切な妖精たちに囲まれていなかったならば、いつも自分たちの名誉や憂さのことしか頭にない意地悪な妖精たちが、やすやすとわたしを沈黙させてしまったであろうということである。

ロリアン

わたしの三年間の大学生活についてはよくわかったと思う。最終的な成功など問題ではなかった。したがって、試験の悩みも、いかなる種類の恨みももたなかった。わたしは自分をあるがままに示した。きわめて放胆に考えた。危険など何ひとつ考えなかった。結局、どんな危険もなかった。わたしはエゴイズムと愛他主義についての教えを覚えている。それを考えると、いまでも顔が赤くなる。青年は、莫大な信任が彼に開かれていることを知らねばならない。

わたしは修業時代に到る。仕事がわたしを待っていたが、仕事のことなど何も気にかけてはいなかった。まず荷物をひっくり返した。中にあったのはプラトン、とりわけアリストテレスであった。そして冥府からこのふたりの尊敬すべき亡霊を呼びもどした時、試験科目の全問題を論じてしまった、と思った。それはポンティヴィ〔フランス、ブルターニュ地域圏〕でのことであった。わたしは二クラス合併で教えていた。生徒は全部で三人であった。そのうちの一人はうなずいて同意を示しながら、何も理解してはいなかった。みんなバシュリエ〔大学入学資格者〕だったが、そんなことには少しも驚かなかった。わたしは驚くべき思想風景を発見した。その時、古代人からはじめたのは正しかったことを、完全に理解した。

はたして、プラトンはあらゆる時代のものである。わたしはプラトンのなかに、何ひとつ訂正すべきものを見なかった。それに反してアリストテレスは、たしかに尊敬すべき誤謬の集成であるが、それらは経験に触れると真理に変わった。そのような例としては、彼の星辰《せいしん》、すなわち従属的神々を挙げるにとどめたい。星辰はすべての運動のなかで完全なものである円運動を求め、かつ愛するものである。あるいはもっとよい例は、彼の自然学的神。これは無限の速さの、したがって不動の円運動にほかならない。ここにおいてはすべてが虚偽である。しかし省察することによって、すべてが真実となる。なぜなら、円がすべての曲線の父であるのは真実であるから。アリストテレスは時として、宇宙の歴史という口実のもとに、精神の歴史を書いているように思われる。わたしはこの思想に陶酔した。

人はプラトンに戻る。戻らざるをえないのだ。しかしプラトンは、やはりあまりにも厳しい。なぜなら、彼はいわゆる経験の誤謬をも、自己の自己に対する過失に、あるいはほとんど侮辱にまで還元するのをやめないからだ。まさにこの時、永遠者プラトンの前においては、人はもはや歴史を、緩慢な進歩を、一歩一歩たどらねばならない緩慢な変化を、援用しようとは思わない。すべての瞬間である一瞬間において、すべての正義とすべての不正の選択を与える『国家』のソクラテスの前では、それらはすべて空想である。ここにはもはや運命はない。あるのは過失と罪と、もし欲するならば、洗いざらいまったく新たにやり直すことである。千年が何だろう。時間とは、思考する者には短く、欲望する者には果てしないものである。なんぴとも、容赦のないこの種の赦しをあまり好まない。各人が自分の斧の一撃でもって、自分の指を切り落としてしまう。しかも神には責任がない！　われわれがそれを欲しない限り存在しないこの明晰な予定説に、わたしは目くるめく思いがした。しかしなんという危険な、またなんという永遠ないのちだろう！

この「光」の哲学がいつも留保されていることをよく知りながら、わたしはふたたびアリストテレスとともに、農夫のごとく大地をほじくり始めた。わたしは図書館で手ごろな版を見つけた。わたしはこの学者の躊躇《ちゅうちょ》、脱線、繰り返しをあらわすともいわれているあの断片的テクストの逐行的註解を（多くの他の註解があるのに！）企てた。しかしなんという詩だろう！　彼以前の哲学者たちについて、彼はこう言う。「彼らは正しいのだ。なぜなら、入り口がなければだれでも困るではないか」。思いがけない道を通って、笑わせるような論拠でもって、これまで書かれたおそらくもっとも深遠な思想のなかに、われわれを投げ込むのは彼である。

「彼（神）は、ゆえに、自己自身を思惟する。そして思惟とは思惟の思惟である」。

これらの驚異に従って、わたしはすべてを理解し、すべてを救おうとした。わたしのアリストテレスとわたしの分厚いノートは、机の上に開かれていた。絵画はわたしの唯一の休息であった。その地で再会した仲間とともに、わたしは走りまわった。われわれは絵具とカンバスをむだづかいした。わたしは詩をつくる術と同様、絵画にも向いていないのを知った。自分の部屋に帰って、わたしはページの上にページを書き加えた。そしてそこから、あらん限りの声とあらん限りの雄弁をふるってわたしの三人の生徒に教えるために出かけていった。このような生活をほぼ六カ月送った後、わたしが過労の最初の兆候を感じたのはこの時である。わたしはそんなことなどまったく考えたことがなかった。なぜなら、その時まで、わたしは孤独のなかで、あるいはもっと言うならば、修道士の独居房のなかで勉強したことはけっしてなかったから。わたしは死ぬのではないかと思った。わたしは一カ月間病気で床につき、三カ月間休養をとった。わたしは生き方を知らなかったのだ。

この修業の最初の一年の後、わたしはロリアン〔南ブルターニュの中心部にある芸術と歴史の街〕にやってきた。ロリアンでも最初わたしは、同じような修道士的生活を見いだした。そこにはチェスと気晴らしのための絵画があった。また、生徒数が増えたことと秩序を維持する必要から、少し仕事が多くなった。ついでに言えば、この秩序を維持するということは、見かけはわたしにはやさしかったが、現実には絶えずわたしをいらだたせていて、わたしはいつもいわゆる権威、あるいは威信を保ってはいたものの、内心はどきどきしていた。それはわたしがその原因を知っていたからだ。すなわち、次から次へと果てしなく生まれる軽薄さ、笑う幸福、ざわめきのまったく肉体的な伝播、さらに生徒のなかに想定しようとする、しかもたしかにそこにあるけれども、しかし弱く、天性のなかに根をもたず、ほんのちょっとした機会で藁屑《わらくず》のように吹き飛ばされてしまう移ろいやすい尊敬と愛情。これらの苦い反省が、わたしが仕事をするあいだずっと、絶えずわたしを占領していたので、おかげでわたしには、仕事が非常に重荷になった。というのは、このようなきわめて当然の慎重さにもかかわらずわたしはいつも生まれつき軽率であり、準備していても即興でやってしまい、滑稽な振る舞いを辞さなかったから。危険なことだが、しかしわたしはいつもその役を演じていた。それが、わたしが惜しげもなく、正直なところ、むしろ喜んでこの仕事を去った理由のひとつである。

わたしがこのアクロバットのような演技によって二時間もすれば疲労困憊《こんぱい》するだろう、と人は考える。ところがわたしは、それに加えて註解者の仕事を、すなわち終わることのない、それ自体の発展によって拡大する、厖大な書物を読んで幸福を感じる、手が疲れるほど書く註解者の仕事を続けていたので、わたしは本当に自分が病気であることを感じるようになり、この若い盛りに死にそうになった自分を見て絶望を知った。わたしは完全に間違っていた。四七歳から五〇歳にかけて戦争に行った後、ご覧の通りわたしは年齢を超えて元気である。そして実際、当時よりももっと自分の肉体に満足している。なぜなら、わたしは三年前にこのいわゆる疲労の秘密を知ったから。それは発作からわかったことであるが、左耳の障害からくる眩暈《めまい》であった。しかしどうしてそれを推察できようか。本当に人は死ぬと思いこむ。その代わり、それが何であるかがはっきりわかれば、人は想像力を矯正し、想像力が空想的原因を追うにまかせることはしない。わたしの教員生活中、わたしにつきまとった、ほとんどまったく想像上の疲労のこのきわめて現実的な原因を、ここで指摘することは有益だと思った。たしかにわたしの仕事の方法は、これによって変化した。そしてまた、あらゆる種類のわたしの野心は、一掃されたとはいえないにしても鎮められた。同時に、悲観的な観念を克服することを学んだ。それは哲学者の試練である。いまわたしが話している当時にあっては、そのような指摘をするどころではなかった。単純に、わたしは自分が短い、困難な生涯を運命づけられていると見ていた。しかしとにかく、たとえこのような憂鬱な考えを確信していなかったとしても、わたしはその頃、広汎な勉強をあきらめねばならなかった。そしてそれはよいことであった。こうして隠れ家を出たわたしは、きわめて陽気で活動的な町の中に足を踏み入れた。そこで二人の仲間と再会した。そして六年にわたる一種の夜の歓楽が、わたしを憂鬱から癒してくれた。その時わたしは、植民地人や船員たちの世界を少し知った。わたしは船や大砲のことを考えはじめたが、度を越えはしなかった。それはいつもわたしの巻き揚げ機であった。わたしは上昇してゆく砲弾が、あらゆる落下の法則に従って一瞬も落下するのをやめないことに驚嘆したし、今でも驚嘆している。そこからわたしは、ふたたび天文学に戻った。わたしは到るところで疑問にぶつかった。わたしは幸いにも、どうして天体の軌道が大砲の弾道と同じものであるのか理解できなかった。これらは、そういうことの専門家で、わたしの少し知っているある大尉にはまったく単純なことのように思われた。たしかにそうであるが、しかし彼にある説明をもとめた時、わたしはこの理工科学校出身者《ポリテクニシャン》が自分の言っていることを、理解していないことを知った。プラトンが、突如、わたしを照らし出した。真である臆見は学問ではないことを、わたしは理解した。この大尉はわたしが彼に何を負っているのか、けっして知らなかった。金モールの軍服の下に思想などあるはずもない。そこには野心と権力と追従《ついしょう》以外、何も見いだされない。わたしは何度も経験した。そして厳しいプラトンがわたしにこう言ったのを思い出した。「汝《なんじ》の欲するものを、汝は得るであろう、不幸な者よ」。わたしが念のため一種の虚偽を選んだのは、これらの屈辱、自分のなかよりも同胞のなかにおいていっそうはっきり感じられる屈辱（各人は自分の背に書かれた宣告を背負っている、とプラトンは言った！）、すなわち鏡に映されたこれらの屈辱の結果である。わたしが告白するこの虚偽は、わたしを知っている人たちにとってほんとうに危険であった。わたしはほんのわずかなことでも知っているとはけっして思わない、という主義をとった。また、他人が言ったことを信じ、他人が言ったことを明らかにするため以外にはけっして議論しない、という主義をとった。この薬は他人にとってはありがたいものではなかった。なぜなら、彼はしばしば、もはや自分を知らなかったから。そして自分が考えている以上の馬鹿なことを言ったから。わたしが他の時には、走り回り、反論者たちに向かって突撃し、たたきのめしていたことに注意したまえ。なぜなら、人はいつも賢者であるというわけにはいかないから。そこから、わたしをよく知らない人たちに、わたしはいつも極度の不信の念を抱かせた。仕方がない。プラトンの世界は悪いものでも善いものでもない。それは照らし出すために恐ろしいのだ。そこにおいて人は絶えず、すべてが、善でさえも恥ずかしい。なぜなら、真である臆見は学問ではないから。おそらくわたしは、最後にはこれらの良心のとがめについてなんらかの観念をあたえるであろう。それらはすべて明晰であり、すべて観念にかかわるものであり、何ものでもない愚かさを突如として照らし出す。しかもどんな深さももたない。なぜなら、われわれの伴侶である身体諸器官は、手も顎《あご》も、長い脚も、飽くことを知らない腹も、不幸の鏡である肝臓も、まったく深さをもたないから。それらは、もし人に見る眼があるならば、思考をもたないダイヤモンドである。わたしは楽園の恐ろしい明晰さに照らされながら、でこぼこ道を精いっぱい歩いた。わたしは自分の魂には身体器官の任務を課さなかった。わたしの魂は何も見えないこのまったき明晰さで、十分に働かなければならなかった。しかしわたしはここで、アリストテレスの全思想に敬意を表しつつ、また公正を期するために、プラトンの子らは軽薄で不遜であることを指摘する。それほど彼らは、「もしそれを欲するならば」自分の救いを確信しているのである。結局のところ、彼らは宗教をもたないのだ。彼らは過《あやま》ちを深めることができない。諸君は彼らが彼らの場所にいることを非難する。彼らはもうすでに、そこにはいない。徳と同様、悪徳もまた彼らをとらえはしない。悲しんでいるすべての人には申し訳ないが、わたしはけっして悲しむことができなかった。

わたしがどうして、おそらく軽薄さから、プラトンに復帰したかは理解されただろう。しかしわたしには他のことをする機会もあった。ある地理学の学会があって、わたしはたんなる愛好者として、業績もないのにそこに出席したところが、それがもとで地質学的調査にとびこんだ。わたしはブルターニュの地質を一つひとつ研究した。わたしは探究した。そしてグロワ島の原始の渓谷のなかに古代氷河の痕跡を発見した。そこから、当然の成りゆきとして、わたしはすべてを知りたいと考えるようになった。わたしが地球について、動物について、それらすべての自然学について、また数学について知識を獲得したのはその頃からである。その時期にわたしは、数学の天才であるまったく単純で謙虚なひとりの生徒をもった。わたしは彼に、どうにかこうにかこれらのことに関する哲学を教えた。彼は苦もなくそれらすべてを理解し、けっして反駁しなかった。これらの鷲〔天才〕の方法について、彼はわたしに多くを教えた。なぜなら、わたしはまだ小さな雛鷲を観察したから。彼は数年前、パリ天文台の計算家として、かつおそらく世界でふたりしか理解しなかったような論文を遺して、死んだ。彼の名はファトゥと言った。おそらく彼は数学者の憂鬱《アンニュイ》で死んだのだと思う。しかもこういう例は、彼ひとりにとどまらない。わたしはここで、あらゆる天才の卵に、ちょっともったいぶった忠告をしたい。君たちは、君らのうちに、自分に天分のないことを伸ばすように努めなさい。そうすれば、よろこびを知るだろう、そして輝かしい未来が拓けるだろう。

　おわかりのように、わたしは美しい雲のなかに棲んで、そこから天と地を判断していた。気晴らしは政治であったが、これはかなり乱暴なものであった。ある日のこと、軍隊で各国語の通訳をしていた同僚のドゥヴィルが、新聞を示しながらわたしにこう言ったことを覚えている。

「ドレフュスは無罪を叫ぶのをやめなかったよ」（それは官位剝奪の翌日だった。）「ぼくはね、軍人というものを知っているが」と彼はつけ加えた、「彼らがどうしても撤回することを欲しない何か途方もない誤謬があるのではないかと思う」。

滑稽なまでに軍服を愛していた男のこの言葉は、すぐにわたしを惹きつけた。なぜなら、彼は乱暴ではあったが、ほとんどいつも正しい判断をくだしていたから。しかしわたしは、彼の厖大な読書は少しも身についていなかったと言わねばならない。彼が戦争好きだったのは本当だ。彼は大戦中、すべての人たちと議論しながら、また語学にきわめて堪能でありながら、大本営で死んだ。それに、彼はもともと、物理学の研究者であって、その実際に通じた人だった。わたしの知ったただひとりの真の軍人であった。しかも彼は軍人ではなかった。

周知のごとく、ドレフュスに関する彼の予言は、逐一実現した。わたしはそれについて、ひとつの驚くべき後日談をしたいと思う。大戦後、わたしは毛深いひとりの大尉と知り合った。彼はよい仲間で、見たところ自由な精神の持ち主であった。彼はある日、わたしにこう言った。「ぼくは少しも偏見をもっていない。たとえば、もし君がぼくの逸話を読むならば、ぼくがドレフュス事件に関して対立した両派の主張を、自分の信じる限り公平無私に、要約したことがわかるだろう」。わたしは彼に言った。「それは面白い。しかし結局、ドレフュスの無実は争う余地のない事実だ」。彼は話題を変えた。「こいつはドレフュス派だ。それは予想されたことだ」と彼は思っただろう。

彼は間違っていた。わたしは心ならずもドレフュス派になっただけで、軍部派の各新聞のなかで、見えすいた馬鹿なことをあまりにたくさん読まされたからにすぎない。それを別にすれば、わたしは一参謀将校が自分の引き出しに指をはさんだことを聞いても落ち着いていた。なぜなら、わたしはこのついでに軍隊史を勉強したことがあったから。わたしはこれらの乱暴で用心深い人びとをあまり評価しなかった。とりわけ、スパイ行為や逆スパイ活動にかかわるすべてのことを軽蔑していた。こうしてわたしは、冷静な審判者の位置にあった。しかしながら、大ボスたちがほとんど誤謬を名誉とし、それをもって、彼らがわれわれを支配していることを想起させようとしたことが明らかになった時、わたしは反抗に身を投じ、ドレフュス派の友人たちを結集した。われわれは軍隊の帰営の時、けっして軍隊万歳を叫ぶまいと誓った。そして公園のベンチで長々と弁じ立てながら、兵器廠《へいきしょう》の労働者や海員たちの支持を得て、われわれは町の主人公になった。さらにわれわれは、ありうべき、軍のクーデターに備えて、ひとつの自治体をかなり周到に準備しさえした。したがってわたしは、動物の、すなわち情念の虜《とりこ》となっていたのである。このような情念の炎のなかで、わたしは多くのものを、また多くの人たちを裁いた。そんなことから、わたしは政治の落とし穴を感得しはじめた。だからわたしは、マルクスやプルードンのものを手当たり次第読み、さらに、すべての反抗の流れの源泉である『社会契約論』にまでさかのぼらねばならなかった。

政治

まるで民衆の世界が目醒めたようであった。民衆大学講座がわずかの間に創設された。すべての青年たちがそれを聴いた。われわれ〔教授陣〕は町において、町はずれにおいて語った。教えるためではけっしてなかった。われわれは民衆に、彼ら〔聴衆〕が考えていることを語った。われわれはあらゆる専制を暴いた。一部の真面目なブルジョワジーや、陸海軍の若干の士官たちさえもわれわれの味方であった。われわれはその時、雄弁を知った。雄弁には、まったく高邁《こうまい》な同胞愛が含まれているのだ。

ブルターニュの田舎まで、われわれは車で出かけた。わたしはよく覚えている。ある日曜日、一七世紀の町で宿屋には鉛の枠のステンドグラスのあるゲムネ・シュール・スコルフにおいて、市場で大勢の農夫たちを前にして語った時のことだ。彼らは肝心なところにくると笑った。彼らのうちに悪魔などいないのがわかった。それから、もうだれだか覚えていないが、ある郡会議員が、コルネットの音に合わせてスペードの女王を踊らせた。そして彼らに、黒い糸を見せて、この奇蹟のすべての仕掛けをあかした。これは今日でもなお、わたしには、子どもにも大人にも想像力に対する警戒を促すきわめて有力な手段であると思われる。今日ではきわめて高い地位についているが、当時はまったく情熱的で快活であったある物理学者が、時々立ち上がって、理性の時代がやってきたことを証言した。あのイソップの子である民衆は、けっして愚かになったのでも眠っているのでもないことがわかったのはその時である。民衆は見棄てられているにすぎないのだ。人はしばしば、彼らにまず何を教えたらいいのだろうかと思った。何も彼らに教えることがなかったのだ。ある人びとの隷属状態、他の人びとのうぬぼれや残忍さは、きわめて明白なことであって、ただそれらを語るだけでよかった。それにもかかわらず、われわれの観念はともかく、これらの聴衆のなかに驚くほど、また見事に響き渡った。たしかにわれわれは平等を待ってはいなかった。われわれはそれを措定《そてい》し、あらゆる危険を冒してそれを欲した（わたしは今でもそう考えている）。否、それどころかわれわれは平等がまったく偉大なものだとわかった。わたしはその時、共和国をつくるのに十分な良識があることを知った。わたしは高揚して激烈であった。

あまりにも早世した、ギリシア学者でラテン学者であり、かつ詩人でもあったひとりの親友は、はじめは公然たるカトリックではないかと疑われていたけれども、われわれ聴衆に対してなおいっそう強い影響力をもっていた。わたし自身、彼をつかまえてその問題を論じたが、彼はミサのなかにとりわけ非宗教的なもの、非道徳的なものがあるとは思わないと言って、きわめて巧みに弁解した。そしてわれわれの論争がまったく激しいものになったので、わたしはあとで、深く反省しなければならなかった。人が、とくにわたしの場合、反省するのは不用意に発した言葉についてだけだ。人は最初、そういう言葉をとりつくろってしまうものだ。そこにある種の詭弁があって、それが考えるということなのだ。しかしながら、このような安易さは恥じねばならない。そのとき教説が出来上がる。

ところでわたしは、少なくとも政治においては、まず選択しなければならないと確信している。今でもわたしは、あたかも証拠が何でもないかのごとく、自由な選択に戻る。そしておのれの政策については、吟味する前に誓っている。ここで、きわめて当然のことだが、態度を決めたことから、さまざまな困難が生じることを認めねばならない。したがって、論拠によって意見が変わることはない。その当時、この種の安易さと困難さが、わたしの前によく響く虚空《こくう》のようなものをつくっていた。わたしは選択を先に延ばしていた。延ばすことが正しいかどうか知らなかった。思惟する勇気は、まず虚空のなかに浮遊することから生まれてくる。人はもっともすぐれた解決策を選択する。いかなる反省にも後悔はつきまとうものだ。しかし人は誓ったのだ。誓わなかった人は思惟することができないのだ。これらのことは、わたしには、空気と同じようにはっきり感じられた。しかしわたしは恐れを感じなかった。今になってわたしは、反対にそこには、堅固なものが得がたい抵抗をもって見いだされるのがわかった。わたしは、それ以来、いつももつれた、政治的紛糾をときほぐすために時間をかけねばならなかった。

雄弁の次は出版。急進派《ラディカル》の一新聞が創刊されたが、すぐに金と編集者に窮した。しかしながら、その新聞がつぶれたのはわたしが町を去った後のことだった。わたしがそれを援助したどころではなかった。わたしはまもなくその主筆の役をつとめるようになった。編集長はカフェの常連であった。時々、彼は自分の怠惰を嘆き、わたしに変わらぬ感謝を誓った。しかしながら、彼はわたしによい助言をして報いてくれた。彼と別れる時、彼はわたしに言った。「君はまた多くの新聞に協力することがあるだろう。しかし、悪いことは言わない、けっして新聞をやってはいけない」。

わたしがそこで夜をふかし、しばしば朝までおよんだのは事実である。日常的な仕事はひとりの専門家によってなされていた。わたしは精魂を込めた、華々しいことがやりたかった。ところが、わたしはすぐに困難に出合い、非常に驚いた。わたしが時評を書いてみんなの喝采を博したのはその時であった。実際は、それはもっともで凡庸なものであった。わたしにはそれがよくわかっていた。その時初登場したアランの出だしは、きわめてまずかった。教授風に書いたのだ。この文体の悪癖はルーアンまでわたしにつきまとった。しかし書かねばならないので、わたしは書いた。もちろんいつも修正しなかった。しかしながら、わたしはあらゆる文学的野心を永久に追放するようにした。いかなる仕事にも修業が必要である。

しかしながら、わたしは三面記事を担当する若者にアドヴァイスをすることもあった。わたしは彼に、火事や、国家の祝祭日や、立派な葬儀や、船の進水などをいかに書くべきかを教えた。彼はほとんど進歩しなかった。それで大事な場合には、わたしが自分で、大急ぎで署名もせず仕事をした。文体なんかくそくらえ！　ところがこれらの即興のなかに文体が独りでに、あらわれてきたのだ。その時にわたしは成功したことを知った。なぜなら、わたしは、その道の専門家である編集長が、これらの署名のない記事を写しとって、彼の言うところでは、彼の読んだいかなるものよりもすぐれた手本として、それを学んでいるのを知ったから。わたしはこの刺激には跳び上がり喜んだ。わたしはわれにかえった。わたしはこの雄弁の秘密を探した。わたしは民衆とともに駆けた。ざわめきと動揺を模倣した。わたしはほぼ自分の気に入る域に達した。これらの仕事が深く隠されていたのは察しがつくだろう。わたしがいまでも持っている三冊のノートの第一冊を買ったのはその時である。わたしはそのノートのなかで、毎日訓練をした。しばしば感興を逸《いっ》し、時として興に乗って、自然であるように努めて、霊感のひらめきを狙い、それを定着させせながら――。わたしはその時、書くことのしあわせを知った。この勉強は「プロポ」に到るまで続けられた。わたしはやがて、スタンダールのなかに、彼自身、知るのがあまりにも遅かったと告白している次のような格率を発見していかに狂喜したことか。「才能があろうがなかろうが、毎日二時間書きたまえ」。〔この言葉は、わたしが愚かにも才能を使《ま》って浪費してしまった一〇年間を有効に使わせてくれただろう。〕そのように考えることによって、もしロリアンの急進派の新聞が連載小説を必要としていたならば、わたしはきっと、一〇回も、おそらくそれ以上も失敗した後に、小説をつくることを覚えたであろう。

語ること、書くこと、そういったすべての訓練を通じて、馬が秣《まぐさ》を引き出すように思想を引き出したのである。しかしながら、ある秩序、原理、要するに、経験の鍵を発見しなければならなかった。わたしはずっと前からモンテスキューを愛読していた〔彼の方法を実践していた〕。彼によってわたしは大地につなぎとめられた。わたしはロリアンの公立図書館で、ラコンブの著書『学問として見た歴史』を発見した。実際、この本は社会学、すなわちこの世の政治学のこの上もなくすぐれた教科書だった。

しかし、ルソーはいつもわたしの師だった。わたしはルソーを、そう言ってよければ、縦横に読んだのだった。昨日も、わたしは、自分が創り出したものと思っていた観念を『告白』のなかに再発見した。それはサン゠ピエール師の夢想のところだ。ルソーは言う。

「この稀有の人物、その時代とその同胞の名誉であり、かつ人類が存在して以来、おそらくただひとり、理性への情熱以外いかなる情熱ももたなかったこの人物は、しかしながら、人間をあるがままに、また将来もそうあり続けるように理解する代わりに、自分と似たものにしようと欲して、そのすべての思考体系において誤謬から誤謬へと歩んだにすぎなかった」。

この数行を書き写すことによって、同じことを何回も読み返すことがいかに必要であるかを、かつてないほどよく理解した。なぜなら、読者はおそらく、わたしが確信するある観念をまったく認めないだろうから。その観念というのは、人間の構造がすべての政治を牛耳る、そしてその構造はけっして変わらなかったし、けっして変わらないであろうということだ。この観念はわたしのすべての友人たちを、あるいはほとんどすべてを、悲しませる。彼らは進歩を信じている。彼らが力を尽くすのは進歩のためである。わたしはと言えば、わが陣営でただひとり、あるいはほとんどただひとり、われわれはいつも同じ難点に陥っていることを見ている、そして言っている。たとえば、専制君主からそのすべての利益をとり上げるために平和を欲すること、しかしながら、自由のために戦うということ。あらゆることについてよく考えたが、わたしは解決の道はないと思う。これらの相反する観念を調整し、それらとともに生きねばならない。それは忍耐のいる、しかもいつもやり直さねばならない仕事である。したがって、わたしはいつも自分のことを急進派《ラディカル》だと言い、けっして社会主義者とは言わない。

ルソーに戻る。わたしが彼をどのように解したかを、人はおそらく察しがつくだろう。すなわち、ルソーはまったく夢想家ではない。むしろ共通の経験に与《くみ》するのをやめない実証的精神である。彼がしばしばまったく反対に判断されていること、とくにその激しい情念から判断されているのを知っている。わたしに言わせれば、その情念はきわめてリアルな迫害によって十分に説明される。モティエ〔ルソーが投石による襲撃を受けたスイスの小さな村〕の石は夢ではない。要するに、わたしはこの人間を愛する。わたしはプラトンとほとんど同じように彼を信頼する。

この稀有で強靱な精神の洞察力・明敏さ、すなわち圧倒的な明白な事実に立ち向かう勇気によってかき立てられた洞察力は、やがて世界を震撼させることになる。なぜなら、彼がその緩やかな注意を向ける到るところで、攻撃は直截であるから。もっと言えば、この著者における独創力は数世紀を培うに十分なものをもっている。『エミール』のなかの有名な『サヴォア助任司祭の信仰告白』を読む人は、そこにふたつのものを見いだすだろう。第一に、判断力の分析による魂の証明である。略して「証明」と言う。一種の反省された経験、すなわちそれによってわれわれは、純粋の物質は知覚そのものに到ることができないことを、理解するものである。ここでおのれ自身を発見する自由な精神は、おのれを自分自身以外のものであると主張してはならない、騙してはならない。ここにはすでにカント哲学の半分がある。続いて、かなりよく知られた、やはり理解するのがむずかしい他の半分があらわれる。それは誤りを犯さない良心〔意識〕についての教説である。くりかえして言うが、欺くことを欲しない人(そのことにどんな得があるというのか)は、ここでふたつの深刻な衝撃を受ける。それは簡単に言えば、魂と神とはわれわれにつなぎとめられていて、否定しようとする慎重さ(それは確かによくわかることだが)だけでは十分ではないということだ。この観念は重要であり、わたしは(あえて言えば)それを完全に説明することができると感じている。わたしは順次そこに到るであろう。またわたしの『神々』のような著作には、このような序文がどうしても必要であることを、わたしは認める。

いよいよ政治まできた。人は人間をまったく赤裸々に判断しようと試みるやいなや、すぐにそこに投げこまれる。だからこそ、迫害が不幸なジャン＝ジャック〔・ルソー〕を追いまわしたのだ。彼は悪の根源にいる。彼のように問題を解することによって、人はキリスト者であることも、カトリック教徒であることも、いな、王党派であることも可能であるが、結局はジャコパン派なのだ。しかし司祭たちへの攻撃はまだ最悪のものではなかった。〔ルソーの〕『社会契約論』は『エミール』に劣らず恐るべきものであった。たんなる習慣の事実であり、レスが『回想録』のなかでけっして吟味に付してはならないと言っていた服従を、彼は問い直した。その点についてすべてが、「最強者の権利」と題する章のなかで言われている。人はプラトン以来これほどのものを何も読まなかった、と思う。幸いなことに、尊敬を求める者は権力の名に慢心している。この言葉は人を麻痺させるもので、それもよくわかる。権力に対してどうすればよいか。憤慨するか。それは虚しい。それは痛ましい。人はあらゆる吟味の端緒を自分のなかにとどめておくほうが好きだ。その時、隣人が吟味すると、人は憤慨する。また人はここに、すべての人において思考の最初の結果であるこの種の怒りの一例を見いだすだろう。たたしかに、なんとか生きてゆける時、反抗に立ち上がるのは好ましくない。いずれにせよ、それは力に換えるに、力をもってすることではないか。力によらないで勝つことができるだろうか。しかも、絶えず勝たねばならない。最強者は、即座に勝利のすべての獲物を失うことなくしては、最強者たることをやめえないのだ。それが、過去の歴史が教えるところであり、そこでは暴力がけっしてあとを絶たず、勝利を聖別するなんらかの平和の方式をもとめてもむだであった。われわれは、敗者が、そのことが可能になるやいなや、その誓約を蹂躙《じゅうりん》するあの事実に唖然としている多くの人たちを知っている。それは、敗者はその約束によって、自分よりもすぐれた力を承認しているにすぎないからだ。勝利はひとつの事実にすぎない。事実はもうひとつの事実によって破壊される。したがって、戦争による平和はありえない。同じことは、国家の内部のあり方においても指摘しなければならない。権力は時として説得しようとするように見える。しかし、その口調によってそれは強制の仕方にすぎないことがわかる。人が抵抗するやいなや強制があらわれる。それはすぐに残忍きわまるものとなる。軍の権力は、裸の力の上に基礎づけられた政治権力の典型である。約束によって義務が生まれるさまざまな場合を区別しようとしてもむだである。ロシアが和平を結ぶやいなや、（フランスで戦っていたロシア人たちにあらわれたような）思いがけない状況があらわれる。そのような場合に権力は譲歩することもあるが、しかしそれは権力自体の着想によるのだ。つまり権力はけっして譲歩しないということだ。もし、真剣に、弱者が論議しようとするならば、応えるのは暴力だけだ。それは今日においてもいかなる時代においても経験の事実であり、速やかに経験されることである。行政権力はやはり速やかに税金を取り立てるのであるから、裁判官はやはり速やかに、たんなる被疑者の身柄を拘束するのであるから、権力というのは、したがって、事実としてあらわれる。事実に対しては、人のなし得るすべてが許されている。命を賭けるならば、人を殺そうとすることはいつでもできるのであるから、どんな形のどんな抵抗も、したがって、簒奪《さんだつ》と同じように合法的である。

わたしが引用した有名な章を参照するならば、ルソーは同じことを別の、比類のないやり方で言っているのがわかるだろう。また、わたしが彼の思想を少しも曲げていないこともわかるだろう。しかし、そんなことを議論するのが問題ではない。わたしはただ、わたしの自由な註解を通して、人がこの恐ろしい一章をほんとうに読むならば、それによって導かれる無限の反省についてある観念を与えたいのだ。わたしはまた、肝心なところ（それは悪いところ）で目を閉じる人たちの気持ちがよくわかる。

人間というものはきわめてよく先を見通すことができて、しかも一瞥で、そうした思考の導く結論を見通しうることに、わたしは気がついた。人間が用心して、しかも理解するずっと前から、戦っているのはそのためである。そこから、説得することがきわめてむずかしいものとなっている。それは、人間が動物であるというのではまったくないのだ。反対に、動物ではないからこそ、人間は小さな真理がどこへ導くのかをすぐに知るのだ。

わたしはというと、たしかに反抗の道であるこの道に、恐れることなく入った。この道を通ってわたしは、自分なりにジャン＝ジャックの思想をたどり、最後には、上位の力に譲歩する以外の義務をもった共和国の観念に到達する必要があったのだ。それが〔ルソーの〕『社会契約論』によって提起された問題である。この書名は、人がしばしばそう信じているふりをするような社会の起源についての研究などまったく示していない。それどころか、それははるかに重大なことである。合法的とみなされた、すなわち構成員の自由な服従を期待することのできる社会の資格を述べることが問題なのだ。ところで、いかなる契約も自由であるから、すなわち対等な者の間にあるのだから、市民と権力の間には契約はけっしてありえない。すぐにわかるように、権力は暫定的なものであり、あるやり方で取り消し得ることが必要である。契約は一市民とその対等者の間にしかありえないだろう。それぞれがすべての人に援助を約束する代わりに、すべての人から援助を受けるのである。このような状況では、なんぴとも服従しないし、なんぴとも命令しない。各人が主権者であり、同時に臣下である。主権者として彼は、自分が臣下として服従すべきことを命令する。民が立ち上がり討議するという、こうした奇妙な状況は、ごく少数の民を除いて、厳密にはけっして実現されない。しかしながら、民が真実、民であるのは、ただ、おのれ自身のおのれ自身に対するこの誓いを、ほとんど刻一刻、新たなものにする限りなのだ。

とにかく、権力がもはや発動せず、すべてが問い直されるような一瞬がなければならない。それに従えば、普通選挙が行われるのは、言うまでもないことである。選挙から除外されるものは権利も義務ももたない金次第の輩《やから》であろう。そういう人は、事実、すべての国において外国人がそうであるように、社会契約の埒外であろう。この市民の集まりから出てくる総意が全会一致を想定していることも、人はよく知っていた。この問題について、わたしは長く悩むことはなかった。なぜなら、あらゆる状況が困難であり、あらゆる解決が一時的であり、法をつくる多数派も、裁判官たちの判決と同じように、折衷的手段であるのは明らかだから。裁判官たちもやはり、無謬ではないのだ。しかし思うに、微妙な問題において多数派に、あるいはもっと正確に言えば、多数決に従うという決断、この決断が全会一致で採択されていることもやはり明らかである。そうでなければ、投票に付されることは何の意味ももたないであろう。したがって、もし大多数が自分の意に反して決定するならば、服従しない、という決意を抱いて投票に行く人、そういう人は、社会契約の埒外にいるのである。代表者を介して決定する決意、軍司令官に服従する決意、裁判官の判決を正当と認める決意についても同じことが指摘される。

問題をなおもうひとつの側面から考察して、わたしは、法というものは(もしそれが本当の法であるならば)多数者によって少数者に課せられた隷属ではけっしてなく、すべての人に平等に課せられた服従であり、したがって真の法が総意から非常にかけ離れることはあり得ない、ということを、他の人びとにも自分自身にも示そうとした。兵役はすべての人びとにとって義務であり、教育も、衛生も同様である。多数者がそのように決定したということは、これらの決定が悪いものではあり得ないことをあかししている。なぜなら、もしそれらが悪いものであるならば、最大多数の者がそれらを受けているので、それに気づかないというのはあり得ないから。そしてまた、もうひとりの暴君ともみなされるこの最大多数の者は、虚構にすぎないことに注意しなければならない。多数派は問題によって、しかも人の想像をはるかに超えて、変わる。この運動によって、人は望ましい全員一致に近づき、そしてとりわけ重要なことは、隷属と反抗から解放されることだ。人が合法的権威を求めはじめるやいなや、これらの原理が真実のものになるのは、わたしの目には明らかである。またもしこれらの原理に従って、歴史を考察しようとするならば、人は、一国の内なる平和はいつも、最後には、不平を言い個々の法律を変える権利を少しも奪わないある全員一致の同意にもとづいていることに気がつく。現実のいかなる社会においても、いつも、習慣と同意の混合が見いだされるであろう。たとえば、われわれの民主国家において、多くの民法は習慣にもとづき、すべての刑法は同意にもとづいている。罪を犯す人はほとんどいつも、ある特殊な場合を除いて、同意している人である。特殊な場合、すなわち法に対する同意がないことを認めねばならない場合は、裁判の問題である。どうしても同意しない人は、その時、自己の意志によって社会から、また法からさえも排除される。

法から排除されるとはいかなることか。それはそんなに簡単なことではない。だれであれ、だれかを絶対的に排除することは益のないことである。法はすべての人に対して公的に適用されねばならない。また、純粋の反抗者などというのは虚構にすぎないことも言わねばならない。その代わり、純粋の反抗はそれぞれの人間における一大契機であり、それは契約がいま一度、しかもいま一度自由に、認証されねばならないことを意味している。この種の反省に従って、市民たちや諸党派の動きを観察する人は、現実の自由がいかに、ひとつの政体の内部であちこちめぐりめぐって、そしてそれが最後には反目を超えて、みんなに愛されるようになるかを、理解するだろう、とわたしは思う。しかし、そのことは各人の根底、すなわちその上にすべてがもとづいているもの〔原理〕であり、鋭敏さ、つまりそれを通して問いが研ぎすまされるもの〔覚知〕である。だから、結局のところ一時的に条件付きで任命された部下にすぎない裁判官や大佐たちをけっして酔わせないように、それをあまり声高に言わないのも各人の自由である。この政治的な営みは、わたしにはむだなものとは思えなかった。なぜなら、わたしはさまざまな困難を見てきたし、また見ているから。すなわち、わたしは、つねに濫用されやすい権力に対して、あらかじめどのような手を打たねばならないかを見てきたし、また見ているから。そこから、今日なお新しい、そして今日なお有望な若干の観念が出てくる。たとえば、質問と呼ばれる議会操作は、ますます公開であること以外に承認されない公の告知と解されるであろう。公開であることは、わたしが世論について、また世論の魂である総意について言ったことに従えば、それだけでいつも十分である。それに反して、もし人がいわゆる権力を覆すことに慣れているならば、権力を覆さない間はそれを信頼しているのである。そこから、圧政の習慣が身についてしまう。ただ、政府は世論に、わたしの言う持続的な、おのれを弁《わきま》えた世論に、従わねばならない。それは政府がつねにやっていることである。したがって、いかにして世論がもっともよく、もっとも自由に表現されるかを探究することは主要な問題である。それでも各人における臣下と君主の対立は、われわれの密かな動きを非常にうまく説明する。臣下として人は抵抗し、抗議する。しかも密かに、君主として人は是認するというのだ。そういうことからすれば、世論が見かけ上、人を欺く喧騒のようなものであることを覚悟しなければならない。

これがさまざまな反省の教えるところであり、わたしはそこから新しい結論を引き出した。そのなかには承認されはじめているものもある。たとえば、わたしは比例代表制にはいつも反対であった。それは結局、党派を組織することによって、専制権をもつような権力の探究にほかならない。（一致した意見によれば）投票は（裁判官がそうであるように）決定するための妥協的手段以外の何ものでもないのだから、この種の決定を理念として重要視することは、ましてや党派の誓約によって、事実上決定することになるあの最大多数派を確保することは原則に合致しない。もっともすべての野心家たちは、比例代表制に賛成である。それは事実、幾多の共和国を滅ぼしたのだ。

この展開は、もしわたしが正しく導いているならば、開かれたままである。あらゆる政治的叡知は、それを閉じてしまわないことを内容としている。『社会契約論』の観念のみが、服従のみならず反抗を、ここで照らし出すのにふさわしい、とわたしは思う。この言説は無限に続くであろう。わたしはただ、わたしがどのように政治問題と取り組んだかを説明したかっただけである。

抽象的思考

一九〇〇年まで、すなわち三二歳にまでおよんだわたしのロリアンの七年は、失われた時間は別にして、要するに、とりとめのない、しばしば出来事や出合った書物に依存した勉強に費やされた。しかしこの勉強は、あらわれ出るなんらかの愚かさを自分自身の内で克服することを、いつも目的としていた。数学において、わたしは大して進歩をしなかった。定量から変量への移行、すなわち無限級数の総和を何度もやり直し、そして極大極小をもとめる方法としての導関数に到り、これらの神秘的な性質を理解しようと試みたけれども。それらの公式を略号のように駆使する専門家たちには、わたしはそれほど感心しなかった。彼らは職人たちにすぎないのだ。わたしにはそれがよくわかる。しかし、その頃から数学者たちに解放されていた『ラ・ルヴュ・ド・メタフィジック』(*La Revue de Métaphysique*)誌によって、この学問における独創家たちは、わたしの問題などまったくあらわれてこないような広大無辺のパースペクティヴをもっていることを知った。わたしはたどたどしく読む生徒のようなものだ、つまり他の人たちが流暢に読むのを見ている生徒のようなものだった。わたしは野心を抱いていた。しかし人が時として、わたしのなかに想像することのあったあの研究のパワーを、わたしはもってはいなかった。わたしはすでに言ったように、自分の最初の高揚を抑制しなければならなかった。わたしが全力を集中してやったのはわずかな瞬間だけだった。要するに、数学においては、ほとんど進歩はなかった。事情はいつも同じだった。そのことから、この学問においては、良い先生に就き、生徒として学ぶことによって、大いなる進歩がある、ということがわかった。率直に言うと、対数を十分に理解し、暗算でできるように使えること、そして導関数についてのラグランジュの論文を正しく読むこと。それがわたしの限界だった。わたしがこの知識を用いることはまず、なかった。わたしは数学がその花火を打ち上げた時期に生きていた。いちばん困ったのは、数学がわたしの仕事にまであふれ出て、自分の小さな建物に容赦なくのめり込んできたことだった。その具体的なあれこれはここでは、教訓になるだろう。どのような偶然からわたしがこの種の研究に投げ込まれたかがわかるだろう。そのために、わたしは多くの時間を費やした。たどたどしく読むこと以外何もできなかったのだ。

『ラ・ルヴュ・ド・メタフィジック』誌の創刊は、わたしが地方に出かけた頃だった。わたしは一九〇四年頃までは、かなり規則的に寄稿していた。それを受け取り、読んでいた。それに対して発言権をもっていたのだ。

さて、わたしはロリアンでひとりのすぐれた数学者に出会った。彼は単に数学ができる人以上たらんとしていた。彼は語り合い、論じ合うのが好きだった。その主張は、詰まるところ、もっとも抽象的な数学でも経験にもとづくものだった。そして彼は、簡単な実例によってそれを示して得意になっていた。人は――と彼は言った――二つの因数の順序を変えても積は変わらないことを、厳密には証明することができない。しかし、点、あるいは「もの」の配列によってその通りであることがわかる。人は被乗数を水平に、乗数を垂直に数えることも、あるいはその逆に数えることもできる。しかも数は明らかにいつも同じである。なぜなら、数え方は数えられるものにはよらないから。そこから、レザンも同じ観点からその著『数学入門』のなかで展開した教育法に関する結論を出している。しかしその時、この方法はほんとうの意味では初歩を教えるものではないように見えた。わたしがいま言っている時期、すなわち一八九四年あるいは九五年頃には、このような見解はわたしにとって新しいものだった。カントにはじめて接していたということもあって、数学的経験が日常の経験であるとも、問題の定理が経験的に発見された自然法則であるとも、決めるつもりはなかったけれども、しかしながら、友人Bのこの経験論的テーゼは見事なものであり、要するに、それについてなんらかの論議を呼び起こすのも悪くはないと考えた。そういうわけで論文がB君によって書かれ、わたしによって送られた。この無邪気なイニシアティヴは、哲学愛好者たちの頭上に、いまなお続いている一種の抽象的思考の嵐を巻き起こした。ヨーロッパの底から大旋風がやってきて、『ラ・ルヴュ』誌はそれによって圧倒されてしまった。最初に起こったことは、有名なアンリ・ポアンカレの猛烈な反駁だった。その結果、わたしの友人がこの問題にほとんど通じていないことが明らかになった。このとき、『ラ・ルヴュ』誌の読者たちの前に、単純なものから段階的に導かれた、透徹した克明な論証が展開された。これはポアンカレが循環法と呼び、教養ある人たちには有名となった方法の例証として役立つものだった。さらにはるかに驚嘆すべき離れ業が続いた。数学者たちはそのとき、冷徹な明晰さの数々をまき散らし、彼らの結合の精神を発揮してわれわれを瞠若《どうじゃく》たらしめたのだ。わたしにとっては、すでに難解な関数は純粋に天上的な意味をもった。すなわち任意の、すぐに純粋論理によって展開される定義として提出された。それに、記号論理学すなわち哲学的代数学がつけ加わるが、これはついていくのが至難で、結局、わたしが知った限りでは、それはささやかな利益しかもたらさなかった。それなのに、数学者たちは、かつても、そして今でも物理学の王者である。したがって、哲学者たちはもはやこれらの大いなる秘義を骨折って学ぶ以外にないことが証明されたのだ。もし彼らがその悪口を言おうものなら、気をつけるがいい。わたしは降伏した者たちを知った。追従《ついしょう》した者たちを知った。そういうことはわたしの性に合わなかった。わたしはふたたび加速度運動と解析幾何学の初歩を勉強しはじめた。わたしの進む速度では、わたしは新哲学を任じる者からかけ離れていた。わたしが自分に課している規則は、自分の知っていることしか語らない、ということだった。わたしはそれを守った、と人は判断するだろう。

実を言うと、ちょうどその頃、わたしもまた追跡者を疲れさせようと欲していたかのように、別の方向へと逃れていた。わたしはここで、クリトンという名で『ラ・ルヴュ』誌に発表した対話篇のことを言っているのだが、これはまさに、巧みに提出された謎にふさわしい種類の成功をおさめた。その着想はアリストテレスから、しかしおそらく架空のアリストテレスから来ている。わたしは彼の回転する神の自然学を単に一段階として解していた。わたしは彼がどのような意味において、運動は可能態から現実態への移行、すなわちまったき意味における活動であると言いうるかを、理解しようと試みたのだ。そのときわたしに力を与えてくれたのは、デカルトの自然学のなかに発見した相対的運動の観念であった。そこから、運動はこのようなものとして与えられた事物ではなく、したがって実存在の一部分ではなく、むしろ形式的要素であり、思考の産物であることが明らかに帰結された。この指摘によってわたしは、『ラ・ルヴュ』誌によってふたたび提出されたゼノンの有名な論証を克服した。なぜなら、運動はわたしの理解によれば、分割され得ないものであるから。それはたしかに、ジュール・ラシュリエ〔Jules Lachelier, 1832-1918. 一九世紀後半のフランスの代表的な哲学者〕が空間について書いたように、「その部分に先立って与えられた全体」であった。わたしにはもっとうまく言えるだろう。なぜなら、形式は与えられるようなものではないのだから。しかしその時、帰結に感嘆するがいい。なぜなら、運動は始まるまえに終わっているのだから。これらのパラドクスは、思考と対象を混同しないならば、意味をもっている。わたしはそれ以来、同じ観念を彼方まで発展させたものだ。なぜなら、思考は終わることによって始まるということを、いつも言わねばならないから。そして理解せねばならないから。しかし、これらの修業において、わたしを驚かせたラシュリエが言ったように、「それはいささか、海を呑みほすようなものだ」。それでもわたしは、最初の対話において認められるように、海をひと呑みに、神もすべてのものも、一緒に呑みほした。どうしてカントが、すべて形式と質料〔認識主観の形式に限定される対象の実質〕の混同に帰するこの種の試みを決定的に批判したかを、よりよく理解するに従って、そのような立場に立つことができなくなった。要するに、わたしのデビューは、まさに見事なデビューだった。実際、そうだった。どんな哲学も最初はこのような純朴《ナイーヴ》さをもつものなのだ。わたしと同じように、大胆であり、かつ緻密なのだ。わたしはこれらの対話をけっして否認しない。多くのものがそこから得られたのだ。

わたしはいま、急いで逃れようとしている。あまりに急いでいる。われわれはいまここに、四つ辻にいる。数学者たちの弱点、それはカントを読んでいないことだった。そのことに、わたしは、幾度となく気がついた。しかし同時に、カントを読んでも十分に理解していない人が多いことにも気がついた。簡単な実例によって、わたしは少なくともその問題を指摘しよう。星は一定の数あるだろうか。もし一定の数あるとすれば、その数は偶数なのか奇数なのか……云々。こうして言わば、あらゆる種類の無限が問題となる。しかし、どうか数に注意していただきたい。もし数がものとして、またものの性質として与えられるならば、その時はたしかに、無限の数がある、同時に、けっしてないと言わねばならない。しかしもっと仔細に数を考えるならば、単位と単位の間の関係は形式的なものであり、思考する者の意志決定によっているのだ。彼〔思考する者〕はこの関係を、わたしが挙げるもうひとつの実例において、彼が不動の座標軸と運動を選ぶように、選んでいる。しかしこの選ばれた運動も、そしてこの選ばれた数え方も、存在するものとはいえないのだ。それらは世界を危険にさらすことなく創られ、解体される思考の秩序に属するものである。だから別れよう、読者よ。よくわかったならば、「対象《オブジェ》」の形而上学と別れよう。もはや精神の形而上学以外にあり得ないのだ。しかしまた、人はこの精神の形而上学から逃れ得ないことも本当だ。結局、それ以来、一種の宗教に関してすべてのことが言い尽くされた。もはや野原や森の神々も、それらの神々を支配するいかなる王も存在しない。この種の省察を、わたしは正面から究めることを、やめなかった。そして真実の、正しいものと思われるはるかな結論にまで、到った。ただし、自分の語ることをいつも知ろうとする危険な賭けをしたならば、無数の困難をいつも克服しなければならないと判断しながら――。

この数年間、授業はどうなったであろうか。わたしには仕事が身についたように思われた。すなわち常套句や言葉の普通の意味に専心することによって、少しずつ野心から癒されたのだ。わたしはいつも、哲学の専門用語を使用しないですませようと固く決めていた。しかしそれでもまだ十分ではなかった。わたしは、万人の言語を用いてもまだきわめて難解な場合があることを経験した。観念はどんなに崇高なものでも決してつくり出すべきものではないこと、それは慣用によって定着した語彙のなかに刻まれていることを理解しはじめたのは、その時だった。のみならず、常套句はすべて真実であること、それらは捉え直され、ふたたび理解されさえすればよいのだ、ということに気がついた。こうして、生徒たちに、彼らの真の思想を返さねばならなかった。彼らはそれを認めざるをえなかった。このような探究の方法は、わたしにも十分わかっていたことであるが、困難な仕事をわたしに強制した。その代わり、この方法はわたしに、さまざまなパースペクティヴを拓いてくれた。もし言われたことがすべて真実であり、それにふたたび生命を付与しさえすれば、すなわち精確には、言われたことを知りさえすればよいならば、あらゆる宗教が真実であることは明らかだ。しかし、この観念を理解してもらうのはむずかしかった。とりわけ、新しく思考することを、つまりまず、いっさいについて反論することを、主張する職業哲学者たちには——。とにかくそのようにして生徒たちに貢献したのは事実だ。彼らは新しい世界にやってきたと思いながら、かえって一般の表現の広大な豊かさを発見していたのだ。わたしが良き文体について何かを感得し、それを彼らに理解させたのもその時であった。この真理とともにその深みをも示さずにはいられなかったことも、よくわかってもらえるだろう。このような真理の深みが見いだされるのは、実は、人間が経験したもの、遺したもののなかなのだ。何にもましてむずかしいのは、みんなが意識することなく、考えることなく言っていることを、意識して考えて語るということだ。一例を挙げれば十分だろう。哲学の専門家たちは心理的意識と道徳的意識とを区別する。これについてわたしがまず気づいたのは、心理的という言葉は人が本当に遺したものではない。その言葉の意味を背負いこむのはまったく無意味である。もうひとつの発見がわたしをもっと遠くに導いた。それはすなわち、読者たちも著者たちも、道徳的意識などと特に区別して言う習慣をもたないことだ。彼らはただ「意識」と言う。それですべてが言い尽くされている。したがって、わたしはこの見事な謙虚さ・慎重さでもって満足しなければならなかった。わたしはそこに、一見してすばらしい観念を、しかもきわめて深い意味をもつ観念を見いだした。なぜなら、すべての意識は道徳的秩序に属しているから。意識とは存在するものに、存在すべきものをいつも対立させることであるから。まったく単純な知覚においてさえ、われわれを習慣から目醒めさせるのは、いつも一種の躓《スキャンダル》きであり、たんなる事実に対する執拗な抵抗なのだ。真理認識はすべて、わたしの感得した限り、思考の名誉を守るため、憤然と拒否することから始まるのだ。そして、その拒否によって持続する。なぜなら、意識は自己の自己に対する乖離を含んでいるから。同時に、不十分だと判断されたこと、しかし救わねばならないことを、今一度、考え直すことであるから。知覚の営為は、その「かたち」〔見かけ〕はすべて、こうして否定される。同時に、保存される。こうした心の奥の対立によって、人は目醒める。そこから、わたしは次のような思想の趨勢《すうせい》を引き出した。人間の使命についての高邁な理念がないならば、そして、模範に従い自己を立て直す義務をもたないならば、人間は、犬や蠅《はえ》と同様な意識しかもたないだろう。ここで、蠅が群がるように、反論の暗雲が群がってくる。デカルトの動物機械論に対するのと同じ反駁の嵐が。おそらく読者もおわかりだろうが、こうした英雄的な思考は、また無意識などありえないという考えを含んでいる。無意識、すなわち下位の意識、彷徨《さまよ》っている、切り離されている意識である。厖大な発見はけっして一日にして成るものではない。わたしは日常の言葉、神聖な言葉、美しい言葉を、導きの糸のように理解した。そのために人は、わたしのことを、思想家というよりもむしろ修辞家であると評した。そう言ったのは思想を商売にしている輩《やから》だが。なぜなら、公の民は、発言する際には、いっときも誤ったことはなかったから。

本当のところ、わたしは途轍もない苦しみを経て、「ユマニテ」の観念そのものを統覚した。感得した、つまりそれに感覚を通して触れたのだ。ユマニテ、すなわち思惟の思惟である人間、そして弁明する人間。その後、オーギュスト・コントのなかに同じ観念、すなわち人間の言語《ランガージュ》という観念を見いだした。そこにはまったく想像もつかないような、あるパワーが、ある光輝があった。なぜなら、驚くべきことに、職業上、コントについて語らねばならない人たちが、だれも、まるでただ読んだにすぎない人のように、コントについては語らないから。わたしはここで、クリティクに言及しているのだが、それを濫用するつもりはない。大ざっぱに言えば、偉大な哲学者たちをあるがままに理解する本物の哲学、至難の業であるそれの傍《かたわ》らに、現代においても、またおそらくいつの時代にも同様に、見かけだけの嘘の哲学が生誕し発展している。この哲学は、わが先人たちがだれも皆、加えている容赦のないクリティクから見ても、廃墟の上に居を構えるのをやめない。そのことが現在、きわめて広く行われているので、ある若者がヘーゲルを理解しようと、ヘーゲルをまっとうと認めようとすると（なんとすばらしい表現だろう！）、テクストを前にして茫然としていると叱られるありさまだ。「つねになんらかの留保が必要だ。少なくともひとことのクリティクが必要だ」と、今日一流と目されたあの思想界の大物は言った。しかし、この類いの一流など、まだ何でもない。

こうした精神の按排《あんばい》は、わたしはそのなかで力を培ったものではあるが、まったく知られていなかった。わたしは当時、『ラ・ルヴュ・ド・メタフィジック』誌に論文や対話を書いたが、晦渋さのおかげでクリティクをまぬかれた。わざとそうしたわけではないが、それでも当時、教えることよりも驚愕させることのほうが内心、好きだった。しかし、わたしが対抗意識に迫られたなどとは思わないで欲しい。わたしの生涯にはそんな形跡など少しもない。わたしの生涯はわたしにふさわしい地位にまっすぐ導いた。

そんなことをしているうちに日も経って、わたしはこの町にも慣れた。この町は得がたい友をもったところで心地よかった。この町の人はわたしを放ってはおかなかった。親切に心をくばってくれた。パリの友人たちが、ルーアンにポストの空きがあるだろうと知らせてくれた。ジュール・ラシュリエに手紙を書かないわけにはいかなかった。彼はいつもわたしに親切にしてくれた。ポストの任命は何の問題もなくなされた。

著述家としての運命の道は今述べた町ルーアンで始まったが、その道のことを言う前に、想起しなければならないことがある。わたしがラニョーの訃報に接したのはロリアンにいる時だった。わたしはずっとラニョーの弟子だった。彼を棄てたことなどなかった。ラニョーの死はわたしを激しく揺り動かした。わたしはわが師のことを人びとに知らせ、その稀有の、謎に満ちた著作をいくらか解き明かし、そうして有名な講義をいくつか、今一度世に出すために奔走した。この敬虔な仕事は『ラ・ルヴュ・ド・メタフィジック』誌のなかで始められ、その後も恥じることのない形で続けられた。わたし自身の思索の道は、師に対する尊敬がわたしに取るよう命じた〔であろう〕道から、この時から、またその後ますます、わたしをはるか彼方に導いていったけれども。ジャーナリストとなること、そして新聞の囲み記事を形而上学の水準にまで高めること。これがわたしに与えられた道だった。今やこの仕事が、多くの障害と危険とをはらみながらもわたしに課せられようとしていた。しかしラニョーなら、絶対、こんな仕事は認めなかっただろう。

わたしが思うに、わたしはただ自分の性質に従ったのだ。そうして、つまらないものと、まじめなものとを少しも分け隔てしないことによって、その性質をさらに高めたのだ。わたし自身の臆見に従えば、こうして自分は、大作家たちの系列に連なった。彼らは実際、その成功をいつだって、あるジャンルの混淆に負っているのだ。すなわち一方には退屈な、難解な観念があり、他方には安易な饒舌があるというふうに分けることとの強い拒否に、負っているのだ。この種の想いを込めて、アランというペンネームを選んだあと、わたしは少しずつ、この旗のもとに自分の力のおよぶ限りの全哲学をカヴァーするようにした。しかしながら、そのことは、やがてわかるように、少しずつ実現されていった。わたしによってのみならず、わたしの読者たちによっても、である。

ルーアン

ルーアンはわたしの気に入るはずだった。それは、大きな港の見える美しい風景。まさしく有名な記念建造物《モニュマン》。小さな丘に登るやいなや人の心をとらえるあの全体の地形の美しさ。始めはまったくその通りであった。しかし、かつて向こう見ずに仕事にかかった時、ひどくやられたあの疲労困憊がぶりかえしてきて、すべては台なしとなった。またしてもわたしは死ぬのではないかと思った。今度は停年まで続くだろうと思われたこの状況は、わたしからあらゆる野心を剝ぎ取るのに与《あずか》って力があった。なぜなら、自分の将来のことなど考える暇もなかったから。実は、生徒も多く、雑務も多忙を極め、民衆講座の仕事もあり、果ては共和主義擁護というこの時代の政治に駆り出されて、わたしは一機械《マシーン》となりさがり、何よりもまず自分の精神の刃がすり減らされてしまった。わたしにはもはや学ぼうという気が起きなかった。蓄えを消費しているだけだ。わたしの思索の深いところにあるこういう慌ただしさは、もっと後まで、すなわち自分にふさわしいポストをパリに見つけてもらいそこで散々《さんざん》の出発《デビュー》をするまで、続いた。

人文地理が、ルーアンにおいてはもっとも強烈なイマージュによって例証されている。そこでは、社会を支えている人たちの町が河口に広がっている間に、年金生活者の町が丘の斜面にどのように建てられたか、いな、つねに建てられているかがよくわかる。すべてが一目瞭然である。あの河の流れ、すなわち凹状の岸辺を削るのをやめない、そうして対岸に沖積土を置くのをやめない、河の流れのみならず、強風によって北東に流される煤煙のために西側に逃げている山手の住宅など——。貧富のあいだの様相の対立が、かねて聞いていた通り、この町では大多数の主要都市よりもいっそう顕著であることを考えなくとも。わたしの見たものはかなり雄弁に物語っている。こうしたすべての差異、すなわち丘に刻まれたさまざまな階層、古い場末の醜悪な相貌《かお》は、篤き慈愛心を喚起したことだろう。その崇高な例をわたしは見たのだった。それらには感嘆した。しかし強烈な感動はおぼえなかった。その後戦争で認識したことだが、強烈な情動はわたしの骸骨《からだ》のなかには伝わらない。それどころか反対に、衝撃に比例して鎧《よろい》は硬くなる。しかしながら、わたしはそこで、わたしが最初に経験した公務員や年金受給者たちのしあわせな町では見いだせなかった社会についての一観念を獲得したことは、疑いの余地がない。この時から「町」〔ルーアンのような町〕はわたしにとって別個の一存在になった。すべて石造りで、響き渡る、人間のこしらえた実物になったのである。どっしりと動かぬ田舎の平和とはなんと対照的なことか！　さらに、もっといっそう、まるで坩堝《るつぼ》のような大洋《オケアノス》の変転きわまりない海岸とはなんと対照的なことか！　知の奥義を与えてくれる大洋について、わたしが書いたことは、わが精神の物語の一コマをあらわしたものにすぎない。海の波が打ち寄せる縁《ふち》から、真実、感得するものは、不動の状況《シチュアシオン》を手に入れることなどできないということだ。たしかに、そんなものはどこにもありえない。それこそが、わたしの思いなすところでは、政治の奥義なのである。しかし「町」は、とりわけ古い町、建築と深くかかわっている町は、人がそこにおいて、不動の状況があると信じている場所である。田舎というのは、これら両極端の中間項であって、こうした対立によって照らし出されている。田舎は、町と比較すると、繁茂した草木や収穫物の海だった。それを感得するのはむずかしいことではなかった。しかし記憶を持たない大洋とは対照的に、田舎はまだ、一種の町だった。そこには寺院もあれば、変わることのない永遠の道がある。わたしは湾や半島から遠く離れた大陸というものが何でありうるかを、理解した。わたしの想うところでは、そこでは思想も、巧妙な精神もけっして生まれなかった、むしろ、変わることのない、ある宗教の自然な伴侶である芸術が生まれた。これらの地理学的法則はあまりにも大胆に単純化されたとはいえ、わたしの精神を培うのをやめなかった。それはわたしの精神が感嘆してやまなかったモンテスキューの方法によって、〔わたしを〕大地の自然学に連れ戻した。

このことについてわたしが、やはり感嘆したことは、人がモンテスキューの自然学のなかに、たしかにまさしく有名な「史的唯物論」の素描《エスキス》、あるいは素描以上のものをけっして認めなかったことだ。わたしはマルクスのなかにこの観念を再発見した。しかしそれを例証するのに十分な例を、そこには見いださなかった。思想家たちがその思想を抽象的に、ある意味で予言のようなかたちで提示するこういう習慣は、精神の悪しき教育のせいである。マルクスはいくつかの実例について省察しただけである。わたしはそう確信している。工業生産についての彼の分析はすべて、そのことを十分あかししている。史的唯物論はそこにおいて、すっかり出来上がっているとさえも言えるだろう。しかしながら、彼はそのことをはっきり言わなかった。彼の弟子たちは、まるで実例がめったにないかのごとく、実例を追い求めた。ある反対の方法――これはわたしがいつも用いてきた方法であるが――この方法によって彼らは産業の構造《メカニスム》を仔細にたどりさえすればよかったのだ。彼らは蒸気機械が思想や道徳や政治、いな、宗教さえも多様なしかたで変えたことを感得しただろう。そういう関わりのもとに、共同作業場と家内作業場を比較すれば十分である。この観念に従うことによって、亜麻をさらす川の流れは、ただ、亜麻布が機械的な仕事ですり切れてしまうというだけの理由で、いわば宗教と伝統によって縁取られていることを理解した。しかしひとりの人間の臆見のなかに、職業《メチエ》の特徴と曲折を再発見することができない限り、十分探究したとはいえない。馬を御する人は、車を運転する人と同じ思想をもたない、同じ情念も、同じ命令ももたない。だから、騎士《シュヴァリエ》、すなわち馬に乗る人というのは至言である。わたしはほとんどそんな類の問題以外のものは論じなかった。わたしが理解したあのこと、すなわち、批判を始めるずっと前に、理解をするのに何年も費やさねばならないということが、よくわかるだろう。われわれが問題としているこのケースでは、本当に理解したならばすぐに、批判すべきものはもはや何もないのが、はっきりわかる。それは読まれるに値するすべての著者についても同様である、とわたしは確信している。こうした長い精神の営為は、わたしのいうところの敬虔な営みを経て、はじめて、リアル〔歴史的〕な「ユマニテ」〔Humanité. 卓越した人間性。古典。すぐれた文学作品〕についに触れることができるものだ。リアルな「ユマニテ」、すなわち、そこにおいてはすべてが調和し、すべてが融和し、何らの感嘆すべき帰結をももたないような思想など存在しない。わたしがモンテスキューのなかに、イギリス艦隊とヴェネチア艦隊との相違は水質と海底の相違に由来することを見いだした時、なんとうれしかったことか。そこから、高い船底や巨大な帆には、たいてい、書いてあるようなイギリス的傲慢さのあるかたちが、出てくる。しかしこの傲慢さは、原因であると同様、結果でもある。またあの悠揚迫らぬオデュッセウスの放浪癖は、地中海の航海のむずかしさから来ているると解せないだろうか。同じような根拠を、シャトーブリアン〔François-René de Chateaubriand, 1768-1848. 作家、政治家〕は待つことや、友人をつくることに見いだした。この種の話は際限《きり》がない。わたしの書くものが夥《おびただ》しいのは、若干の無尽蔵な観念《イデー》のせいである。そのうちのひとつがこれなのだ。

ルーアンにいた時から、こういう省察をかなり深めていた。わたしの思索ノートにはその痕跡が残っている。しかしこのような省察にあっては、人びとに奉仕することがあまりにも多くて、彼らが何か新しい真理を感得するというわけにはいかなかった。ただ時間だけが過ぎ去った。わたしの言説《ディスクール》が、まれに、書いたものもそうであったが、まだ抽象的で学校風であったからだ。わたしが上手《うま》かったのは、民衆大学の公開討論を指導することだけだった。こちらは非常に人気があり、非常に生き生きとしていた。しかし結局、その時、わたしはサークルや会話の法則に従っていたのだ。詭弁家の役割を演じていただけで、何も教えてはいなかった。論争する人たちは少なくとも学ぶと言うかもしれないが、わたしはそれを認めなかった。反対に、その時わたしは、討論はなんぴとをも教えないこと、そして説得する術は、推論する術とはまったく異なることを、すっかり理解した。なぜなら、人は証明に対しては自己を閉ざしてしまうから。しかも有力な証明に対してはなおいっそう閉ざしてしまう。わたしはそういう例をいくつか見ていたが、しかしまだ、この慎重さがそれ自身、もっとももなものであることを、完全には理解していなかった。辣腕の人には答えることができないことが、はたして何かをあかしし得るだろうか。もと神学校の生徒で医者になった人物が、ある日、唯物論者の一小軍団を相手に自由擁護の論陣を張った。唯物論者たちは絶対勝つと思っていた。しかしながら、彼らはけっして勝てなかった。で、どういうことが起こったか。そのことから、彼らはどういう反省に到ったか。彼らはその決定論によってますます自己武装してしまったのだ。必ず証明できるその決定論によって。わたしにはそういうことは全部、あらかじめわかっていた。こうしたむずかしい問題では一歩前に出るためには数年、沈黙しなければならない、と確信していたから。わたしは専ら、火に油を注ぐだけにしていた。もっとも、三〇〇人もの人びとを集め理論的思考に興味を持たせるのは必ずしもつまらぬことではなかった。

いまひとつの討論会で、わたしはそこで悪魔の弁護人を演じていたのだが、土地のダーウィン主義者たちをひどく苦しめた覚えがある。彼らの武装は自然淘汰と進化のみで実に軽装だったのだ。わたしは種の永続性を論じ、敗れることがなかった。そのことは、公平な審判者で、それにきわめて洞察力の鋭い「数学者」を大いに驚かせた。いま一度強調するが、そのことによって、いったい何があかしされただろうか。わたしはというと、観念というものを、経験の諸対象を捉えるための道具として、いわば鉗子《かんし》としてのみ解してきた。だから、この場合、生きた有機体の事実を解釈するために少なくともふたつの鍵が存在することを理解した。この教え自体、もっとも秘められたものであった。わたしはそこにおいて、プラトンに忠実であった。たとえば、わたしが前述した「史的唯物論」は社会の奥義を解読するためのひとつの鍵(いくつかの鍵のなかのひとつ)にすぎない。ところが、われわれはあるまったく自然な陶酔によって、ひとつの同じ仮定からいっさいを説明しようとするのだ。はたしてそのことは、首尾よくやれたなら、わたしの思うところでは、対象からその対象としての性格を奪ってしまうことになる。言い換えれば、学問の真の目的は、発見することであって、説明することではない。なぜなら、対象はなかなか強敵で、恐るべきものだから。しかし対象はまた、深く隠れたものであるから。古代の人びとは重力を知らなかった。彼らには運動の観念がなかったからだ。おそらく、彼らもわれわれと同じように、落下したであろう。われわれと同じように石を投げたであろう。しかし彼らが「重さ」と呼んでいたものは、まったく重力ではなかったのだ。世界を現実に世界があるように発見すること、人間を現実に人間があるように発見すること、それが問題なのだ。観念は手段にすぎない。結局のところ、それはまさに、観念論に対するほんとうの反駁である。

わたしは政治についてはあまり言うまい。政治は結局、わたしのすべての時間をほぼ奪ってしまったのだが。選挙運動は最初につまずいてしまった。われわれの候補者は愛すべき人物、清廉潔白でおのれの限界をよくわきまえた人物であったが、ブルジョワの票の獲得に失敗する危険があった。社会主義者たちの気にも入らなかった。もっと悪いことに、知事から支持を受けてしまったのだ。その町では、当然ながら、だれも知事を信用していないというのに。わたしは作戦を展開しなければならない三巨頭のひとりであった。だから、わたしはたんなる権力の代理人と目されて、何度もそういう屈辱をなめた。わたしはふたたび生来の雄弁を試みた。それは友人たちを鼓舞するだけで、それによって回心する者はだれもいなかった。何度交渉を重ねたことだろう。なんという忍耐だったろう。何度社会主義者たちはわれわれに侮辱を浴びせたことだろう。何度彼らがわれわれの味方であることを疑わねばならなかったか。わたしは丁重に聴いてやること、そして自分の結論をけっして変えないことを学んだ。

わたしがいちばん打ち込んだのは、束の間の一小新聞だった。名前は忘れたが、結構おもしろかった。仕事は上首尾であった。なぜなら、敵がわれわれの新聞を、新聞の束ごと買っていったのだから。

結局、われわれは敗れた。わたしはくたくたになってしまった。行政やスパイや警察がまったく当然のごとく不実な行為をなしているのを知ったので。しかしわたしはまた、献身的な人びとを知る機会をもった。彼らは自分の仕事をなげうって、大義に仕えたのであり、しかもそれは純粋な愛からであることを、わたしはよく知っている。こうした希望と信仰に満ち溢れた人びとが、どうして忘れられるだろうか。どうして棄てられるだろうか。とんでもない。絶対、将来においても、それはだめだろう。経験は、つねに苦いものであったが、あたかも兜《かぶと》の上を水が流れるごとく、わたしの上を通り過ぎた。知性がどんな決定をしようとも、自説を曲げなかったことは実にしあわせであり、実に誇りでさえあった。知性はいつも、どんな人間にあっても、裏切りのほうに傾くものだ。わたしはしばしば、忠実さこそ精神の光であると言った。それこそ、わたしが真実、理解していることだ。出来事に従い自分の思想を変えるやいなや、知性はもはや、ただの人である。やがてわたしは、パリで、あの流行の思想運動のひとつに身をおくことになる。思想運動は少なくともある礼儀正しさをもとめる。この思潮には、わたしはまったく屈しなかった。わたしは強力に抵抗し、味方などもたなかった。これがいちばんよいことだった。すごく憂鬱だと思われるだろうが、とんでもない。まったく暗い気持ちになっていないのは本当だ。それどころか、最悪の状態でも、いな、戦争においてさえも、わたしはいつも、生きるということはそれだけで、どんな障《さわ》りがあろうとも、旨いものだと感じている。

パリ

パリでは、わたしはもう政治のことは考えなくなった。それはこの石ばかりの大きな谷間から出てくる避けがたい結果である。ここでは人間よりも谷間の反響《エコー》のほうが強かった。わたしはまだ、モンマルトルやゴブランで民衆講座をやっていた。しかし、そこで見かけたのはほとんど善意のブルジョワばかりだった。ときどき、ある大物の政治家も見えた。彼はわれわれの理屈を冷やかしたものだ。それとともに、サラリーマンが二、三人、労働者が二、三人。たしかにすぐれた人たちであったが、少し無味乾燥な授業には、やはりついてゆけなかった。幾何学と天文学をやってみたが、どんな成功も見なかった。そこでもっぱら物理学をやることにした。実際、電流のことを教えた。必要な実験をたっぷりやった、しかもパーフェクトな厳密さでもって——。わたしの授業を手伝いながらこの授業を受けていた、かつての生徒たちが、その証人になってくれる。労働者たちはといえば、ひとりしか残らなかった。これは思うに、小学校では「悟性の営為」という観念さえ、子どもたちには与えないようにしているからだ。小学校では科学とは、好奇心と遊びの域を出ないのだ。それはまるで、直流や磁石や誘導を詳しく研究する代わりに、最新鋭の機械を、火花をいっぱい散らして動かすようなものだった。こんなことでは絶対だめだ。だれもが知っている、誤った観念を与えてしまうだけだ。また、実効性のある教育が、小学校かリセでしかなされないということもある。なぜなら、生徒たちは出席を強制され、どうしても聴かざるをえないから。その時、彼らは、悟性は厳しいものだと肚を決めるだろう。先生は生徒に好かれようと努めるやいなや、もはや手品師にすぎない。

わたしは生徒に好かれるようにしなければならなかった。当然のことだ。今をときめくリセにいたのだから。だが、わたしは好かれるようなことは何もしなかった。この名門の子らのかわいらしい軽薄さには我慢がならなかったのだ。すべてはうまくいった。五〇名以上の数学者の卵たちを相手に特別授業を行なった時でも。たいしてご機嫌をとることもなく、わたしは彼らの注意を、何にも導かない探究によって引きとめた。「車輪」についての一連の授業を覚えているが、これはほんとうに頭を悩ませる仕事だった。しかし最優秀な者たちはそこに何かを見ていた。これら才気煥発なクラスでは必要なのはそれだけだった。この数年間は、疲れ切っていたため惨憺たるものだった。おそらくはそのためだろうが、考え方は途方もなくむずかしいが、実際にやるのは簡単なひとつの方法を採用した。だから、今それを話すことにする。

ディセルタシオン（課題論文）に失敗した生徒が出す質問はいつも、「どういうふうに書いたらいいのですか」である。そんな答えなどあるわけがない。わたしが相手にしていたのは、要求ばかりしてくる、よくできる子らだった。ある日、彼らにこう言った。「論文を全部、最初の一語から終止符まで、論文がそうでなくてはならないように、黒板に書いてみよう。そうすれば、パスカルと同じように立派なものとなるだろう」。この言葉は無謀だった。無謀で、いな、さらにもっと無謀でなければならないのだ。絶対に——。この勉強は実行され、数週間で立派な成果を収めた。いまだかつてこれほどやさしい、しかもこれほど有益なことは何も知らない。わたし自身のためにもそうだったのだ。

しかしながら、『ラ・ルヴュ・ド・メタフィジック』誌を介して――そこにおいてわたしはひとかどの人物となり始めていたが、それを介して――専門の思想家たちの仲間に入った。哲学者と科学者の昼食会があって、わたしはいつも参加していた。それは戦争まで続いた。人のことは何も言わない。またどんなことであれ、わたしに彼らを非難するような理由があったなどとは思わないで欲しい。わたしはいつも上機嫌で、主人として振る舞い、反論者たちを完膚なきまでやっつけた。彼らは問題をよく理解した。それに彼らには他に選択の道がなかった。もしわたしが、当時もっていた確かな友人と協力して『ラ・ルヴュ』誌を主宰しようとしても、すなわちルヌーヴィエのやり方にならって自分でほとんど書こうとしても、[1]だれも反対しなかっただろう。しかし支配しようというのなら、実際にそれをやらねばならない。論陣を張っているだけではなく。わたしには、こんな大した地位を占める暇がなく、それに忠実な友人も別の見解をもっていたので、臆見が入ってくるのにまかせねばならなかった。また派手な臆見の輩《やから》が入ってくるのにも――。それに、不都合なことはすでに始まっていた。アンリ・ポアンカレは臆見の親分だった。彼にとっては、それは遊びにすぎなかった。数学者も物理学者も「形式」でもってわたしを押しつぶした。わたしは「相対性理論」が不安な影のようにあらわれるのを見た。これは当時、科学者を、そして哲学者をも夢中にさせたものだ。しかしながら、わたしはユークリッド空間以外の空間があるとか、空間は曲がっているのか真っ直ぐなのかとか、時間は空間の第四次元にすぎないとかいうのをけっして信じなかった。かえってわたしは、ようやくわかるようになったカントの立場をとって、固く譲らなかった。この立場を、論敵たちは想像さえもしなかった。わたしの側から言うなら、不落のこの砦から、わたしは彼らに電撃的な砲火を浴びせたのだ。

しかし、その凄さは砲手自身にもまだよく知られていなかった。それはもう少し後で、開陳する。わたしは臆見の輩たち〔フィロドクス〕とは手を切りたい。そのため、この言葉を説明するために、プラトンが全知識をふたつの領域に分けていることを想起する。すぐれた領域が学知であり、劣った領域が臆見〔ギリシア語ではドクサ〕である。また劣った領域のなかにさらに優劣があって、劣位にあるのは、誤った臆見で、これは俗人のものであり、優位にあるのは、真の臆見で、これは師たちのものである。こうしてすべてが終わる。しかし、プラトンはまだ何も始まっていないこと、そして真の知識はまったく別の種類であることを、われわれによく理解させる。

当時、臆見の国を分かちもっていた別種のフィロドクスたちは、ベルクソニアンたちだった。ベルクソン〔Henri Bergson, 1859–1941〕については何も言わぬ。彼は機略縦横の人であった。しかしベルクソニアンたちは哀れだった。彼らはその常套句にすがって、憐れみを乞い、人があまねく流布した、あまねく広まった一学説を激しく攻撃したことに驚愕し、いな、嘆いてさえいるのだから。なるほど彼らは正しかった。しかしそれは滑稽な機械論に対して、またテーヌ〔本書三六頁参照〕が一例を与えているような知性の概念に対してである。このおよそ何でもないものを論駁した時、彼らは何か新しい真理を言ったものと思い込んでしまった。結局のところ、彼らはその行くべきところへ実に見事に到った、とわたしには思われた。彼らはその袋のなかに、カトリシズムも専制も戦争もみんな一緒に入れたのだ。ただそれだけだ。そこから、わたしはほとんど説明しがたいような怒りにとらわれた。なぜなら、この青白い論争家ほど妥協的な人たちを、かつて見たことがなかったから。わたしが何かを阻止しようとすることは絶対ない。だれもがそれを察している。四次元の思想の流行でも、二四次元の流行でも止めたりはしなかった。生成や捉えがたい幽微なニュアンスの流行でも止めなかった。そんなものを悲劇に仕立てるようなことはしなかった。わたしは戦争とともに、はじめて不機嫌になった。わたしはそこに、ある種の過度を——それはつまり臆見の過度であるが——見いだした。なぜなら、わたしは思想にしかかかわらなかったから。戦争が終わると、臆見とフォークの国にもう帰ろうという気にはならなかった。

話を仕事に戻すと、わたしはしばしの成功を博した後、日の当たらぬ領域に追いやられていたことを、指摘しなければならない。そこでわたしは、将来のサン・シール陸軍士官学校の生徒たちに、彼らが知るまいと誓っていた哲学を教え込まねばならなかった。これは人知れぬ、栄光のない戦いだった。やっとのことで、わたしはそこから脱出させてもらった。そして古巣のリセ・ミシュレ校で楽しい隠居生活をした。少数の生徒たちを相手に、高等修辞学を教えた。この授業は実に、わたしにふさわしいものだった。新しい生徒たちには、わたしはあの泰然自若とした、お習字の先生がやるような方法を適用した。反対に、わたしの授業のベテランたちとは冒険に身を投じた。一年次にはスピノザの『エチカ』を、隅から隅まで読んだ。ラテン語を翻訳しながらコメントしながら、読んだ。二年次は、『純粋理性批判』を読んだ。フランス語訳でもって。こういう仕事は小さなアトリエでしかやれないけれども、驚くべき結果をもたらすものだ。これはまさに危険な航海であるが、それこそわたしの仕事であった。こういう鍛錬は生徒たちと同様、わたし自身にも役に立ったことをよく考えて欲しい。スピノザについては、あらためて彼に耽った。その時、溢れんばかりの真理で口がふさがれた。まるで美しい死のようだ。まっとうされた死のようだった。しかし人は、どのようにしてかはわからないが、おのれを救うものだ。それは他の宇宙と同様に、危険な宇宙である。しかもそれは同じ宇宙なのだ。ここにおいて、思うに、対象《オブジェ》としての精神をめぐるすべての省察が完結する。考える人は、この途方もない実存在に呑み込まれてしまう。だれも考える人に同情はしない。もし彼が時として、どこかちょっとした岸辺に、すなわち系《コロレール》とか備考《スコリ》とかに乗り上げたならば、幸いである。その時彼は意識を回復する。だが、ふたたび沈む。この恐るべき航海は、集団でなされるべきだ。なるべくなら、生徒たちと一緒に――。彼らといったら、何も恐れるものを知らないのだから。

　しかし、結局のところ、どういうことなのか。それは、どうしても経なければならないひとつの経験なのだ。すなわち本質から実存在への堕落、あるいはデカルトから神への堕落である。「いっさい」である主の讃美を自らに禁じ得ない、聖書の神の最後の、もっとも美しい営為である。しかし誤解してはならない。「世界」はここでは、その重量においてまさった、そしてその絆において強靱な巨獣などではない。聖書の精神（霊）そのものによれば、いっさいが「精神」である。そして世界のすべての現象は、いっさいである或る「叡知」のなかに消融する、そしてまた消滅するのだ。この「叡知」はわれわれには、下のものからは、すなわち、われわれ人間のわざによっては、到達することができない。いちばん上のものからは降りてくることができる。（恩寵とはまさにそういうものである。）この叡知はわたしを、一度ならず酩酊させた。もしわたしがそこに身を置いたなら、明日もわたしを酩酊させるだろう。しかしながら、わたしがまだ、そこには完全には到っていないことを知るためには、スピノザに関するラニョーの思索ノートを読めば十分である。わたしが書いたもっともすぐれたもののなかに、人はよく見るならば、あの弱さを見いだすだろう。それはすなわち、わたしには、神がやはり世界でもあること、そしてラニョー自身がそう言うのを聞いたように、「延長でありかつ思考である神、しかもその両者の、われわれには知解できないような、統一である神」が理解できなかったということだ。わたしはわたしなりにできる限りのことをやった。しかし、わたしの知らないことまで言ったとしたら、わたしには弁解の余地がないだろう。

カントについては、自分の言えるいっさいを言うのはもう少し後にしなければならない。これは策略でもなんでもない。実際、わたしがそうやったように、少しずつやることによって、機会を見て読者にやれる道を示し、そしてわたし自身が身につけたように、読者に教える。このような慎重さは、必ずしも書いたもののなかでは期さなかったが、その理由はわかってもらえるだろう。一九〇七年あるいは一九〇八年頃、哲学の主著を生徒たちと一緒に読んだ後、到達した地平において、わたしはすでにこの論考のなかに理論哲学のある基本的教科書を認めていた。そのことは、今もなお、そう思っている。なぜなら、そこにはけっして誤謬も、学説の不分明もないから。人がそこで出会う晦渋さは、問いの本質そのものに由来している。だから、この種の晦渋さについては、人は入門の始めから、統覚すべきである。したがって、深く探究することはしないが、有名な『純粋理性批判』は(それに他のふたつの『批判』も同じように)用語法のすぐれた教えであると言いたい。たとえば、彼は幾何学的証明のからくり《メカニスム》を論理学と呼ぶのを拒否している。実際、本来の意味の論理学は、ある言葉ともうひとつの言葉のあいだの矛盾を統覚し、これを避けること以外の何ものでもない。それによって、われわれが何か新しい真理認識を発見するということはまったくない。もう一方では、彼はわれわれがもっている垂線や直線や三次元の知識を経験と呼ぶことを拒否している。なぜなら、真の幾何学者にとって問題は、あれやこれや考えることではなく、他のしかたでは考えられないと理解することであるから。同様にして、彼は、われわれは二つの異なる時間を同時には考えることができないこと、大きさにおいて有限な空間を考えることができないこと、その他この種の事柄を、われわれにあかししている。これらは「超越論的分析論」の名のもとに、精神の記述あるいは認識の諸形式の目録とも言いうるものを構成している。だから、正しく哲学する希望をいっさい、奪い去るのは、たとえば、自我の統一は経験の事実であると信じようとする場合である。それに対して、自我の統一は一形式である。この形式の必然によって、われわれは、われわれが二つの自我をもつと判断することができないのだ。しかもそのことによって、われわれが一つの自我しかもたないと判断することなしには。それはまさに、「私は二つである」という命題が十分照らし出していることである。わたしは、この観念を強調する。それは諸原理の「超越論的演繹論」の始めにおいては、どちらかというと隠れているようであるが。実際、自我の統一はたしかに諸原理の原理である。しかし概要のなかでは、各章のタイトルがあまりに重要性を帯びている。隅から隅まで読むことによって、これら初期の誤謬が正されるのはだれもがよく知っている。

わたしはいま、これ以上探究はしない。わたしは多くのことを探究しなかった。戸は、むやみやたらに自分の体重をかけさえしなければ、開くことを知っているから。わたしはデカルトが言ったことをほんとうに理解したと思う。すなわち、真理に対してわれわれがもっている大いなる愛は、しばしば、真理をとらえ損なう原因になる。それに、あのことを、すなわち弟子となって遠くは見ないことを、わたしがまた始めるという時、けっしてお芝居ではないのだ。また始めること、わたしにはいつもそれが必要なのだ。わたしが批判などするようにならないのはそのためである。批判するのはいつも早計だということを、わたしは経験からよく知っている。そもそも、批判する人たちの手のなかでは、著者は消融する。プラトンでさえも。いな、とりわけあのプラトンであっても、である。すなわち、プラトンは批評家から身を守る術をよく知っていた。著者はだれでも、いくらかは、当然のごとく身を護っている。性急な読者たちを笑いものにして。あの邪魔物を取り除き、大損害を与える人たちのひとりが、カントについて初っ端《しょぱな》からこう言った。「私はカントをすべて、認めます。本体《ヌーメノン》を除いて」と。彼には用語を想起してもらったらよかっただろう。ヌーメノンとは、純粋悟性によって、感覚のどんな助けもなしに思考されたものを意味する。しかもこの言葉は、他のどんな意味をも持ち得ないのだ。この指摘に、問題の饒舌家は周章狼狽したことだろう。なぜなら、彼だって馬鹿ではなかったから。しかし、わたしは饒舌家が何かを聴き入れるのを、けっして見たことがない。

訳註

(1) ルヌーヴィエ〔Charles Renouvier, 1815–1903〕は、一八六八年にフランソワ・ピロンとともに『ラネ・フィロゾフィック』誌を創刊した。だが、おそらく執筆に協力した者はいなかった。同様に、『ラ・ルヴュ・ド・メタフィジック・エ・ド・モラル』誌を主宰したアランも、ひとりで書いたと思われる。

「プロポ」

この頃はまだ「プロポ」が姿をあらわすには到っていなかった。「プロポ」は一九〇六年に、すなわちルーアンを去って四年後に、はじめて生まれたものだから。「プロポ」を書いた『ラ・デペシュ・ド・ルーアン』紙は、わたしがパリにやってきた時にはまだ企画中だった。やがてかの地の友人たちが援助をもとめてきた。毎週の二段抜きの記事によって、わたしは応えた。これは最初「プロポ・デュ・ディマンシュ」(日曜語録)と、続いて「プロポ・デュ・ランディ」(月曜語録)と題された。その記事を捜してはならない。何の価値もないから。わたし自身、それにはあきれている。この毎週の記事のため、一週間はすっかり台なしになった。二、三の着想をもとめる、そして適当なかたちにまとめる。しかし、凡庸なものだった。何もかもが――。どうしようもなかった。それでも何もないよりはましだったが。

ある経験から、読者というものはよき審判者であるのがわかった。すでに何年も前から(一八九一年以来)、ヴァカンスには、かつて二カ月間家庭教師をしていた時に知り合った、得がたい友人たちと旧交を温めることにしていた。この楽しいヴァカンスのことをある書物で書きたいと思った。その書物は『二人の友人の思い出』と題されて、わたしの意図としては、これらの友人のなかのもっとも教養豊かな、もっとも愛情こまやかな人の思い出を恭《うやうや》しく讃えたものとなるはずだった。しかし、この作品はそのような目的を満たすようには思えなかった。なぜなら、わたしの思うに、彼からも、われわれの仲間からも、ほとんど学ぶところがなかったからだ。彼は若いはつらつとした精神によってテーヌ〔本書三六頁参照〕の経験論を輝かしいものにしていたが、それを乗り越えようとはしなかった。わたしは会話をはずませるためにソフィストを演じた。愉快だった。たいへん心地よかった。この得がたい友人は、彼方からやってきたことを言わねばならない。司祭や堂守の徒《やから》に対して勇気をもって考える自由を獲得していたのだ。彼といるとしあわせだった。しかし彼から離れると、すべてをやり直さねばならなかった。したがって、彼を理解しようとはけっして思わなかった。彼には明らかに、一緒に生きるのがむずかしい多くの未知の友人と同じところがあった。彼は、しかもきわめてはっきりと、安価に考えることを決心し、そう言ってよければ、すべての教説のなかでもっとも無価値な連想の教説を探究方法として取る人だったのだ。はたして、このような安易さに人はつねに、すぐ、誘惑されるものだ。それが利害や情念と妥協することはよくわかった。イエズス会士がそれに不安を抱くことはけっしてないだろうし、専制君主もまたそうだろう。観想的決定論を成長させて、老いるにまかせてみたまえ。それは、ついには、いらいらした宿命論となるだろう。結局それは、幸福な政治はあらゆる政治のなかでもっとも人を欺くものであることになる。最後の息を引きとるまで自分を正しく善いものとして誇示したこの友人のなかには、功利や連帯性や社会至上主義、そして宣伝のあらゆる偽善者たちが、影のようにあらわれていた。要するに、わたしは、もうひとつの教会がその薪をもっていたように、自分の砦をもっているこの新しい教会に対して、少しも寛容ではない。おそらく、寛容というのは、わたしにはまったくないのだ。そのことは、どのような真理でも写真の暗箱のようにわれわれの内に描かれるのではなく、いかなる問題であれほんのわずかなひらめきを捉えるためにも、自己の収斂《しゅうれん》と断固たる決意が必要であることが、わたしにはよくわかっていたということだ。論議と礼儀は精神を衰弱させるだけだ。したがって、まったく好意的に、どんな異議をもたずに聴いているという確信がないならば、けっして心の内を明かしてはならない。それに、豊かな精神と同時に判断の機微をそなえたこの頃の、この仲間の、ある年配の女《ひと》が、ある時、言った。人は礼儀上、反駁することによって自分の精神を損なっている、と。

それゆえ、「一緒に押せ、しかし一緒に考えるな」というマルクス・アウレリウスのことばを、わたしは座右の銘とした。しかしそれにもかかわらず、これらの忠実な友人が文体のよき審判者であることに変わりがなかった。このような孤独な夢想を挿入した後、今、わたしが言ったところの経験に戻る。彼らはやっと——なぜなら、わたしが抵抗していたから——『ラ・デペシュ』紙のこの記事を読んでくれた。だから彼らは、わたしの望むようにわたしを讃えようとしているのがわかった。このような仰々しい読書の結果は、失敗した作品のそれであった。わたしは彼らに自分の思うところを言って、彼らの自由な判断にまかせた。わたしはこの種の経験をけっして屈辱とは呼ばない。わたしにとって屈辱なのは、彼らの貧弱な讃辞によって自分を慰めることだろう。そのことがあってから、立場をはっきりさせる必要があった。

しばらくしてこの問題について、この新聞の有力者で、わたしを大いに嘱望していたルーアンの一商人と話し合った。わたしは彼に、毎日短い記事を書くことを決めたと言った。そうすればすぐに、失敗した記事を償うことができるだろう、と言った。彼はこの企画に驚かなかった。わたしはこの仕事を始めた。それは予想したとおり、これまでの仕事よりもずっと骨の折れることの少ないものだった。人は短い一篇の記事のなかにはたいした抱負を入れない。筆は軽快に進む。結末に到ることもあるし、到らないこともある。思考の切っ先を外しても、ちょっと手際が悪かっただけだ。他方、何かを述べるにしても、もっと多様な機会をもとめざるを得ない。しばしば、伝統的なジャーナリズムのはるか彼方まで彷徨《さまよ》った。最後には、わたしの習作ノートの調子《トーン》や文体までも、毎日の「プロポ」のなかに姿をあらわした。こうした思い切った、迅速な、かつ修正を加えない仕事のなかでわたしが学んだことは、簡単には説明し得ない。細部に入る前に、わたしはこの寄稿の仕組みについてひとこと述べておきたい。

もちろんわたしは、報酬をもらわなかった。なぜなら、また今度も貧乏新聞の援助にとりかかったのだから。わたしは少なくとも、まったく自由でなければならなかった。このことには異議があったが、わたしはけっして譲歩しなかった。少し前に『ラ・ルヴュ・ド・メタフィジック』誌が、実際少し短すぎた記事を、きわめて丁寧に断ってきたことがあった。彼らが誤っているか正しいか、考えてもみなかった。彼らのためには、もう二度と書かなかった。報酬を支払うことをけしからぬ、と考えたような人びとに対しては、それはたしかになんでもないことだった。その後、戦争の終わりに、『ルーヴル』紙が毎日の寄稿をもとめた。その報酬はよかった。しかし最初の記事に、偶然とは思えない削除を見つけた。彼らはそれをけっして否定しなかった。議論するのを拒絶して、わたしは御免をこうむった。束縛を拒絶するこの乱暴なやり方を模倣することは勧めない。ただ、今日でも同じことを、わたしはするだろうということを言っておく。わたしは編集者が自分の原稿を、採用する前に審査することをけっして認めなかった。読者は、この激しい自由を知らねばならない。なぜなら、それはわたしの見るところ、方法の一項目であり文体の原動力であるから。どんな種類の検閲も、称讃でさえも、受け入れられなかった。わたしが、だれであれ批評家に宛てて書いた懇願の手紙など、一通もない。たんなる感謝状もない。それは性格というよりも書き方、あり方なのだ。わたしには自由な空間が必要なのだ。競走馬と同じように。

紙の空白は自由の独壇場である。自分自身をしっかり律さなければならないから、「プロポ」の形式である一葉、二ページというのはわたしには幸いだった。ソネットを書く詩人のように、終わるべきところを見ながら、これに従った。もっと延ばしたいことはまずなかった。むしろ縮めたいことが多かった。それもやれる見込みはなかった。時間がなかったからだ。これらの物理的条件はきわめて重要であると思う。詩人たちをよく見ることによって、どうしてそれらが重要であるかがわかった。しかしどうしてそれらがまた、散文に形をあたえ装飾さえもたらすかとなると、わたしにはわからない。おそらく自由な、修正を加えない即興は、一目で捉えられる、あらかじめ分割された空間と思い切って決断する時のような一種の評価を必要とする。この配慮は文体にもあらわれ、ある意味で詩法の規則と同じものを形成している。きわめて厳格な規則に従ったので、しばしば自分の欲したようには成功しなかった。しかし、時には成功することもあった。だが、いったい何に成功するというのか。運動と雰囲気と気高さをあたえることに、である。自らに課した条件のおかげで、読者のことをまったく考えなかったし、紙面の不足を恐れずに書き進む時きわめて自然にそうするように、ひとつの観念を、さらにもうひとつの観念を、とつけ加えることもなかった。それにわたしには、教育そのものによって、括弧のなかにまた括弧をつける傾向がかなりあった。ここでは、ひとつのプロポからもうひとつのプロポへと移ってゆくことは絶対できない。他の諸観念があらわれてくると、それに応じて最後の障壁が近づいてくる。それらの観念は抑制されて、どうしてかわからないが、主導観念をふくらませる。さまざまなメタファーは他の問題を先に延ばすひとつの方法であるかもしれない。たしかに筆致のなかには、それが巧みに描かれた時、指摘されたことはないが、表現に付加されている事物の重みがある。そこから一種の詩と力とが生まれてくるものだ。同様に、フーガを作曲する音楽家たちは、時として、すべてが収斂してひとつの円環にまで到るような瞬間である、ストレッタによって駆り立てられている。すべてが群れのようにやってくる。詰めて通過させねばならない。しかも早くやらねばならない。わたしがそのことについて判断しうる限り、自分のアクロバット芸はそのようなものである。ただしわたしはそれに一〇〇回のうち一回も成功しなかった。

わたしはもうひとつ重要なことを言わねばならない。なんとか出来上がった断章は直ちに印刷され(ゲラ刷りはいつも新聞社で校正されていた)、その翌々日には読まれる。欠点がわかるのはその時であって、もう直せない。なんというしあわせ！　だって、またやれるのだから。同じテーマについてふたたび訓練できるから。二〇回も一〇〇回もやり直す音楽家と同じようなことをしているのだ。だから、わたしは書く気のなかった時でも、書けたのだ。失敗作についてこだわることもなかった。この短いとはいえ全力を尽くした努力は、また読者にもふさわしい。そのことは固く信じて疑わなかった。終わりの見えている記事を走り読みする人などいない。本気になって読もうとする。成功がかなり早くあらわれたのは事実である。すなわち二万五〇〇〇の読者のうち「プロポ」をスクラップした人たちが一〇人も二〇人もいたし、おそらく、毎朝はじめにそれを読んでいた人たちは約一〇〇〇人いただろう。これら初期の読者たちの熱意には、何か信じがたいものがあった。今なお生きている人たちはきっと、これらのページを読んで彼らの若かりし日々を楽しんだであろう。わたしが自分の若かりし日々を楽しんでいるように——。安心したまえ。専制君主のイデーさえあらわれればよいのだ。火は消えていない。

わたしはまもなく、わたしがすでに語った田舎の友人たちの前で、自分の文章を読んで聞かせる機会をもった。今度は成功であった。なるほどわたしはもっともうまくできた「プロポ」を選んだ。しかしわたしは、そこでもまた、わたしのものならなんでも好きになる真の信者を見いだした。というよりも、むしろつくり出した。うまくまとまっていない素描《エスキス》の方を好む狂信者にも出会った。しかしそれでも、遠いところにも近いところにも、この文学のジャンルに「否」を言い、それをどうしても真面目に受けとめようとしない、いな、まったく受けとめようとしない頑固な人がいた。それがわかるようになった。なぜなら、わたしが書きうるものとは似ても似つかないのに、完璧にわたしの気に入る散文があるからだ。実際、ヴァレリーの散文は、わたしの散文とは正反対にもかかわらず、わたしを魅了する。

幾多の障害を伴ったこの駆け足の行程は、大戦まで続いた。大戦になってそれは終わったとも言える。なぜなら、日刊紙のためにわたしが毎日執筆するということはもうけっしてなかったから。わたしの修業時代はこの瞬間《とき》をもって終わったのだ。わたしはいくつかの主題を自分なりに、経験のなかで、深めることができた。これらの主題はそれなりの内容をもっていた。また多少の飾りも帯びていた。わたしはさっき、専制君主のことを考えた。これこそひとつの主題である。わたしは一度ならず、憤慨しながら専制君主を演じたが、しかし、たいてい、一種のジェスチャーのようなものだった。みずから専制君主を真似ることによって、専制君主が何を考えているかを推察したのだ。そしてついに、王制や専制の深い意味を理解した。憎むべき、あるいは笑うべき過度にも驚くようなことはなかった。プラトンのあの言葉、「人は罰を蒙らずに専制君主たりえない」がよくわかった。それらの行為はこの上なく自然なものに見えたのだ。大胆な全力疾走から、うしろを振り向きもせず、わたしは、なんぴとも罰を蒙らずに主人たりえない、と考えるに到った。そこから、政治の新しい意味を感得した。なぜなら、正義を愛する人たちは、通常、良い主人しか欲しないからだ。だから、共和国は刻々と腐敗してゆくのである。わたしにとって、良き主人は、悪しき主人よりもはるかに恐るべきものである。なるほど、わたしの思考のなかには善良な人たちが過度だと判断するものがある。反対にわたしは、真実というのは過度のものだ、と確信している。それはすなわち、もっとも単純なものでさえ、それを理解しようとするならば、中庸の点を超えて、しかもはるかに超えていかねばならないという意味だ。

宗教の意味はその時、わたしの考えでは、政治の意味よりもはるかに新しいものがある。そこにおいても、また、わたしは司祭に語らせた。そして彼が何を考えているかを推察しようとした。すなわち、彼が当然考えるであろうことを推し量るのだ。こうした事柄についてわたしと対話する人物を、わたしは、フィレアス神父と名づけた。こうしてわたしは、イエズス会士を論駁するわけだが、これはそれほどむずかしいことではなかった。そして、わたしを政治に連れ戻した。しかし政治が教会のすべてであると主張するのは、聖人たちのことをすべて、あるいはほとんどすべて、忘れることだ。同時にまた、修道院のことも忘れることである。子どもの頃、わたしは父がしばしば家畜の世話に通っていた大トラピスト修道院の内部を見ていた。わたしはミュエ修道士や、また威厳のあるブラン神父を知っていた。これらのすべてが、何を意味しているか。その推察は、神をぬきにしても、わたしには容易だった。生理学から見ても、わたしは、断食や労働や硬い寝床や朝課が情念や不眠を癒す良薬であることを理解した。宗教はきわめて人間に似ている、人間の尺度に合わせてつくられている。そう思われたのである。なぜなら、われわれにとってきわめて重大な問題のひとつは、眠ること、しかも悪夢をけっして見ないことであるから。かつ思慮深い人間は、その薬を魔法使いの意のままに委ねるべきではないからだ。当時、シャトーブリアンの『殉教者』を読みながら、わたしは彼の天国や天使やすべての機械装置を嘲笑していた。しかし、わたしは教会が異教の世界のなかで何を変えたかを、探求するようになった。まずサチュロスやアイギパーン〔牧神パン〕のような、明らかに動物崇拝と結ばれたすべての下位の神々。次に、いつも雲とか泉とか煙とか鳥の飛翔にほかならない神託。同時に、しばしば神託に伺いをたてること、あるいはイピゲネイアの死がそれを想起させるような、神託の後に起きることにほかならない人身《ひとみ》御《ご》供《くう》。

ところでわたしは、情念を鎮めるよりもかき立てるのに適したこれらの田園宗教のなかに、なんら愛惜すべきものを見いださなかった。のみならず、情念を精神のなかよりはむしろ身体のなかに住まわせる習慣によって、わたしは時々、恐るべき秘密のすぐそばまで来ていた。なぜなら、情念は人間のなかの動物を目醒めさせると言っただけでは十分でないからだ。さらに、いまや精神の水準にまで高められた情念は、自然の神秘神学、動物であることの栄光、そしてついには、われわれ自身の狂気を讃美する陶酔を含んでいることを、理解しなければならなかった。そしてわたしは、人間が動物であるがゆえではなく、人間はまた動物を裁くものであるがゆえに、人間が陥りやすいすべての誘惑を集約するためにサタンのイマージュは実に巧《うま》く選ばれたものであると思った。これもまた、ほとんど目標に到達していないどころか、目標を超えているように思われるあの思想の飛躍の一例である。未開人たちのことでわれわれを辟易《へきえき》させはじめた（あるいはむしろ、またはじめた）社会学者たちは、未開人たちが時として自らを知る域に近づいていることをまったく知らないということに、わたしは気がついた。それどころか、わたしには驚きとしか言えないような偽善によって、彼らは、未開人たちをまったく不可解なものと理解する主義のようである。ところが、わたしにそのことを証明しようとしたいくつかの例のなかに、わたしは、まさにまったく反対のことを読みとった。その点においては、わたしはすべての人たちの反対を考えていた。なぜなら、信者も無信仰の人も、今日でもまだ自然的な偶像崇拝と和解するのでもなければ、ここでは考える動物の狂気に対するきわめて合理的な治療法にほかならない「キリスト教」とも和解しないのだから。それどころかパスカルは、わたしが省察したところでは、キリスト教を、奇蹟と奥義のみから出来上がっているかのように、人間を超越したものと考えるあの流行《モード》を鼓舞していた。そして神を信じない人たちは、いとも簡単に命中されるこの標的をかかえていた。

わたしがなぜその道を行かなかったか。それは、その道が行き止まりであることを発見したからだと思う。パスカルはすぐに反駁された。人はすぐにパスカリアンになるだろうが、しかしそのことは何にも導かない。そのことは経験を説明しない。わたしはむしろ、ド・サシ氏に、略奪者に対して発砲してよいかどうか尋ねたポール・ロワイヤルの善良な人びとや、「否」と答えたド・サシ氏のほうが好きだ。この例においては、人間はこの地上で唯一の存在であり、激昂に対して巧妙な術を心得ている。獣に対して、水に対して、火に対して巧妙な術を心得ているように——。このようにして、すでに言ったように疾走しながら、わたしは道を求め、森の茂みのいちばん抵抗の少ないところにそれを見いだした。思想におけるわたしの同僚たちは、ほとんど自分の思想を信頼していない、とわたしは結論した。おそらく彼らはそこに、もったいぶった一手段しか見ていなかったのだろう。この観念はそれ自体、行き過ぎたところをもっている。しかし、時として、学者たちの愚かさはまったく、自分の能力にとらわれて、間違えることを極度に恐れるところから出てきている、と思われる。

わたしは、キリスト教とオリュンポスの宗教との真の関係を感得するまでには、もっと暇をかけた。この点については、わたしはヘーゲルによって多くを照らされた。ヘーゲルはジュピターと古代の神々の分離、あるいはもっと言えば対立を発見している。わたしはその時、それと引きかえに、ジュピターは人間的《ユマン》な力、ただし集団的で統制された力の神にほかならないことを理解した。しかしながら、わたしはここで、指先にまで感じたひとつの理由によって、自分が孤立しているのを見いだした。それは、オリュンポスの宗教は軍隊や祖国という新しい名のもとに、キリスト者であると否とを問わず、ほとんどすべての人の心において、なお十字架の宗教にまさっているということだ。キリスト教のあの二重の勝利、しかもその第二のものはきわめて骨の折れるもので、ほとんど確実ではないのだが、あの二重の勝利によって、キリスト教を、「ユマニテ」のひとつのリアルな契機《モーメント》、すなわちそれ自体において価値をもち、乗り越えられたものとも乗り越えられるものとも言えないモーメントと考えた。わたしがけっしてヘーゲリアンにならなかったのはその点においてであった。またヘーゲリアンたちがけっしてわたしを十分に理解しえなかったのも、やはりその点においてであった。なぜなら、あの強力な体系に突き動かされて、彼らはいつも、資本主義と同じように神託や奇蹟をも十分に解決した、と信じているから。これらの終わったと主張されているものが、いつも、人間というけっして変わることのない同一の源泉から、ふたたび生まれていることを、わたしは経験してきたのだ。

これらのすべての主張を吟味されるがよい。それらは隠れたものでもなければ、理解しがたいものでもないのがわかるだろう。だから、まったく自然と、それらの主張は「プロポ」のなかに入り込んだ。あるいはむしろ、わたし自身のくだらぬ思想を粉砕しながら、そこに乱入してきた。なぜなら、社会学者たちや不信仰な人たちのこれらすべての誤謬を、わたしは宗教問題と取り組むたびに自分自身のうちに発見したと言うほうがいいから。いったいどうしてわたしがルナン〔本書二六頁参照。同時代の文学者に科学主義、実証主義の影響をおよぼした〕に従うことができただろうか。わたしは反対に、最初からそう感じていたように、ルナンには思想というものがなかった、と考えざるを得なかったのではないか。そう考えることは、まったくたやすいことであった。しかしそれを言うためには、とりわけ、せいぜい半段の記事のなかでそれを言うためには、大胆不敵さが必要だった。このやり方はスキャンダルになった。わたしにはそれがよくわかる。しかしほかにどうしようもなかった。分厚い本が、といってもそれでもすごく分厚いものではなかったが、「プロポ」の後にあらわれたが、それ以来わたしが得てしまった、即興で作り、楽しんでいるという評判は、まったく改まらなかった。わたしはこの偏見を打破するためには何もしなかった。わたしは自分の土地を開墾するのにずっと忙しかった。それはあまりに臆見を無視していると言うかもしれない。たしかに、それもまた、ある意味で行き過ぎである。しかし考えることは、一種の行き過ぎなのだ。わたしは完璧な飛躍、完璧な力の発揮において以外、けっして何も見いださなかった。それがなぜなのか。わたしにはよくわかっている。それを語ることにしよう。わたしがここで今、説明したいのはただ、どうしてジャーナリズムの月並みな話題が、わたしを、もっともむずかしい哲学——これは事実において万人の哲学なのだが——その哲学のなかに投げ込んだかということだ。

当時の「プロポ」のなかにはなお何があっただろうか。ほとんど絶え間なく、またあらゆることについて、人間の身体の動きによる、情念あるいは情動の分析。それはデカルト的である、と人は言う。この点について、わたしがデカルトから多くを学んだのはたしかだ。しかし要するに、恐怖や怒りや絶望、また憎悪や愛の内幕を説明するほかの道など存在しないのだ。わたしは、われわれの中で流布している、比類のない一観念が(はるか以前に反駁されたといつも想定されている)デカルトにさかのぼるというのはすばらしいことだと思う。しかしこのような欠点は、人間の哲学のなかでは到るところにある。大哲学者たちも必ずしもそれをまぬかれていない。人はみんな、他の人たちよりも先に行こうとし、まったく新しいものをつくり出そうとする。だから、新しいものはまことに哀れなものだ。

いつも自分しかもたない、裸の人間の見解に従って、わたしは、富や商業や労働や報酬、その種のことがらの分析を変えることを主張した。そして政治のこの地下の部分は、わたしの打ち下ろすつるはしにもっとも長く抵抗した部分である。それはここでは、月並みな話題が銀行のように閉ざされ、厳重に守られているからである。一〇〇万の二乗がすでにほとんどまったく想像上のものであることを、どうやって真剣に主張するか。豪華に飾られたデパートに対して、どうやってあえて露店のために弁護するか。手仕事は真の労働であり、すべての富はそこにあり、一時間の労働は他の一時間の労働と等価であると、くりかえし聞かされて愉快に思うだろうか。そこまでわたしについてくる社会主義者、あるいは共産主義者がひとりでもいるだろうか。機械は、労働を途方もなく増やすが、それだけ生産を増やさないから、ついに人間を滅ぼしてしまうと、どうやって言わせるか。これらの主張は人びとを激昂させる。わたしもまた、それらに驚いている。わたしはそこに戻る。わたしはあらゆる側面からそれらの主張を試みる。わたしは、自分が正しいとかならずしも確信してはいない、とさえ言うだろう。わたしはすべてについて、同じように言うであろう。わたしの証明？　それはほかにわたしを満足させるものが見いだされないということだ。すべてを説明すること？　それは不可能なことだ。わたしはそれを、けっして望まない。わたしの態度のなかで時として、人にショックを与える独断的な態度は、事実、わたしの態度がそう見えるにすぎない。まず強烈に打たねばならない。懐疑はそれに続いてやってくる。わたしがかつて言ったように、またおそらく書いたように、懐疑は影のように確実性についている。

自然に関するテーマはもっとずっと確実だった。それはわたしのすべての思索の画布である。わたしはすでに、人がどのようにして初めて自分を知るのか、わたしにはまったく理解できなかった、ということを述べた。主観的に思考している人たちの状況をわたしが推察し得た限りでは、わたしは、彼らは夢のなかに閉じこもり、世界から離れていると見た。彼らはほとんどライプニッツのモナドのような窓のない存在、しかしながらそこには窓の影と一種の外の世界があるような存在を、展開しているとと見たのだ。しかし、すべてのものが内在的であって、われわれが夢見るときのように孤独だった。これら支持しがたい虚構の緻密な分析は、教えられている教義、あるいは秘教的な教義に属する。しかし生きるため、そしてきっぱりと外界のことを考えるためには、なかなかついていけないそれらの論拠を、思い浮かべる必要などない。それはまったく自然的である！　その点については、わたしの読者のなかでもっとも教養の低い人たちこそ、わたしにもっともよくついてくることができた。彼らは、わたしと同様、世界の堅牢性が少しでも疑われたならば、本を閉じたであろう。わたしは記述する時、この世界からあらゆる人間臭さを払拭し、世界をわれわれなしで、あるがままに見ること以外、けっしてしなかったと思っている。その際、克服されねばならなかった最初のイリュージョン〔幻影〕は、実はわたしの近くにあるものにほかならない地平線のそれであった。わたし自身は、他の人たちにとっての地平線にいるのだ。

　このようなきわめて単純な観念が、重大な結果をもっている。なぜなら、われわれは最初、知らないものは別の新しいものだと思うから。それらのものを遠くから、推測で考える限り、われわれはそれを信じる。旅行することによって、人は反対に、「宇宙」はどこでも同じ宇宙だと知る。しかし、宇宙と魂を分離するやいなや、人はそれをいっそうよく知る。わたしが差し当たり、魂によって理解するのは、ほんとうはわれわれ自身にしか属していないのに、誤って宇宙に属しているものだと思いこんでいるものである。もっとも賢明な人たちが、そういってよければ彼らの眼鏡を外して宇宙〔世界〕を見るようになってから長い年月が経っているが、しかし彼らは、おそらくは慎重さから、おそらくは宗教や道徳に対する気がねから、その眼鏡をしばしば自分の鼻の上に再びかけたのだ。わたしはと言えば、ある神がこの世界を創造し、しかもわれわれのために創造し、またそれは秩序によって、恒常性によって、きわめて賢明な法則によって、そして天上的正義のまばゆいばかりの輝きによって十分明らかであるということを、わたしが真面目に取り上げた本のなかにいつも読んで驚いた。わたしはすでに態度を決めていた。わたしが天上的正義と呼ぼうとしたものは、意図や意志のいかなる痕跡も示さないこの「世界」の惰性そのものである。この世界、すなわち踊り回る原子《アトム》からなる世界、硬い大地がわれわれにはきわめてうまく隠しているが、大洋がわれわれに啓示し、もしわれわれが巧みに操るならば、われわれを呑みこむその同じ法則によって、われわれを救うこの「世界」の惰性そのものだ。この観念はそのように提示されると、けっして承認されない。なぜなら、慎重な人間は、どこから世界〔宇宙〕の欲することと欲しないことがそんなによくわかるのか、と問うてくるから。それに対してわたしは、宇宙に人間の顔を与えるあの幻想的な観念がどこから出てくるのか知っている、と反論するだろう。いかなる議論も、われわれのもっとも確実な観念を危地に陥れる。だから、わたしは冗談以外には、けっして論争をしなかった。また人に教える場合にも、わたしはけっして議論しなかった。ただ、時として、もっとも単純な記述においてすぐにわれわれを自由にし、幸福にするあの世界〔宇宙〕の透明性が、どこから出てくるのか、知らねばならない。しかし、それは希望のない「世界」であり、祈ることのできない「世界」である。しかし、人が本気で祈りを捧げる世界は、妖術や魔法が彼らの糸を結んだりほどいたりする恐怖の王国であろう。反対に、たとえ重々しい機械《マシーン》のなかに囚われていても、人間が気に入っているのは、自分の誤り、自分の不手際、幼稚な判断をすべての原因として発見することである。要するにずっと以前から、わたしは自分の中から目的因を一掃していた。わたしはルソーを、プラトンとほとんど同じほど愛するけれども、わたしは沈黙裡の祈りではあるが、彼の曙《あけぼの》に対する祈りを理解しなかった。またわたしは、しばしば感情豊かな一婦人がわたしに言ったことを理解できなかった。それは美しい落日を前にして、彼女はだれかに感謝したいという欲求を感じたというのである。それはジョルジュ・サンドを知り、感服していた婦人であった。わたしもまた、ジョルジュ・サンドに感服している。しかしありのままの事物に神など要らない。ありのままであること、それが事物の全存在なのだ。そのことは尊敬に値するものではない。ただ注意に値するだけだ。

世界をめぐるこれらの思想において、注目に値すると思われたのは、これらの思想は少しも世界の美しさを抹殺しなかったということだ。まったく反対であると、わたしには思われた。たとえばわたしの目には、天空の広大無辺さは、摂理をも、人間に与えられたなんらかの憲章をもけっして意味するものではなく、むしろ本質的な、まるで絶対的危険のような不確実性を意味していた。しかしわたしは、このもうひとつの海の岸辺において戦慄するには到らなかった。それは今でも同じことだ。それはわたしがすでにしばしば説明したように、戦慄はその種の危険からはけっして起きないからだ。ルクレティウス〔Titus Lucretius Carus. 紀元前九九年頃—紀元前五五年頃。古代ローマの哲学者、詩人。エピクロスの思想を踏襲し、哲学詩『物の本質について』を著す〕がきわめてうまく言ったように、あらゆる恐怖を育むのは想像力なのだ。わたしは生理学的な諸理由には触れずにおく。別な場所でそれに戻ってくるだろうから。わたしはただ、人間というものはすべて、そのように考えるということ、そして彼らの戯れがそれをあかししているのを見ている。人間は裸の自然をもとめる。彼は大洋、あるいは氷河の上に身を支える。その際、危険が差し迫っても、運不運はもはや問題ではないこと、事物は人間をまったく顧慮することなく、その重みと傾斜にのみ従うであろうということを確信している。これらの孤独は美しいが、そこには神は存在していないことをあかししている。硬い大地の上で未開人がひと足ごとに木の精あるいは石の精を怒らせるのを恐れていることはよく知られている。そのような生は、時間の美しさを感じるかもしれない。なぜなら、人間は季節に調和して、羽虫のように太陽の光を浴びて踊るから。しかしそのような生は、世界の美しさを思考することはできない。なぜなら、思想はそこにおいては、それによって思想が呼吸するあの自由な運動をもたないから。だれかを怒らせないだろうかという恐怖は、もっとも美しい曙をも損ねてしまう思想である。

美についてのこれらの省察は、われわれをきわめて遠くまで導きうるものであるが、当時は、ほとんどわたしの心には浮かばなかった。わたしはそのような問題を自問しなかった。そのような問題は、わたしにはきわめてむずかしいように思われた。そしてわたしは、一九一四年以前の「プロポ」シリーズのなかに、『芸術の体系』のための準備はいささかも見いだされるとは思わない。しかし物理学的明晰さによって、またわたしがいつも持ってきた、微小なるもの、あるいは遠くにあるものは眼前にあるのとまったく同様であり、宇宙の奥義はすべて、容易に知られ、かつそのおのおのはどんな秘密も持たない諸原因の交錯から出てきている、という確信によって、わたしはこの巨大なる実存在に安んじて身を委ねた。しかもそこに、いかなる感情的ニュアンスをも交えないわたしは、そのことによって、その巨大な実存在に対して純粋な感情を、また精神によって認められた一種の動物的愛情を抱いた。このような微妙なニュアンスに染まらない、ということによって、もっとも短い記述が、突如、空間を掘り下げ、突如、宇宙とその潮汐を喚起することができるのである。わたしがルソーのなかに、とりわけ彼が創造者のことを考えない時、きわめて生き生きしているのを見いだした感情は、これである。しかしながらこのような偉大な世界観念も、もしそれがもっともむずかしいもののうちに数えられる分析のはたらきによって支えられないならば、時として動揺することがある。なぜなら、イデアリスムの反駁は陥穽《かんせい》に満ちているから。だから、当時わたしが書いたもののなかには、もっと長い、もっと一貫した展開が必要な存在そのものの哲学の痕跡などないだろう。構うものか。歌い方にも、怖がっていないことを示し、そして世界中の人びとを安心させる歌い方がある。それについては今なお、ひとつの観念がわたしの心に浮かんでくる。それは信仰の篤かった時代は、後になって自然の感情と呼ばれていたものを知り得なかったということである。この感情はパスカルのなかにはない。パスカルはそれどころか、自然に恐怖を抱いたであろう。

『ラ・デペシュ・ド・ルーアン』紙のなかで、大戦までの「プロポ」のコレクションを調査するならば、だいたい以上のようなものが見いだされるであろう。このような思想は別のところにその根を有し、絶えざる学びによって涵養されていた。なぜなら、わたしの仕事はいつも、より多くの探求を要請したから。とりわけ、わたしの教師としての職が希望どおり確定した時期である一九〇九年以降はそうであった。今度はこの仕事の観念を与えねばならないが、このパースペクティヴは、わたしにとっても読者にとっても同様に厳しいものである。なぜなら、わたしはその頃、もはや自分の仕事を修辞《レトリック》の遊戯とは考えず、思弁的思考の暗礁にのめり込んでいたから。しかしその頃から、わたしの忠実な読者たちが他の多くの暗礁を見たのもまた、本当である。要するに、真の困難は、なんぴとにあっても日ごとの思考を形づくる。されば勇気を！

「プロポ」

プラトン

わたしは二組の聴衆をもった。リセ・アンリ四世校の男子とコレージュ・セヴィニェ校の女子とで、いずれもきわめて優秀であった。教えた内容はどちらも同じで、方法も同じく厳格であった。この方法によって、生徒たちの質問や議論や発表といった、すべて怠慢の手段となるものは、すぐに一掃されることになる。やっとの思いでついてゆき、大いに努力して見いだした教えこそ、もっともよく各人の精神を解放するものだということを、わたしは経験から知った。どちらの聴講者もすぐにそのことを察し、おしゃべりな男女たちはたちまち出ていかざるを得なかった。時として、永久に立ち去ることもあったが、それは名前を消すだけのことだった。それでも無言の抵抗のようなものがあった。とりわけ、男子たちのなかにはある術策があった。わたしの言うことには入らないで、ほかのことをやるという術策。自分に興味のあるもの〔歴史の授業やラテン作文〕、それは各人によって異なるが、それだけを注意深くうかがうというものだ。教育が生きるのはすべて、不注意に目醒めることである(1)。しかし、すべてを呑みほすようなすごい人たちもいただろうと思う。それについては何も知らない。そういうことにはまったく興味がなかった。このような水準のクラスにあっては、生徒たちに勉強せよとは言わないのが常である。彼らはその気になれば自分を救うことができる。

わたしはプラトンを、きわめて自由に、きわめて正しく教えた。この著者は恵まれたことに、ほとんど読まれもせず正しく理解もされないのに讃えられた。そのために凡庸な読者、凡庸な生徒が不遜な観念を抱いたのであろう。なぜなら、彼はこの比類なき詩に魅せられて、それほど苦労することなく、煉獄の門あるいは道として彼の払っていないあの努力を払わねばならない部分を、ついに認識するに到るから。これは多くを知ることである。またプラトンの考え方、行ったり戻ったり、彷徨《さまよ》い、突然、飛翔しそして群れを待つやり方は、おそらく人間の尺度にふさわしい。人間とは、わたしの気づいたところでは、横目で、しかもきわめて狡猾に休みをとったあとでしか、けっしてものをよく見ないものである。わたしがこれらの脱線や挿話を真似るのはまったく自然なことである。有名な神話を真似るのではない。わたしはただ、神話を終わらせない術を身につけた。これはつまらぬことではない。これら長時間の息抜きはむしろ、きわめてたくさんの冗談からなっていた。たとえば、次のような類いの説話。(1)牝羊が子羊たちに向かって、あんたらの身に起きることはみんな、あんたらのためになることで、羊飼いは良いかたである、などと言い聞かせる話。(2)あるいはファラロが奴隷売買を合理化・正当化して、その結果、もはや監督も、おそらく主人もいなくなってしまった話。(3)あるいはまた、英国人とその娘メアリーがスピノザの『エチカ』を見て回っている話、(4)大きな鍵束をもつ門番、側面のシャペル、その他、想像しうるすべてのもの。これらの物語は年々、くりかえされ、尾ひれを付けられた。(5)また、（スタンダールのピラール神父から着想を得た）ジャンセニストの聴罪師の話。彼はどんなことにもまったく関心がなかった。自分の告解者を知ることにも、彼に手を差し延べることにも。しかも自由と正義への愛からそうだったのだ。こういう、ちょっとちがうジャンルの創作は、呑気な若者たちの心を、より直截につかんだ。

「仮にわたしが、君らを慎重かつ聡明なものとするような奥義を、つまりは君たちが他のだれにも負けないようになる奥義をもっているとする。わたしはそういう武器を君たちにむざむざとは与えないだろう。手を差しのべることでさえも、君たちを助けるために、わたしはするだろうか。そんなことは間違いだろう。まあ、幸いにして、そういう手段など存在しない。完全な証明があるとしよう。この証明のおかげで、君たちは何ひとつ求めなくてもいいわけだ。もしわたしがそれをもっているとしても、わたしは細心の注意を払ってそれを、君たちから、隠すだろう。ラニョーはしばしば言ったものだ。厳密なる証明は、〈精神〉を〈もの〉に変えてしまう、と。云々」。

これらの言説《ディスクール》はプラトン的である。このディスクールは、一見、魂を見棄てていると思われるまさにその瞬間に、魂を救い出す。わたしはこういう遊びが好きだ。若者たちが年を取ったら、わたしと同じようなよろこびをもって、そういう言説を思い出してくれたら、と思う。わたしは若い男子たちに言うのだ。なぜなら、女子たちに与えられた教育には、ほとんどファンタジーがないように思われるからだ。それもわからないわけではないが。

プラトンについて語り始めたら、際限《きり》がない。『国家』の対話だけでも（相当な長さであるのはたしかだ）、わたしにとって、教説の二部分を屹立させるよい瞬間だろう。この教説の二部分は今日なお、何かを照らすもので、いかなる誤りもない。「洞窟」はまさしく有名なメタファーによって、第一の部分を明示している。しかもこのメタファーは無尽蔵なのだ。エルのような物語(2)はもうひとつの部分を明示している。わたしを知った者たちのうちで、この巨大な拱門《きょうもん》のなかを幾度となく通らなかったような生徒はだれもいない。この点においては、わたしは、自分はこう進歩した、ああ進歩したなどとは言えない。読むたびごとに、進歩したのだから。またこれからも読むたびごとに、進歩するだろう。プラトンを註解している人たち、しかもプラトンに反駁しようとしている人たちのひとりが、この点では、目をむいてこう言うだろう。そんなことは皆、よく知られたことである、いな、子どもだって知っている、と。実は、わたしはそのたびごとに、知の諸階梯に感嘆しているのだ。それはつまり、人はある意味でいっさいを知ることができる、何ひとつ知らないのに。なぜなら、思うに、真理がどんなに隠されていようとも、経験によって、それもまったく見事に、捉えられないような真理などひとつもないからだ。中国人やエジプト人は古い昔からの記録によって、数学的な回り道をしないで彗星や蝕に精通していた。こうしてわたしは、そう言ってよければ、当時幅をきかせていたプラグマティズムのひとつの耳をとらえていた。

もうひとつの耳は、『テアイテトス』のなかでつかまえられる。プロタゴラス自身がそれを、君らに、つかませてくれる。こうして、人は自分に有用なものを真理とみなすあの主張《テーゼ》、ただそれだけの主張を、自分自身でもって専制君主や陸軍大将にまで高めることができた。これはわたしが前に引用したような冗談を言うのに格好である。なぜなら、敵軍は逃げてゆくということを軍隊に信じさせるのは有益であるからだ。また専制君主が不死身であるということを、暗殺者に信じさせるのは有益であるからだ。プラグマティズムの魂を発見するのに、これ以上の道があるとは思わない。自由であることが確かとなるためには、自由であることを欲しなければならない、しかも、ただほんとうに欲するだけでそれでよいのだ。そのことがわかる時、はじめて、プラグマティズムの魂がついに、洞察力のある、実際そうあるがままの強靱なものとしてあらわれる。したがって、わたしが真の信仰を見いだしたのは、最初、何かぱっとしないこの逆説を奥まで究めることによってなのだ。道はほかにも、まだいくつかある。一致した点があるということが、ある意味で、あかしとなっている。したがって、わたしはプラトンを読むことを勧める。さらにもっと、読むことを勧めるのだ。では、「洞窟」に戻るがいい。囚人たちの声を聴くがいい。囚人たちも影と水にうつる映像とによって、自分たちの知識をもっているから。いな、彼らに時間と忍耐とがあるならば、その知識は際限なく深まるだろう。

今、プラグマティズムが偽証者の顔を見せたので、わたしはこのチャンスをとらえて、ここで、できうる限り明晰さを投じなければならない。ピルスの象たち(勇敢な若者たち)も、この点においては畑を耕す者と同じように骨を折ったことを思い出す。そこで、まず、注意しなければならないことは、プラグマティズムの魂とは、意志に支えられた信仰の教えであることだ。わたしがそのように理解しているのがわかっただろう。また、わかるだろう。教会の異端審問と、同時にまた不信仰者たちの尋問とによって責めさいなまれたこの教えを、いつも裏返さねばならない。ある意味で、縒《よ》りを戻さねばならない。なぜなら、われわれの精神に必要なものを、結局は信じてしまうのは、プラグマティズムが真であるからではない。反対に、プラグマティズムのなかに真なるものがあるとすればそれは、根元的な、ラディカルな信仰であるからだ。すなわち、われわれのすべての知識を基礎づけることによって、結局、プラグマティズムの含む他のいっさいを、謀《はかりごと》として断罪してしまう信仰であるからだ。なぜなら、老獪な見せかけに対してデカルトが取った果敢な術策に託して言えば、爾来《じらい》世界を、ついに人間臭さをまったく拭い去った純粋な結晶《クリスタル》として現出させるに到ったのは自由な懐疑、ただ自分だけのなかに閉じこもった懐疑であるからだ。したがって、プラグマティズムの真理を、ただしかるべき場所におくだけでよいのだ。すなわちそれは、プラグマティズムからその仮面と名前とを剝ぐことだ。なぜなら、物の世界でああでもないこうでもないとやったところで、われわれは目をつぶって真理認識には到れないのだ。判断における純粋な、つねに根元的な行動が、反対に、われわれの目をあけ、さまざまな観念を通して経験にまで生命を与えるのだから。それに、この点においてもまた、プラトンがわれわれを教え導いている。なぜなら、プラトンによってわれわれは、臆見・思惑のすぐれた地平において、盲目的知の広大な領域の発見に到っているから。いっさいの知、わたしの言うのは知の可能な全領域、どんなかすかな光をももたない領域を含むその広大な領域の発見である。したがって、わたしは倦《う》むことなく、勧めるのだ、明るくて暗い「洞窟」とそこに住んでいる慧敏《けいびん》な人たちについて、もう少し長く考えるように、と。

道徳的な教えは、教義が散らばっているため、捉えるのがもっとずっとむずかしい。しかし、ギュゲスの指輪(3)が、まず始め、われわれの心をとらえる。なぜなら、経験論者たちによってしばしば誇張されている、人を益する、慎重さの法則《ルール》は、ある程度力のある者にとって戦慄するような意味をもっているから。この光は、はじめ、消える。プラトンはわれわれには構わない〔というか、それはむしろ、われわれの救いにはまったく関心のないソクラテスであろう〕。次いで、よく統治された魂の均衡、魂の健やかさとしての正義の教説が、微妙な文体《タッチ》でくりかえし素描されている。冥界への下降は、いっさいを青白い光のなかで結論している。力を選び取って良いのか。あるいはむしろ、力を恐れなくて良いのか。わたしは君らにこう告げよう。もし生徒として仕方なく書き写しながら読んだなら、君らは一歩ごとに新しい意味を見いだすだろう、と。

しかしわたしは、段階を経て昇ってゆく精神のあのすばらしい描写に戻りたい。始めに戻るということ、それは、もしわたしにひとつの方法があるとすれば、まさしくわたしの方法である。そしてすべてが言い尽くされているように見える時でも、さらにまた、同じ論点に強く打たれることだ。あたかもプラトンは他のどんな人よりもすぐれていること、人がプラトンについて形成するどんな観念よりもすぐれていることを、あらん限りの力をもって主張するかのように――。推測にすぎない、本当らしいとみなされただけの臆見・思惑は棄てよう。そんなのは女たちのおしゃべり、市場の喧噪、刺々《とげとげ》しい喧嘩、よく響く罵りだ。つまり激昂から、才気煥発な話し方から、声音《こわね》から信じてしまうすべてのもの。それは人間思想の広く暗い奥底である。それはピュティアや預言者たちの国だ。それは言葉のあとをかろうじて駆けてゆく愚かである。すなわち、音の巷《ちまた》を漂流する言葉、取り違いにつまずき新たな展開を示す言葉のあとを、である。ここでは精神は自分自身と一致し、同時に、自分と別れる。まさにパニックのようなものだ。何も遠くを求めなくていい。この想いは、それを想いと呼んでいいなら、それはわれわれの内にある。この想いは、いっさいの始めにある。いっさいの始まりなのだ。この想いを口にすべきでないことを知っている人、それが正しい臆見をもっている人である。粗野な男に拳固をふりあげる時、また給仕の頭に皿を投げつけるような時を除いて、である。罵りの言葉の激しさが、この種の狂気を隠してしまう。それは万人の心の奥底である。

その上に、正しい臆見がある。そこには慎重さと穏当のしるしが見られる。人間は人間に聴く、旅をする、職人や仕事を省察する、あらゆる町の習慣、広く承認されている格言を省察する、人が心中密かにくりかえす言葉、いな、それ以上に行なっていることを省察する。慣習から出た議論がここではすべての力をもっている。なぜなら、いつもあらわれている習慣が現実の状況と合致したものであるのは認めざるをえないからだ。人はこの知恵をひとつのわざ《メチエ》として身につける。それは売れもする。ゴルギアスのような男の議論はいつも、彼に訊《き》いてきた人たち、彼の言うことに従おうとする人たちを引き合いに出している。このようなソフィストたちの多くは法律家たちである。しかし、君らは船頭、農夫、樵《きこり》、漁師、狩人にもっと驚くだろう。徒弟から親方になった人、草木や雲や水面にできる輪をよく知っている人、天気や収穫や鳥の通過を告げるほんのわずかなしるしをも味わい嗅ぎ分ける人、病気を治す草、有害な草、栄養となる草を教える人、しかもそれらすべてのことにおいて、まず間違うことのない人。しかし、さらに道具や機械を考えねばならない。なぜか、などと考えるずっと前から、人の知る限りもっぱら試行と記憶とによって見いだされた、弓、梃《てこ》、車輪、風車、舟、牝牛、犬、猫、麦、腐植土といったすべての発明を、考えねばならない。こうした人間の摂理を感嘆するのはよいことだ。この摂理がなければ、考える人は暇をもつことができないだろう。さらにわたしは、こうつけ加える。技術《テクニック》や技術に精通した人を尊重するのは今の流行《モード》であるから、成功したものを尊敬するようにつとめるがいい、と。あの有名なきまり文句を、ちょっと唱えてみたまえ。

「われわれは、物自体について何を知っているか。また、この知識がわれわれにとって、どんな役に立つというのか、われわれの上におよぼされる効果こそ、われわれにとって大切なすべてのものである時に——。そもそも、われわれはいったい、今、何を知っているのか、将来、何を知るだろうか。われわれを掠《かす》める、われわれを害する、われわれをしばしば殺すところのこの知られざるリアリティについて、手や目や耳におよぼされるその効果以外に——」。

このような明証を自らに与えねばならない。そして、このような満足を自らに与えねばならない。たいへん結構だ。しかし、それでおしまいというわけにはいかない。幾何学を少しでも学んだ人なら、真の認識はこの種の、信頼を与える証明とはまったく無関係であると推察するだろう。幾何学の証明は信頼を与えるものではない。反対に、不信を与える。証明がまったく経験なしにすませるもの、アプリオリなものだ、というのではない。そうではなく、それらが厳密に証明しなかったものは公理・要請のまま残されているというのだ。新たな結合は仮説と呼ばれる。賢い幾何学者はそれらを真あるいは偽なるものとして与えないように十分気をつける。わたしが仮定するものは真でも偽でもない。真なるものは、仮説から命題に到る関係である。いな、ある命題が、十全なものとして真であると言えるのか。この美しい言葉はわれわれに慎重であるように促す。命題が真なのは、ただ、仮説が真であるのか。プラトンは通俗の幾何学者のもつすべての徳を、間違いなく表象した。通俗の幾何学者はいつも、命題からさまざまな帰結へと下降している。そして結局はそう言われているように、そういう物の本性を十分正確に表象する限りである。このことを経験によらないで、どうして知ることができるのか。幾何学者はただ、捜しているものをもっともうまく捕らえるような網を、経験のなかに張りめぐらしているだけである。では幾何学者たち、少なくとも何かを裏切った顔をしている人たちの損失を比べてみるがいい。この必要、定義と命題とのあいだに道をつける明敏な、絶対に過《あやま》たない計算家の機嫌をとる必要を、用済みにしなければならない。このような人間は水先案内人を驚愕させるだろう。同様に、手形の割引を計算できる人は高利貸しを驚愕させるだろう。しかし、まことにもし数学が巧みな略記法を内容としていたら、数学もまた、テクニックではないのか。あるいは目を閉じてやる実践、いな、ことさらに目を閉じてやる実践ではないのか。数学者は知らないことを自慢している。それが彼のいつものやり方である。代数学は何が言われているかを知る重荷を、軽減してくれる。このような威光が有名なアンリ・ポアンカレの哲学的発展のなかで力をもっている。最初は、騙されていればいいのだ。ちょうど人形芝居では礼儀正しくしているように。プラトンがわれわれを戸口で待ち構えている。

あれこれ穿鑿《せんさく》するな。おのれが精神など大事にするな。仮説に考慮を払わないことだ。なぜなら、どのような想定もひとつの仮説であると言えるのか。そんなわけ、あるまい。想定するとき、わたしはしばしば臆測している。しかし、たんなる臆測からは、何ひとつあかしできないのだ。したがって今、幾何学者とは反対に、精神にふさわしい事柄だけに専心しながら、仮説から仮説へとさかのぼることが問題なのだ。ここにはデカルト的秩序があらわれている。この秩序は事物《もの》の秩序とは正反対で、無秩序・混沌とでも呼んだほうがいいだろう。プラトンはここでは、われわれに何も言わない。おそらく、精神によって仮説に秩序を与えるのは至難の業であるからだろう。しかし、時として彼はわれわれの精神の眼に、ある対立、すなわち一と多との対立、同一と差異との対立、静と動との対立、有と無との対立のようなそれを、強調する。この対立のなかで、人は最初、ただ、ある無秩序な明晰さしか、認めない。どこへも導くことのないパルメニデスの戯れのような、奇妙な戯れしか、認めない。

プラトンはわれわれにもっといいことを言っているはずだ。なぜなら、経験はここでは、何もわれわれに教えないのだから、また思惟の名誉にかけてもっともすぐれた秩序を見いださねばならないのだから、したがって、われわれを導いているのは、われわれの試みがどんな価値をもつものであれ、われわれを導いているのは、今、正しく考えることだ。そこから、あの『国家』のすばらしい曙が出てくる。ふたつの太陽を同時に見せてくれる「曙」が――。ひとつは感覚的事物の感覚的な「神」。事物を照らすもの、いな、もっと言えば、事物を有らしめているものだ。川や収穫や動物や人間たちといったもの。そして、叡知的なものの地平線には、あのもうひとつの太陽、すなわち「善」のイデア、すべてのものを認識可能にするイデア、いな、すべてのものをつくり出すイデア。このような「善」はひとつの観念とは言えないのだ。それは威厳《ディーニテ》の意味合いで、存在にまさっている。観念にも、まさっているのだ。途轍もなくすばらしい太陽！　しかしプラトンは、それ以上言わない。それで十分なのだ。真そのもの、ある意味で真なるものは、乗り越えられているのだ。実際、われわれはたっぷりと暇をかけて経めぐった今、真なるものはわれわれのはるか下にあるのだ。真でないものとは何か。いっさいが真ではなかろうか。国家にも、魔法使いにも、狂人にも存在理由があるのではないか。プラトンはわれわれを、そんなところへは連れてゆかない。プラトンはただ、誤って考えること、すなわち何も考えないこと、何ものでもないことの、不可能性のなかに身を投じ、そして彼はわれわれをも、そこへ投げ込む。

この例から、おわかりだろう。いかにして倍加された注意、さらに倍加された注意、教典でも読むようにテクストに専心した注意が、ついには著者を著者自身の外に引き出すかが。そのため、著者を勝手につくり出しているとも言えよう。しかし、わたしが何度もなんども見てきたことだが、テクストを超えて飛翔していると思ったまさにその瞬間、次のページが言ったことに応えている。註解者のこうした芸当には幾度となくくりかえされた読書があっただろう。ペンをもちながらつくった抜き書きはほとんど読み返されないことに気づいてから、わたしはついに、このことを知った。何もノートを取らず、暗記しようともせず、むしろ考えているどんな文章も、躊躇なく見つけられるようになるまで、書物に慣れ親しむほうがいい。教養《キュルチュール》とはそのことにほかならない。なぜなら、まず抜き書きをつくって、あとはそれしか読まないとしたら、それはなんという野蛮な人《バルバール》だろうか。こういう野蛮さが人間のなかにある。それを、わたしはよく知っている。読むことを学ぶこと、それがすべてである。

こうした上昇と下降をくりかえす思索の旅路、これこそまったきプラトン像であるが、そこからわたしはさらに、或《あ》ることを理解した。これを今、言いたいのだが、それは、実は、やさしいことではない。人はそこに経験したことのない晦渋さを認めるだろう。プラトンのおかげでわれわれは速く走ることができる。強い想いを抱きながら。晴れた日には大胆に疾走するのがいいが、霧が深いときはデカルトの慎重さと、スピノザの、二〇〇歩の位置にある太陽とを堅持することを、わたしは学んだ。そういうわけで、わたしは気がついた。このもうひとつのヤコブの梯子《はしご》をのぼるのがいかにむずかしいか、いかに容易に人がまた堕落するか、テクニシャンがマジシャンに、計算家がテクニシャンに堕するかを、である。それで、思った。このような不安定な状況こそ人間の自然な状況であること、またソクラテスがその術を巧みに心得ているように、われわれの運命とはつねに愚かさから出発して、すぐにまた愚かさへと戻るものだ、と。

こうして、われわれはある時は、「いや、こんなことではまだいけない」と言いながら、拒絶から拒絶へと階段をのぼってゆく。また反対に、受諾に受諾をかさねつつ、われわれは「善」を見失って、ついには最低のところまで堕ちる。最低のところ、それは眠ることだ。わたしにはあらゆる点からそう言えるように、ピュティアは目をあけたまま眠る。彼女の言うことを聴いている人たちはほとんど目醒めていない。テクニシャンはこういう反芻状態から遠くない。要するに、人は上部にとどまることができない。途中の諸段階にもまったくとどまることができない。では、結局どうなるのか。この絶えざる脈動《ピュルサシオン》こそ、われわれに意識を与えるものであり、プラトンの天界に逐次ふれてゆくことが、われわれの思惟の唯一の光であるということ。そのことから結局、わたしは、およそ人間についての高邁《こうまい》なパースペクティヴを手に入れた。なぜなら、人間というのはすべて、しばしば、意識をもつが、それとてごくわずかな間にすぎないのを、よく知っていたから。そこから、眠りと目醒めの教説が出てくる。この教えは、時として、ほとんど意識の大問題にも匹敵するものと、わたしには見えた。またすでに説明したように、この意識という言葉を、この言葉がもつ唯一の意味にひき戻すように思われた。これらの理由は、いずれ述べることになるだろう。これらのむずかしい探究にあっては、まず終わりまで行かねばならない。全体を経めぐらねばならないのだ。証明などというものは、たとえそんなものをもっていたとしても、わたしは決して与えないだろう。これらの問題はいつまでも未解決のままでいいのだ。いな、態度を決めてぶれないこと、それが要請されている。しかし、一度に言いすぎないようにしよう。

訳註

（1）教育が生きるのは、くりかえすようにすることではなく、考え出すように促すことである。生きた注意は、一連の不注意から目醒めるのをやめない。
(2) エルは戦いで死んだと思われている。でも裁判の過失がわかって、もう一度地獄から戻ってきて、あの世で見たことを物語っている。
(3) ギュゲスの指輪は、自在に姿を隠すことができるようになるという伝説上の指輪である。リュディア人のギュゲスが手に入れ、その力で王になったという。

カント

アリストテレスは、おそらく、「もの」が時として「ことば」〔言説、ディスクール〕だけで決められているように見えることに、驚愕したのだろう。そこで、「ことば」だけにもとづくすべての証明をシステム化しようと試みた。彼は見事にそれをやったのだ。彼以上にうまくは為しとげられない。彼は「ことば」の必然性と、「ことば」の不可能性とを、知悉しようとする学問を、論理学と呼んでいる。たとえば、AとBが何であろうとも、「いかなるAもBでない」からは、「いかなるBもAでない」を引き出さねばならない。しかし、「すべてのAはBである」から、「すべてのBがAである」を引き出すことはできない。「あるBはAに属する」ということだけだ。この理論を、わたしはいつも隅から隅まで教えるようにした。必然性が指で触れるようにまでわかるというのはきわめて重要なことである。必然性とはしかし、形式にすぎないのだ。この点については、それ以上言わない。それは到るところでたいへん立派に完成されている。それはひとつの「精神」の殻なのだ。

プラトンはもっと奥まで見通していた。カント〔Immanuel Kant, 1724–1804〕こそは、真のプラトン主義者である。カント自らもほぼそう言っているように、また人もそう言っていたように――。なぜなら、形式の必然がたんなる言語の法則のはるか彼方にまでおよぶことを、カントは統覚していたから。すなわち彼は、古典的論理学に超越論的論理学を加えている。次の例はちょっと荒っぽいけれども、われわれを問題のなかに投じてくれる。わたしが好んで想定した例である。アメリカの各紙が、ある日、12と13との間に、12でもなければ13でもなくこれまでの研究では理解できなかった、ある整数を発見したという。そんなことは不可能である、そんなことは純粋論理にすぎないと言って、人はこの例を馬鹿にする。とんでもない。それは純粋論理ではない。カントは7と5について、とことん考えた。7と5から直接、12が出てくるのだろうか、それとも反対に、7+5=12という命題が問題に何かを付加することはないのだろうか。カントはわれわれの知識を豊かにする判断を、総合判断と呼び、そしてすでに言われたことのくりかえしにすぎないものを、分析判断と呼ぼうとした。わたしがこの区別をいうのはこれが有名なものだからだが、実を言うと、わたしはかの有名な定式「私は自分の思惟を思惟している」を除いて、厳密な意味での分析判断を見いださなかった。この定式については後に、適当なところで論じるだろう。今まず、理解しなければならないことは、いわゆる分析判断を探究し把捉しておくことである。たとえば、2+2=4というのは分析判断ではない。なぜなら、2+2は4の定義ではないから。4は3+1によって生まれる。2+2という結合が同じ4を与えることを証明しなければならない。7+5=12については、たとえば7+5=11+1と書く方がより正しいと思う。なぜなら、11+1は12の定義であるから。この形式からすぐにわかるのは、7+5=12という命題は5の分解による一種の証明(7+1+4)を意味していることだ。すなわちそれは8+4という意味を与えている。以下、同様にして11+1が得られる。わたしが詳論できないのは残念である。なぜなら、これらの美しい例において、精神は困難な証明を行うことをまぬかれているから。精神はあらゆる角度からそれを検討することができるから。そこで、精神は何を発見するのか。ある数が他の二数から生まれることは特殊な性質を有する、ひとつの新しい本質の発見であることを、精神は見いだすのだ。たとえば、12に1を加えると、それは12とはまったく異なる一数を形成する。われわれが数字を分解する、そして再構成するこれらすべての操作は、われわれに可能なものと不可能なものを与える一種の経験によってなされている。なぜなら、われわれは13が素数であり、しかもつねに素数であることをよく知っているから。

今度は、あの有名なデイヴィッド・ヒューム〔David Hume, 1711-76. イギリスの哲学者、歴史家〕にまでさかのぼろう。彼はカントを《その独断の眠りから醒ました》ことを光栄としている。この表現はカント自身のものだ。ヒューム、すなわちこの懐疑家は、こういうのが好きだった。ある球が他の球と衝突すると、他の球が動くだろうと期待するが、それはただ、そういう結果をつねに見てきたからにすぎない。したがって、われわれの信頼は、自分の内にあるこの経験という迷信から出てきている。しかし、と彼はつけ加える。この経験の総和はその球には何のかかわりもない。それは球のなかにはない。そしてまた、〈さいころ〉のすべての面が、ある一面を除き、同じ数字であるのを知ったとしたら、君はこの数字に賭けようとするだろう。この期待は、言い換えれば確率の思考は、しかしながら、〈さいころ〉のなかにはない。〈さいころ〉はただ、筒のなかで転がり、これらのくりかえされた数字からどのような力も受けることなく、テーブルの上で止まる、と。ヒュームほど晦渋な人物はいない。流水をいつも見ていたタイ王国の王様は、流水が象を運ぶなどということはあり得ないと判断した、という物語のなかで、それはもっと明晰だ。タイ王国の王様の経験も水のなかにはなかった。要するに、ヒュームが言わんとしたのは、われわれの信頼はそれがどんなに強くても、可能性や不可能性についてまだ何も告げてはいないこと、また、経験から得られた知である限り、経験はそれが言っていることに限定され、決して将来を保証しないということだ。

12＋1の経験は将来を保証する。そして、幾何学における経験というのはすべて、そうである。カントの例が示すように、右の耳とその鏡像を重ね合わせる方法は決して見つからないだろう。ところで、これらふたつの形式《フォルム》は概念的には同一なのだ。なのに、それらが重ならないのは、注意して見ればよくわかるように、それぞれの部分の配列に起因することだ。これが重ね合わせを不可能にしている。これらの形式のなかに、そしてすべての形式のなかに、事物の内容によらない、ただ純粋空間中の関係にかかわる「必然性」を、わたしは認識する。いつも構成することによって、操作することによってわたしは、「ことば」では定義できない空間の諸性質をはっきり認識する。今、ひとつの直線を引く。これら二点の間の関係が何であるかを、わたしは知っている。それをリアルなものとしている。しかし、それは実体をもたない。なぜなら、わたしが推論しているのは決して引かれた線ではないから。したがって、空間は形式的なものだ。そもそも、空間は関係のなかにしかないことを理解するならば、空間が考えられたものであること、空間は存在し得ないことがわかる。カントはたしかにプラトンと同じように探究している。ただし、形式を下のほうから捉えている。この点を、わたしは辟易するほど強調したものだ。形式と質料〔認識主観の形式に限定される対象の実質〕が区別されるとしたら、曲がったあるいは真っ直ぐな空間、有限あるいは無限の空間、事物である空間など考える余地があろうか。ほら吹きどもは退散する。そのことが正義や平和にどう役立つのかわからないと言うだろう。もうちょっとの我慢だ。すぐにわかるから。

数の構成、分解、変換〔代数学においても〕は純粋空間を、すなわち落とし穴や不意打ちのない確実な布地《エトッフ》を想定している。しかし、これらの系列、あるいは継起あるいは継続の展開において、もうひとつの、より感覚的でない、より抽象的な形式すなわち時間があらわれる。純粋力学は時間形式を仮定し、しかもそれは経験に先立って完全に認識されている。なぜなら、運動物体の位置、飛脚《クリエ》の遭遇、およびこれに類したことを予言しているから。しかし、代数だけは、ある級数〔数学的概念〕のn項の計算において、同じように確実に予言している。ある数の次の数が、ある項の次の項が存在しないことがある、とはだれも考えない。しかしながら、困難な点はまさにそこにあり、パラドクスに陥ってしまうことがよくあるので、時間について何度も省察する必要がある。『純粋理性批判』におけるこの時間形式の記述は簡潔で明晰ではあるけれども——。

空間と時間は感性の形式である。すなわち思惟の「かたち」、しかも必然的「かたち」である。これらの「かたち」は、したがって、精神に関する眩《まばゆ》いばかりの、アプリオリな概念《ノシオン》を与えている。なぜなら、それは普遍精神とまでは言わなくとも人間精神そのものであるから。空間は等質的で、連続的である。空間がないということは絶対ない。将来、空間がなくなることも絶対ないことはよく知られている。空間には端と端があって、あらゆる経験に先立って空間は、〔空間の有する〕それらすべての性質をもっている。すなわちそれは、どんな経験もそこでは何もできないし、将来もできないだろうということだ。同様に、空間はひとつである。時間もまた、ひとつである。カントが言っているように、ふたつの相異なる時間は継起的であって、同時的ではない。すべての出来事はどんなものであろうと、他の出来事の前か、同時か、後に起こる。何事についてもそれと同時に、ひとつのことがある。カエサルの死と同時に、渦状星雲を含めて宇宙の一状態があったのだ。それは動かし得ないクロノロジー〔時間的前後関係〕である。それをよく見たまえ。そのことは君をはるかな処まで導くだろう。ヒュームはもはや影すらも見えない難破者にすぎない。

　ここに、ひとつのためらいがある。このためらいによってカントが、ほんとうのカントが、よくわかる。はたしてこれらの空間と時間の形式は、観念《イデー》なのか、概念《コンセプト》なのか、原理なのか。厳密に言うならば、すべて否、である。なぜなら、これらの形式は対象から切り離すことができないから。自然的知覚のなかで、われわれは幾何学的空間さえも認識する。ただひとつの時間のなかで、われわれは旅行をし、老いている。したがって、これらの形式は自然のしるしを得ている。精確に記述しなければならない。そしてこの相違によく注意しなければならない。われわれは、空間と時間は感性の形式であると言うだろう。ヘーゲルとアムラン〔後述〕について言えば、二人ともこの相違を知らなかった。わたしはと言えば、教え導いてくれた人たち、わたしを騙さなかった人たちにいつも忠実で、この慎重な態度を堅持している。しばしば、それでよかったと思っている。その当時、わたしの歩みはアルピニストのようだった。わたしはガイドの言うことを聞いた。

　一段階は越えられた。われわれは今、「悟性」にまで達している。「超越論的分析論」は「超越論的感性論」に続いている。（「感性論」は感覚的認識あるいは知覚を意味する。）今まさに、われわれの前にはもっとも美しい構成がある。『批判』のなかには、十字架の形をしたあの表〔悟性形式〕、そして哲学を習い始めた者に衝撃を与えるに相違ない、あのそれぞれ三つの区分からなる四項目、すなわちカテゴリー論がある。わたしにとって、この印象は乗り越えられないほど衝撃的だった。幾度となくわたしは、この種の城塞に立ち戻ったからである。幾度となくわたしは、そこに身を支え、身を護り、決してそこから退かなかったからである。なぜ？　これらの表は完璧な目録をなすもので、経験を──どんな経験であろうと──考える全方法が、そこに集められ、秩序づけられているからだ。立派な枚挙ほど得がたいものはない。理屈なしにそうなのだ。

冬の日々はこの研究にふさわしかった。われわれは「カテゴリー論」（断言形式）、「判断論」、「原理論」と対応した三つの表を、チョークで、美しい文字で書いた。原理論への移行が難点だった。なぜなら、人はわれわれの判断形式が自然に対する立法であることに反撥するが、それはもっともなことであるから。

ほんとうを言えば、感性の形式はわれわれにとって準備だったのだ。なぜなら、幾何学は決して実在形式を予言することなく、実在形式をすべて理解することができるのは明らかだから。また、クリエの問題はどのような与件も予言することなく一度にすべてを予言しているのは明らかだから。これらの指摘からわかるのは、カントの有名な表現による、アプリオリに知られるものは、これから起こるであろうことではなく、ただ起こるであろうことの形式である。カントに従えば、すべての認識は経験に属することを言わねばならない。しかもくりかえし言わねばならないのだ。これらの指摘をした後、議論しようとしないで、わたしはもう一度、ガイドの言うことを聞くだろう。ガイドはここでは、多くの回り道をする。原理のこの演繹には二個のヴァージョンがある。カントだったら、三個でも一〇個でも見つけただろう。それほどこの問題は新しく、難解で、まったくタフなのだ。わたしも何度か取り上げ、いろんなやり方で揺り動かしてみた。ではいったい、この原理のなかの原理（始めの始め」とは何か。それは、起こり得るすべての経験は意識の統一と合致しているはずである、ということだ。わたしは自分が思惟していることを思惟している。それはいつも同じ、分割できない「われ」である。純粋に形式的な原理。わたしが事実として、同じわたしであるかどうかを知ることが問題ではない。わたしが自分を絶対的に他者として、あるいは絶対的にふたつのものとして思惟し得るかどうかを、知ることが問題なのだ。自分が変わると考えるやいなや、変わるのはこの同じわたしである、等々、と考えなければならない。そのことがわかると、そのためには時間が必要だろうが、この統一を解体するような経験は意識のなかに入り得ないことが、アプリオリに知られる。そして原理は、この視点から見ると、さまざまなアスペクトから、経験の統一と連続を断言する方法にすぎない。

もっと簡単に言う。このちょっとした橋を渡ることから始めねばならない。今、原理がどのように適用されているか、知らねばならない。なぜなら、われわれは直線を引くように、原理を引いているから。そしてわれわれの全存在がそこにアンガージュされている〔巻き込まれている。Engagement＝参与・拘束〕から。空間と時間の形式がすでに、意識の統一を準備したことは明らかである。カントは想像力の構造を、図式《シェーマ》と呼んだ。この想像力は抽象的で、悟性ときわめて近いものだった。そしてこのシェーマは、その特異な性質によって、概念と等質な空間というよりもむしろ「時間」である。わかる人にはわかるだろう。もしわれわれが想像力によって時間をたどらないならば、われわれの原理は宙に浮かんでしまうだろうということを、わたしは時として、ほぼ理解した。ただ、ここでは分析はあまりに概略的で、後に続く者にゆだねなければならない。分析が疑わしいというのではない。反対に、その道が正しいことはわかっている。ただ、それはやっとたどられはじめたばかりである。

それは砂漠のようなものだ。わたしは自分が縦横に踏みにじった思考体系のこの部分の観念を与えようとした。最後に、わたしがもっと知られるべきだと思っている定理、すなわち「自己意識、経験的に確立された自己意識は、自己の外にある事物の存在を証明するのに十分である」ということ、これを証明している定理を、を忘れることなく。それはわたしがこの証明そのものを十分理解したというのではない。それは、証拠が命題から力を奪ってしまうことを、わたしが認めた唯一の場合ではないのだ。おそらく、人はみんな、自分の輪郭、自分の思考方法、自分の問題意識に従って、証拠を自ずとこしらえている。だからわたしは、自分には画期的に見えるこの定理についてコメントするたびごとに、かならずテクストから大きく離れた。だが、それは、現実にそうだというよりも見かけ上のことだったのだ。周知のごとく、わたしが自ら獲得した意識の観念——いつも危地に陥り、いつも自己を克服し、世界がもたらす証拠を、いな、もっと言えば、この世界がもたらす証拠の雨を、いつも否定している意識の観念は、すなわちプラトンに由来する、堕落と救いとからなるあの思考運動はすべて、そのたびごとにいっそうきれいな世界、いっそう純粋な、絶対的な意味で実存在に還元された世界をあらわしている。この世界はまた、この実存在の唯一の類型《かたち》なのだ。この点では、わたしはカンチアン〔kantien. カント主義者〕だった。この点においてわたしは、後に、カルテジアン〔cartésien. デカルト主義者〕だったとわかった。当時のわたしのカント理解に戻ると、「超越論的弁証論」は「分析論」と比べたらそれほど重要ではなかった。あらゆる認識が経験から生まれていて、そうして対象に即して、形式、カテゴリー、観念の全機能が働きうることを理解した時から、すべては解決されていた。こうして純粋観念による、すなわち内容にかかわらない、すべての可能な論証は、それ以来、わたしのなかに穿鑿心が生まれるのを待つばかりとなった。

ではいったい、どんな結果が出てきたのか。思うに、それは計り知れない。この人のほとんど訪れない高みから、わたしはまた、自分の問題へと真っ直ぐに下りる。われわれのまわりには、いかなる政治《ポリティク》があるのか。人びとは解放された、なるほど。しかし、宗教も哲学も理解しようとしない。思想家たちがすべて、多かれ少なかれ裏切っていることは認める。彼らは多くのものをカエサルに帰している。あまりにも多くの偶像《イドラ》が壊されたと思っているわけではない。結局、革命的思想は存在しないのだ。もっとも教養のある人びとはマルクスに飛びつき、あまりよく知らないヘーゲルでもって、マルクスを説明しようとする。またマルクス自身、しばしば、ヘーゲルの論駁にあまりにも性急だった。そのことにはあらためて言及するだろう。革命的思想家と言えば、それはカントである。カントは自由な精神の人たちから、まったく忘れ去られた、いな、軽蔑された。カントは、宗教と道徳の最後にあらわれた救い主にすり替えられてしまったのだ。そういう見かけは十分ある。もっと詳しく見る必要があった。精神は人間の事実なのだ、いな、人間の機能なのだ。わたしがあかししようとしたように、その機能と、すべての妥当な認識のなかに含まれている形式とはまったく別のものである。それを疑う者はここで、激しく頭を振るけれども、彼が頭を振るのは問題をよく知らないからだ、と言いたい。精神は根も葉もない仮説ではない。それは人間の固有の機能である。形式、カテゴリー、原理、観念というのはわれわれの持っている世界認識の確かな要素である。これらの要素というのは、幾何学がたんなる技術的経験に属さないことが疑い得ないのと同じように、疑い得ないのだ。なるほどその反対が何度も論証されるだろう。なるほどすべての問題が理路整然とした唯物論によって解決されるだろう。そういうことは可能である。プラトンを見るがいい。そこに飛びこむことは、哲学そのものを知らないことをあかしすることだ。カントの「批判」から導かれるような精神は、「教師」ではまったくない。いわんや「奴隷の教師」ではない。反対に、平等を確立するのは自己克服である。自分が「精神」であることを知る者は、すぐに真の平等を確立する。自分が精神であることを知る者は、自分が自由であることを欲し、古代の賢人たちのように、日常の必要をはるかに超えて自己を高める。この叡知はしばしば、革命の首領たちのなかにある。なぜなら、この叡知は教義よりも強いものだから。またしばしば、信奉者のなか、隠れた者たちのなかにもあるから。しかし、この叡知は、本能以外でない。精神は唯物論と宿命論によって占領されて、そのとき精神は、わたしが間違っていなければ、省察〔反省〕を自分の内なる敵とみなし、学僧たちにも似て――実際、彼らはいかなる現実的な問いも措定しなかった――、テクストと博識に酔っている。はたして唯物論と決定論は、カントの「批判」の坩堝《るつぼ》から、精製されたふたつのダイヤモンドのように出てきている。前述した悟性の原理は、もっとも厳密な唯物論の規範をなしている。

それらを、もう一度取り上げて、四つにまとめよう。そこには何があるか。第一は、すべての可能な経験の対象は量り得る量を有していること。第二は、すべての対象はある性質、ある程度を有していて、真空は存在しないということ。第三は、偶然もまた、存在しないということ。起こっていることはすべて、変化のもとにある不変なもの〔エネルギーのようなもの〕によって、原因から結果への不可逆的移行によって、世界のあらゆる変化のあいだの相互作用や相互的依存関係によって決定されている。第四は、可能なものは経験の埒外では何物でもないということ。存在は感覚《サンサシオン》によって、はじめて知られる。そして必然は、つねに仮説であるということ。もとより、この表現は、人を十分納得させることができない。それは人がほとんど行かない道を示している。では、そのとき、「精神」については何が言えるか。この輝かしい存在の塊と対照的に、精神は、意志なくしては決してもちこたえられないあの叡知の創出者、恒久的支え手として自己自身を知る。賢者の甲冑《かっちゅう》である唯物論を、愚かな者たちのあのもうひとつの唯物論から、救い出さねばならない。これについては、大衆に媚びたある人が、ある日、こう言って要約した。「俺の戦術は、俺のスープと俺のベッドだ」。そのことから、わたしは、モンマルトルで苦々しくわたしに、「天文学。なるほど、それも結構だ。パレ＝ロワイヤルの大砲は正午きっかりに、太陽の光を浴びて発射する。それは結構だ。しかし、それがすべての人びとに昼食のスープを与えてくれるだろうか」と言った社会主義者を思い出す。まさに、与えてくれるのだ。もしもそれぞれの人が、天文学によって、あるいは何か別のしかたでもって、自分が精神であることを知ったならば――。なぜなら、ある人間は、そのスープを、すなわちそれがなければ本心を漏らすスープを受ける権利がないことなど、だれも知らないだろうから。われわれはその代わり、動物は、ちょっと状況が逼迫しただけで、何の容赦もなく殺され得るし、いな、殺されねばならないことを、あまりにもよく知っている。動物は――。はたして、どうして人間がそうでないと言えるか。なぜなら、一顧だにせず手段とみなされた人間たちを殺戮するあの戦闘精神を、正義を主張する人たちのなかにもわたしは見ているから。「君自身のなかでも他のどんな人においても、決して人間を手段とみなしてはならない。つねに目的とみなせ」。これはカントの格率である。実践の格率であって、これはどんな学説に対しても価値を失うことはない。この生き方に徹することができる。すべての唯物論者が最後にはそこに行くと、わたしは信じる。わたしが明示しようとしたのは、この生き方は、もし最初に、自己が精神であることを知るならば、自己が精神のくにに属するものであることを知るならば、なんでもないことであり、あえて言えば、それは柔和なものだ。ここには、わたしが真の神秘哲学と呼んでいるものが、あらわれている。それは、推察されるように、友人の教諭たちに極度の疑心を抱かせている。彼らが疑わしく思うのは正しい。しかし、わたしが自分の思想を何ひとつ隠さないのも間違いではない。だって、どうして隠さねばならないのか。神の秩序だろうが人間の秩序だろうが、そのような義務に少しでも反対しうるものはない。われわれが問うているのは今日の問題・明日の問題なのだ。まったくたしかに、「マルクス主義」はその発展のなかで、どのような自由の教義も、「人類」の教義も、戦争の教義も生み出さなかった。この点においては、もしそれを意識していたなら、教皇のほうが勝っていただろう。しかし、教皇は個人救済のテクニシャンにすぎない。

　今、わたしは急いでカントの「義務」観念を見よう。カントはすべての人の学問を対象として考えたあと、批判的方法によって道徳を省察した。ただ道徳を明晰なものにしたいとだけ考えて――。仮定によってわれわれの行動を規定している仮言的命令には、だれも驚嘆しないことを知ったカントは、詳しい検討によって有名な「定言的命令」に到った。これは仮定を認めないもので、嘲笑された。嘲笑するのは勝手である。しかし、誤らないことが大事だ。ところで、もし現金出納係が、ただ逮捕され罰せられるのを恐れて盗みを控える時、彼が正直であることが、あかしされているというのなら、わたしは武器を捨てる。もしある人が、結局のところ、真理を求め、真理を教えるのは自分自身の利益のためである時、彼の真理に対する愛があかしされているというなら、そうだというなら、わたしは武器を捨てる。もしある人が、自分を裏切りたくないという思いだけで、正義を実現している時、彼は正義の士であることが、あかしされているというなら、わたしは武器を捨てる。もっと性急に論を進めさせていただく。いっそう明晰な例によって、この分析をくりかえす。わたしはある組合の書記であるとする。わたしは裏切ることができる。そんなことはまったくたやすい。わたしは何も書かないことができる。そして組合幹部たちと話し合っているふりをして、彼らが欲しがっている交渉、計画、首謀者についての全情報を与えることができる。これらのことはほのめかしただけでわかるものだ。組合幹部はわたしに名誉のようなものを配慮するだろう。しかしながら、わたしはまだためらう。なぜなら、秘密が知られたら、人はわたしを糾弾するだろうから。疑われただけでもわたしは、名誉と利益さえも期待している、民衆の頭《かしら》という仕事のなかで囚われるだろう。徳というのは、このように結果を計算することを、内容とするものだろうか。そうではない。なぜなら、もし徳が、そのようなすべての条件の評価から出てくるとしたら、それはもう徳ではないと、普遍的判断はまったく躊躇することなく、宣言するだろうから。徳は仮定を含まない他のモティーフによって決定される。いったいどんな？　誠実のための誠実か。原理のための原理か。動物に堕することを欲しない人の絶対的名誉か。自分に対する誓いと結ばれた名誉か。選択し、誓った思惟に対する尊厳か。これらの言い方はすべて、同じ価値を有するものだ。では、その本質は何なのだ。理性か。そういってもいいかもしれない。なぜなら、普遍的理性は状況によって決まるものではないから。しかしながら、あまりに多くの罪悪にその名を貸したこの円熟した人物（理性）には気をつけよう。なぜなら、都合の悪い証人、あるいはあまりにも立派に武装されたライバルを排除するのは国家理性であるから。わたしはむしろ、「精神」である人は、自分が「自由」であることを欲し、そして自分を再び奴隷にするようなすべての条件を拒否する、と言いたい。なぜなら、いちばん有利なものを選ぶのは立派なことだろうか。また、裏切りの代価があまりにも小さいようである場合、その時、リスクに応じて、心の奥では裏切りながら、恐怖から忠実であろうと決心するのは、立派なことだろうか。そうではない。人間はだれであろうと、人が馬具に対してもつあの自由な拒絶を、幸いにも知っている。ある人は殺人をしたが、自分の命を救うために裏切ることを拒否する。真の名誉はしばしば、不思議なはたらきをもっている。この世の何ものも、仮定にもとづく罪悪である戦争さえも、名誉なくして行われないだろう。さらに付言するならば、自分が「自由」であるのを欲することによって、動物がきわめて敏感に反応するさまざまな理由を拒否することによって、その時、人間は省察のなかで「真の理性」、すなわちどんな審判者でも正当と認める理性に従っている。自由の至高の営為は、正しく考える条件なのだ。さらにもう一度、このことを知るがいい。

最後にわたしは、すでにやってきたように、こう結論する。自由は何ものでもないこと、そして、すべての人は仮定によって、あるいは鞭《むち》によって導かれていることを心のなかで決めている者、そういう者はあらかじめ、すべてのことを裏切っている——。なぜなら、教員組合員の努力が悲惨と死以外の何かをもたらし得るなどとだれが言えるか。それを言うのは経験ではない。もう一度言う、わが友よ。君が何をなしたにせよ、君が何かに忠実である限り、君はそのことだけで精神なのだ。はるかこんな処まで、わたしを連れていったのだ。ある日、靴直しの判断における正直な人とはいかなるものであるかを、知ろうとしたこの地質学の教授、カントの恐るべき炯眼《けいがん》は——。カントはそこで何をなし得たのか。意識がダイヤモンドのように輝いている。わたしはそこで何をなし得るのか。今また、あらわれているのは「精神」なのだ。「精神」が永劫に虚偽のさまざまな徳と、そこから出てくる仮説に対して裁きをくだした、そしてそれらを軽蔑したのだ。「人間精神」と言っても、「絶対精神」と言っても、「神の精神」と言っても、いつも同じことを言っているのだ。ユゴーの偉大な唇は、疑り深い人の静謐さをもって「自己意識、すなわち神意識」と宣言している。なぜそのことにまったく恐れおののかないのか、たっぷりと説明しよう。もしある人が、一二歳の時から六七歳まで不信仰な人だったとしたら、それはわたしのことにほかならない。わたしは確固不抜たる不信仰者だ。だから、わたしの証言は人の関心を惹くに違いない。

わたしはカントをはるかに超えていった。でも、いつもカントに戻ってくる。あの融通のきかぬ善良なカント主義者ルヌーヴィエは、わたしの教師の一人であった。教室で、彼はわたしに多くのことを教えてくれた。わたしはペンを手にしながら彼の論考を読んだ。その時わたしは、教養について正しい観念をもつようになった。しかし、『批判』に対して彼が与えている批判については、まったく従わなかった。ただ、彼が改革しようとしていることを再検討する必要があると思っただけだ。その代わり、自由の問題については、彼から何かを学んだ。すなわち、厳密には自由を証明することなど不可能であること、いつも自由を欲しなければならないこと、そういうことは、自由の本質に属していることである。わたしはこの観念に計り知れない発展を与えたが、これは、もとはカントのものである。

わたしはまた、カントの改革者として有名なアムラン〔Octave Hamelin, 1856–1907. 高等師範学校およびソルボンヌ大学の教授。その哲学を閉じた体系として、すなわち、われわれの認識の全要素の純粋に合理的かつ論証的な説明として展開した稀有のフランス哲学者のひとり〕を挙げるだろう。彼は、わたしが今想起している時代に、魁偉《かいい》な論書『表象の主要原理について』を遺して死んだ。世評によれば、彼の名声は高かったから、これはカテゴリー表であり、しかも厳密で体系的なものであるという。わたしはその論考に飛びついて、『ラ・ルヴュ・ド・メタフィジック』誌のなかに書評を書いた〔アムランはすでに亡くなっていた〕。それ以来わたしは、手持ちのその本を、すり切れるまで何回も読んだ。時として、わたしはこの思想の奥義を理解したと感じた。それはラニョーの思想とともに、同時代の思想のなかでわたしが真面目に受け容れた唯一の思想だ。あえて言うと、わたしはそれが真実だとは決して信じなかった。あれほど聡明で、あれほど見事に構築されているライプニッツについても、やはり同じことがつねに起こった。ライプニッツを読み、読み返し、時として彼の思想に深く入り込んだこともあったが、「でも、これはそうではない」といつも思った。アムランによってわたしは、ほぼあらゆることについての予料〔予見〕と光を見た。そして最後には、自由な人間の神学はいかなるものでありうるかを、見た。彼を、後に出てくるヘーゲルと比較するとき、わたしがそのことについてどう考えているかを、もっと容易に説明できるだろう。とにかく、わたしがアムランを読み、そして読み返した後、カントに戻ったのは事実だ。カントにとどまるためではない。そうではなくカントを壊すことなく、カントを、あらゆる方向に拡大するためだ。そしてヘーゲルからもまた、わたしはカントに戻った。わたしがいつもプラトンに戻っていることは、すでに告白した通りである。事実、わたしは『国家』を、善良ではあるが十分な素養のない教員組合員に読むように与えた。わたしはそれを後悔しなかったし、彼もであった。わたしがここで書いているのは多くの人が考えていることだ。しかし、それをあえて言う人はほとんどいないだろう。それほど、裏切りの非難はたちどころに浴びせられるし、恐れられている。ただそれを考えただけで、自由の躍動がわたしを拉《らっ》し去る。友愛がそれに続く。ほんとうに続く。平等は到るところにある。つねにある。まるでわたしの思索の空気のようなものである。

コント

わたしは今、オーギュスト・コント〔Auguste Comte, 1798–1857〕について、多くのことを言わねばならない。なぜなら、彼はプラトンとは反対であるのに、わたしは彼によって、ほとんどプラトンと同じような崇高な着想を抱いたから。わたしが『実証哲学講義』六巻と『実証政治学体系』四巻をわたしの机の上に、自分の前に置いたのは、パリに戻ってからであった。これら一〇巻の書物は何度も読まれ擦り切れてしまった。いまなお蘇ってくるほどの情熱を傾けて読まれたのだ。この師とプルードン〔Pierre Joseph Proudhon, 1809–65. 社会主義者。アナーキズムの創始者〕とのあいだにはどんな比較も見いださない。しかしながら、プルードンをおおいに読んだ。そうおおいに――。でも、読むたびに、いつも、激昂した。読むたびに、いつも、不信感を抱いた。「財産は窃盗である」といった言葉はずいぶん人を騒がせたものだが、これを聞くたびに、わたしはぞっとしたものだ。革命のパースペクティヴがどんなに遠くまでおよぼうとも、それに戦慄したからではない。ほんとうに、ふたつの術語を、よくもまあこんなふうに結びつけるものだと驚かざるをえないからだ。財産は本質的に労働と結びついている。それに対して、窃盗の定義は働かないで手に入れることなのだ。またおそらく、図書館や百科事典から引かれた前置きからも、不信感を抱いた。そこには語源と、受け売りのさらにまた受け売りの話がでっち上げられている。白状すると、わたしはプルードンや彼の愛好者たちを、不誠実な精神と解さないわけにはいかない。しかしなんという才能だろう。ただし、あらゆる点においてオーギュスト・コントはプルードンを圧倒し、彼を小学校に送り返す。プルードンはかくも読まれ、コントはかくも読まれない。不当な話で、まったくやるせない。

コントをサン＝シモン学派に近づけることは、もうひとつの不正を犯すことだ。わたしはコントのなかに、あの分配の社会主義の痕跡を見いだせない。まったく見いだせない。そのような社会主義は一九世紀のいかがわしい創出であり、その結果は人のよく知るところである。最後に、コントをコント自身から切り離すことも、わたしの癇《かん》にさわった事柄である。この分離は幾度となく、恥知らずにも、テクストに反して試みられたものだ。わたしによれば、ラディカリスム（急進主義）があれほど軽蔑されるのも同じ理由からなのだ。反動的でも強権主義的でも帝国主義的でも社会主義的でもない政治の観念のみが、何ものにも囚われない心をつくり出す。だれもけっしてそれを望まない。だれもみんな、最後はそこに行き着くのに。はたして、今度こそ、コントとともに、その試みは真剣だった。ポリテクニシャン的な学問の上に、そしてどこにも比類を見ないような教養の上に基礎づけられていた。この美しい体系が繰り広げられるのは、決然として神には到らない領域、すなわち神々のレヴェルであった。ちょっとでも譲歩したら、もはや希望はなかった。差し迫った問題だった。身近な問題だった。たしかに、「ユマニテ」〔Humanité. 卓越した人間性。古典。すぐれた文学作品〕があらわれてきたのだ。核は到るところに形成された。わたしの想像するところでは、コントが純粋の文士たちと呼んだ人びとの大きな恐怖があった。こうして、なぜ、すぐに到達した栄光が、しかもヘーゲルのそれにも比すべきものであったが——というのは、その時、エリートがまた学び始めたからだが——その栄光がまたたく間に崩壊したかがよくわかる。今では実証主義の徒党《シャペル》は、もうあえて思索を究めようとはしないようだ。これらの正直な人びとは両手《もろて》をあげてわたしを迎えた。しかしわたしは、宗派《セクト》を恐れる。

ここでわたしは、自分がコントに何を負っているかを、言わねばならない。わたしのいうのは、調整し完成し適合させる思想ではない。それ自体において豊かな、現実的な、外部をはばかることなく内部に深く掘り下げてゆくことのできる思想のことだ。そこからふたたび光を見る時、人は時宜にかなっているのだ。いな、先んじているのだ。こうした不思議な状況によって、わたしは自分の思考を再認識するのをやめなかった。では、コントについては何を言うべきか。

まず、「ユマニテ」の歴史。これによってわたしは、歴史の啓示を受けた。わたしはそこに、ヘーゲルの歴史のなかよりも、もっと多くのモンテスキュー的なものを見いだしている。ヘーゲルの歴史もまた、美しいもので、わたしは後にそれを知ることになる。多くのモンテスキュー的なもの。それによってわたしは、自分のたいへん気に入っているある何かを、理解するというのではない。そうではなく、ある厳密さ、地に足をつけていること、そしておそらくは、人間の歴史を正しく導くことのできる視座を、理解するのだ。なぜなら、わたしはヘーゲルのなかに、終わることを欲しない一種の中世を感じるから。それに対して、コントは全過去を大胆に創出し、自己の前に繰り広げている。この歴史のなかで、まずわたしを照らし出したのは、諸宗教の過去と未来であった。なぜなら、諸宗教がすべて思想と同時に、生まれていることを見たから。また、まったく新しい教説として、われわれのあらゆる概念は例外なく、始めは、神学的であるというあの観念を再認識したから。そう言ってよければ、これは正鵠《せいこく》を射たものであった。われわれの思想が何であれ、思想の進化のかたちを省察するならば、最初の認識は、言わば人間の不分明さ、人間の社会の不分明さでもって覆われたものであったに相違ない。人間の社会とはすなわち、ある意味で人間がそこにおいて、はじめて、人間を認識した薄暗き仄《ほの》かな磁場《ミリュー》、またそれを通して人間が世界を統覚した磁場であるというのだ。そこから、どこにでもエスプリたち〔精神たち、霊たち〕がいる。また、〔彼らのはたらきである〕社会の諸法則が到るところに存在する。そうしたものどもは星辰や、石や、水や、野や、収穫にまで与《あずか》って力がある。フェティシズム〔呪物崇拝〕はわれわれのあらゆる思想の第一期である。

続いてまた、なんという発見であろう。多神教はたくさんの小さき神々のあいだに秩序を再構築するためのひとつの試みである。しかも当然、体系的な試み。多神教はすでに、力の格付けであり、自然の最初の秩序である。一神教については、これはフェティシズムのあと、文明の黎明期に重きをなすもので、それなりの抵抗を受けた。一神教はすでに、形而上学的精神である。質料《マチエール》なしに思考する精神。社会にも、自然にも、自分自身の、まったく空虚な法則を命じる精神。それは学問のフェティシズムにほかならない。しかし、わたしがいちばん感じ入ったことは、この一神教から、すぐに抽象的で破壊的なクリティクが生まれるのを見たことだ。このクリティクは自らを純粋と見ていたある思考体系《システム》の不純さを非難したのだ。神は決して、それほど首尾一貫した、凝集したものではなかった。そこからふたつの帰結が認められる。第一の帰結は、神の摂理が不易の純粋理性的な法則に変わったことである。これは科学の前兆を示すものだ。科学は、結局のところ神学的な諸原理によってつねに導かれているのだが、慌ててこれを否認するのである。もうひとつの帰結は、一神教は当然、抽象的な独断論と、否定に基礎づけられた恐ろしい政治とに到るはずであり、実際到っているということだ。これがフランス革命だった。

実証的時代は、それに先立つふたつの時代、すなわち神学的時代と形而上学的時代から、容易に定義される。まったく経験的な科学とリアルな政治と人間の宗教とによって。人間の宗教とは、ただ宗教を、宗教そのものがいつもそうであったように呼んだ、それだけのことだ。これこそ、思うに、もっとも臆病な人びとの力量とも、またもっとも大胆な人びとの力量とも合った観念《イデー》なのだ。わたしがここで言うわけにいかないのは、これらの分析に見いだされる、いや増す美しさと、変わることのない洞察力である。中世の理念《イデー》は、まさによく知られている。しかしギリシア世界やローマ世界のそれも、同様によく知られねばならないだろう。わたしが想起しているのは、ただ、民衆の聖処女(マリア)崇拝に関するコントの主張だけだ。そこで彼は、フェティシズム自体、その野心的後継者たちよりももっと真実に近いもので、フェティシズムはここで、われわれ人類の抽象的で残酷な時代に対応した一神教の図式化・単純化に激しく抵抗していることを、感得している。

ここには万物のひとつの宇宙大の物語が素描されている。宗教の、政治の、習俗の、家族の、産業のそれである。科学史はそこから、ある生き生きとした明断さを享《う》けている。数学、天文学、自然学、化学、生物学、社会学という知の系列にまさるものはつくれないだろう。抽象的なものから具体的なものへと進んでゆくのが秩序である。それはまた、さまざまな学知がそれによってフェティシズムから、神学から、形而上学から解放されてきた秩序でもある。コントの時代には自然学はまだ、形而上学的である。生物学は完全に神学的である。社会学はまだ生まれたばかりだ。コントがそれを創出し、それに名前を与えたのである。

同時に、ひとつの新しい論理学、系列の論理学があらわれている。これはわたしの理解では、精神の未来を拓くものである。数学がそれを十分にあかししてくれたように――。少しずつわたしは、教育の実践において、論争的推論に代わって次のような戦術を取るようになったことを、ここで言わねばならない。すなわち問題となっている諸項目を、完全な系列に従って、つまり先のものを後のものによって、また同様に、後のものを先のものによって、説明できるような依存関係の法則に従って、配列するやり方である。時として、中世に関してコントがそれをあかししたように、中間項の確かな決定は、その両端項をあらかじめよく探究しない限りできないこともあった。はっきり言うが、こうした方法の豊かさは真面目な生徒としてコントを読もうとする人には、一歩ごとにあかしされるものだ。この哲学者は物事をはっきり述べる哲学者たち（アリストテレス、カント、ヘーゲル）のひとりであり、ただ読みさえすればよいのだ。いつも奥の奥まで推察しなければならないプラトンやデカルトとは反対である。どちらがよいのか？　それは按排・配剤による。精神の季節である。

コントがわたしを魅了するのは、教義の完璧さ、つまり教義が充実していることである。いっさいが歴史と理性の上に基礎づけられている。たとえば、諸力を切り離すこと。われわれがこれを誤解するのは、形而上学的時代に固有の偏見からである。しかし、この観念とは何か。それは英雄的時代における法王権の観念、すなわち地上的な、この世的な力から絶対的に分離された精神的な力の観念そのものである。精神的な力が確固とした根拠を欠き、この世的なものに支えをもとめている限り成功しえない試み。しかしこの観念は、実証的時代にはそのすべての力を取り戻す。実証的時代には、精神的な力が十分照らし出され、かつ照らし出すので、力による支えをすべて斥《しりぞ》けて、ついには臆見・思惑、すなわち王侯に対する平衡錘《へいこうおもり》をつくり出すのである。このような精神の未来は実際つくられている。精神的な力が王侯によって支払われていない学者たちの周りに、女性たちもプロレタリアたちも一緒に集めるだろうという観念は、非現実的な観念ではない。その観念、すなわち精神的な力の観念からは決して現実のものとはならないものは、しかし、まったく明らかに、欲しなくてもよいものではないのだ。メディアの現状について言われていることからわかるように、自由で照らし出された臆見・思惑は、つねにわれわれを脅かす力の狂乱に対する十分な力となる。指摘すべきは、人間を教える人は、偉大な人もそうでない人も、もはや国家から給与を受けないだろうという思想は、おそらく読者を覚醒させる命題のひとつであろう。なぜなら、周知のとおり、コントは自由な献金でのみ、生きるのを欲したのだから。こうして一生涯、貧しかった。慌ててはならない。こうした金銭の思想はまったく貧しい世界ではあまり重要ではないだろう。それに、はっきりわかることであるが、金銭の鎖は精神のほんのわずかな歩みをも麻痺させるものだ。したがって、国家のもっとも苛烈な改革者たちは、同時に、改革において何も失わないようにもっとも細心の注意を払う人たちでもあるのだ。そこから、われわれの判断における厳格さが出てくる。

わたしがこれまで言ってきたことからよくわかるように、これらのまったく新しい、しかも世に認められていない思想のほとばしりは、わたしを未来のただ中に押し流した。しかしいつもこの世のなかであって、ユートピアへの憧れも望みも抱かなかった。わたしの立場はいつもそこにあった。ではなぜ、たとえば、社会学はまるで茫然自失となって、図書目録のなかに消滅したのだろうか。椎骨《ついこつ》のような観念、すなわちフェティシズムはわれわれのあらゆる思想が誕生した時の自然な形態であるという観念が、反対の、実はまったく愚かな偏見、すなわち、フェティシズムの思想はわれわれとはまったく無関係であるという偏見によって、すっかり圧倒されてしまったからである。そこから、他の宗教にまである狂気の連鎖が生まれている。これにはずっと驚いてきたものだ。これはカトリックの教義を人間の理性ではまったく捉えがたいものと解することで、これこそパスカルが欲したところである。こうして人は、「われわれはそこからはるか彼方にいる」と思っている。わたしはついに、われわれはまだそこに到っていないことがわかった。しかし、わたしが眠りからすっかり揺り起こされるためには、コントのあとにヘーゲルが必要だった。このふたりの詩人は、わたしに、偶像《イドラ》に対する最初の敬虔をすべて、戻してくれたと言える。問題となっているその当時の頃、わたしはまだ形而上学的煉獄のなかにあった。しかしながら、コントはわたしにはっきり告知していた。彼の身につけていた、詩人たちを倦まず読むという習慣によって――。それは、わたしが古代および現代の詩人たちに連れ戻された理由のひとつである。しかしながら、わたしは教育の分化のために、思うような授業ができなかった。教育の分化は、明らかに観念的なものだ。またわたしは、大戦が近くなった頃、男子も女子も生徒が多くなって、また問題もむずかしかったので、わたしはみじめな状態に陥ったことを言わねばならない。その状態は、ほとんど毎晩のように辞表を出すことを考え、翌日になるといつも、その日一日をなんとかやろうとする理屈をこしらえていたほどだった。では、とにもかくにも、この時期にわたしが教えていたことを言わねばなるまい。

闇を彷徨《さまよ》う

精神のはたらきに関する省察はすべて、これらのはたらきそのものを、すなわち、まったく疑いの余地のないはたらきを、内容とするのは明らかだ。こうして、現にいまあるところの科学が、哲学者に主要な対象を、おそらくはもっともすぐれた対象を与えるのだ。地理学と地質学の教授であったカントは、この種の瞑想の模範を遺した。この瞑想は、まず何より、経験にもとづいた知識を想定している。さらにまた、ライプニッツやデカルトも、すぐれた、考慮に値するモデルである。ところが、すでに指摘してきたように、数学者たちは絶対的権力をふるい始めた。自分が通ってきた高度の難問、しかもその背後に身を隠している難問を濫用したのだ。物理学者たちが、続いて、絶対的権力をもっと巧みにふるうに相違ない。要するに、その当時からすでに、哲学者の間に恐怖が支配していた。もっとも大胆な人たちでさえ、いちばん新しい発見の轍《わだち》をたどることを、そしてそれら発見の現場で哲学することを、誓う。それしかなかった。こういうものは結局、まったく意味のないお喋りになるのが落ちである。なぜなら、新しい理論というのは、なんぴともそれらを知悉できないから。乗り越えられ、もう通用しない部分を見抜くこともできないからだ。それに、新しい理論にはそういう部分がかならずあるものだ。哲学者の仕事は、そこで、軽業師《かるわざし》のそれと似ている。わたしはというと、まったく反対に、省察に耐えうるのは古い発見、幾度となく人が経験してきた発見だけである、と確信している。そしてわたしは、カントやライプニッツやデカルトのなか、またすでにプラトンのなかで、もっとも単純な例がもっとも複雑な例と同様、奥義を秘めていることを、感得した。わたしは、何世紀も前から知られているものを、自分なりの方法で、ふたたびつくり出すのをやめなかった。直線とは何か、三角形とは、滑車とは、梃《てこ》とは、釘とは何かと問いながら、それらの理由を発見しようとしたのだ。実験で満足しないで。実験はただ、結論が間違っていないというだけだ。今、この探究について詳しく述べるわけにはいかない。それはわたしの『海辺の対話』のなかに見いだされる。ここではただ、精神の冒険についてだけ言っておきたい。わたしはかつて、精神の冒険によって、当時まったくもって知られていなかった、ある「かたち《フォルム》」を発見するに到った。それは、固体は水のなか、あるいは空気のなかを進む時どんなフォルムを有するか、ということだ。わたしがその問題を省察するようになった頃は、想像力によって、固体を切るのと同様、水や空気を切ると考えられていた。それで、パリ―リヨン―地中海線の機関車は、前方に風切りをもっていた。今日ではよく知られているように、風切りは尖った尾のかたちで後方におくべきである。前方は反対に、丸いかたちをした実にゆったりしたものを与えるべきである。飛行機や車のプロフィールはすべて、実験によって発見されたこの規則に従って、できている。

かなり逆説的なこれらの関係に気づくずっと前に(わたしは当時、田舎に、しかも海岸にいたのだが)、わたしは魚のかたちに思いをめぐらしていた。また、魚のかたちとほとんど同様、自然的である漁船のかたちにも――。ツバメの、先の丸い頭には驚愕した。わたしは新聞でこんな話を読んだ。子どもが一本の針を飲みこんでしまった。針は皮膚のあちらに出てきたり、こちらに出てきた。その際、針はいつも丸い端のほうを先にして、皮膚の下から、外へ出ようと盛り上がってきたというのだ。絶えず動いている、流体のようなフィールドの圧力は、針のあらゆる表面に働くから、この圧力によって針は太った端を先にして動いてゆくはずだ。この事実は、わたしにはすぐにわかった。それは針の尖った先に油をつけてこね回しながら、締めつける時、指のなかでも感じられることだ。針がどちらへ滑ってゆくか、だれでもよく知っている。さらにわたしは、この結論を確認するために、初等力学によって、つねに表面に対して垂直と想定された圧力を、斜面の力を分解する方法に従って分解した。こうした力の分解に従って、帆や風車を分解するのが常だった。この力の分解はきわめてやさしいものである。

それからのち、言わば、それほどまで習慣に反する結論に慣れるために、いろいろな例を省察した。ある太った頑丈な男が、群衆のあいだを突っきって家族を連れてゆくさまを想起した。わたしは彼があとから行く姿も、いちばん小さな子が先頭を行く姿も見なかったのはたしかだ。まったく反対に、一旦太った男が自分が入ることのできる穴を掘ると、先の細くなった尾のかたちに通路ができた。その通路に沿って、妻と子たちは体の大きさの順に何の抵抗もなく人びとのあいだをすりぬけ前進することができたのである。固体のモデルに戻ると、もっとよくわかる。なぜなら、通路を埋めようとする流体の戻りは、物を止めるどころか、いくらか押し進めるだろうから。こうして、後尾の先の細ったかたちは、何かを取り戻すことができたのだ。

最後にわたしは、かたちの変わりやすい物体、たとえば一塊の石鹸を、水のなかで曳いてゆくさまを想像した。前方のかたちが、尖ったようになることも、刃のようになることもなく、むしろ丸く幅のある表面となり、後部が先の細くなるかたちになることを、よく知っていた。実験をしたことなどまったくなかった。この例から、また他の多くの例からも、わたしはあらゆる実験からこのような原理を引き出した。すなわち、できる限り観察を引き延ばし変えてやってみること、そして、できる限り実地試験を遅らせること。これはひとつの新しい観念《イデー》である。それを実際にやってみたまえ。なぜなら、わたしにはそれを厳密に証明することなどできないから。精確に言えば、それは理性の格率にほかならないのだ。

　どういうことが起きたのか。わたしはたまたま、ある信頼できる友人に手紙を書くことがあった。そのなかで、船や他の発射物の未来のプロフィールを描いたのだ。彼はまだ、この手紙をもっている。彼はあるとき、激しい論争のなかで、わたしの主張をあかししてくれた。でもそれはたいした結果をもたらさなかった。それでよかったのだ。なぜなら、人は得意になるたびに、即座に、馬鹿になるものだから。さらにわたしは、予備砲兵だったポリテクニシャンが、持ち前のあの調子でこう言うのを聞いた。「君たちはまったくすごいよ、とにかく君たち独学の人の発想は。砲兵が取り得るすべてのかたちを試みなかったと考えるのだから！」　それでもやはり、大戦のただ中で、おそるおそる後尾を尖らせたデサルゥー弾が使用されるのを見た。このデサルゥー弾は九〇《きゅうまる》式弾砲の射程を約千メートルも一気に拡大させたのである。わたしがここで書いていることを信じようが信じまいが構わない。ただ理解して欲しいのは、なぜわたしが自分に対して、そのような信頼、数学者や物理学者のあらゆる嘲笑をものともせず突き進むほどの信頼をもったか、ということである。したがって、わたしは教育のこの部分にはどんな晦渋さも見いださなかった。わたしは仮説の理論と推論の理論をかなり深く究めた。それは堅実な発展であった。生徒たちはそれを、利用することができた。

ついでに、もうひとつの理論を挙げておきたい。この理論はまさに当時流行《はや》っていたもので、力のある常套句を男女の若者たちに与えたものだ。社会学のことである。わたしはコントによってそれを知った。わたしは厳密な分析の方法を特殊な事例に適用できなかったので、それを華やかな修辞《レトリック》によって展開していた。そのことはわたしの聴講者たちの年頃にはふさわしかった。だから、彼らは十分、社会学的に思考することができた。いな、社会学的以上のものを見いだした。ある者たちがわたしに言ったところによると、コントの名など出さないほうが、なおいっそううまくゆくということだ。ソルボンヌはいつも滑稽であった。

これらの発展は、そして著者たちについての研究は、わたしに確固たる基盤を与えてくれた。そこから出発したわたしは、しかし、ほとんど抜け出すことができないような、途轍もなくむずかしい問題に身を投じたのだ。だれも、もっとも勇敢な人たちでも、まず、そこまではついてこられなかった。デカルトがやっている、神の存在に関する三つの証明の解釈を、挙げることにする。ずっと後になって、わたしはついにデカルトとともに歩むことになるわけであるが、しかしそれは、後に述べるような真に英雄的決断によってなのだ。当時は、わたしは『省察』に耽っていた。『省察』から出ることはなかったのだ。わたしはラニョーの力を頼みとした。ラニョーを発見した。これが実は、いちばん悪かった。なぜなら、わたしはその時、ラニョーに対する崇敬の念にとらわれて、闇を彷徨《さまよ》っていたから。しかしながら、崇敬の念を抱かせるというのはなんとすごいことか。わたしの教えた多くの生徒たち、しかもきわめて優秀な人たちが、わたし自身よりももっとラニョーの弟子となった。この事実ほど、わたしの心を強く打ったものは何もなかった。

もうひとつの問題は、時間をどう捉え表象するかであるが、そこでは、わたしは孤独だった。わたしにはたしかに、カントという後ろ楯《うしろだて》があったが、しかしわたしは不可能なことを欲したのだ。時間について言われたことはすべて、的外れである。なぜなら、時間が現在を超えて流れゆくものとしてしまっているから。とんでもない。時間はイマージュ（表象のかたち）にすぎないのだ。なぜなら、リアルな時間は不断に、パサージュ（移りゆき）をつくり出し、しかも同時にパサージュを消しているから。未来の時間など存在しない。はたして、カントが時間のなかで引かれた一線について省察する時、空間的イマージュの助けを借り、「未来」のなかで、しかも引かれた一線の未来ではない「未来」のなかで――なぜなら、その一線はすでに引かれているから――省察している。同様に、算術的系列が時間のなかにあるのも、メタファーとしてそうあるにすぎない。こうして、純粋の時間を考えようとして、わたしは、自分の対象《オブジェ》を喪失した。そういうことで、冬の朝はかなり暗いものとなった。わたしは闇を一掃すべきだったろう。一掃できたのだから。でも、それをまったく欲しなかった。こうした営為の痕跡は、わたしがその後アインシュタインに対して試みた一種の論争のなかに残っている。また、戦後の「プロポ」もその痕跡をとどめている。これらの観念はまだまだ、熟さねばならなかった。

わたしは今、わたし自身が深めるのをやめなかったふたつの観念に片をつけたい。これらの観念は一歩深めるごとに何か得るものがあった。いな、報酬を感得したとさえ言える。第一の観念は、精神と身体のまさしく境界に定位する想像力の観念である。

わたしは想像力には、すでに修業時代から、狙いをつけていたのだ。わたしはそれを、知覚そのもののなかに見いだした。すなわち、浮き彫り《レリーフ》やパースペクティヴのなかに、いな、場合によっては平面の形のなかにも見いだした。なぜなら、わたしは縦の長さと横の長さを比較・考量することによって長方形を認識するわけであるが、そういう比較は、わたしの見るところでは、たんなる言説《ディスクール》ではないものを内容としているから。想像力のはたらきは形から形へと駆けめぐる。そしてこのはたらきによって、わたしは空間を構築し、さらにまた構築している。空間とは、実際、いつも駆けめぐるもので、まったく実在しないものなのだ。要するに、距離とはすべて、それがどのように把握されようとも、想像上のものである。すでにおわかりのとおり、そこから出発することによって、わたしは幾度となく闇を彷徨うことになる。なぜなら、わたしはその時、或るもの、わたしがかなり戦慄していたものに、出合っていたから。すなわち、想像力は無なるものだ、ということ。わたしは、それは、すなわち想像力は無なるものだというのは、ほとんど想像力の本質そのものに属するものだとさえ言うだろう。なぜなら、不在《アブサンス》は無《リアン》であるから。こうしてわたしは、より豊饒でより実体的《スブスタンシエル》な想像力に戻った。すなわち想起の想像力、夢の想像力、発明家の想像力に——。しかし果実のなかに虫《ワーム》がいた。わたしにリアルな深淵を覗《のぞ》かせている想像力は、しかし、イマージュのなかでは何ものでもなく、結局、墜落の恐怖に還元される時、いったいイマージュは——ただイマージュでしかないイマージュというものについては——どう考えたらいいのか。この観念の探究は困難を極めた。だれもがこの観念を拒絶する。とりわけ、わたしの生徒たちや読者たちが知り尽くしているあの例、すなわち、月が天文天頂よりも地平線で大きく見えるという例において。想像力がここでは事実にもとづいて捉えられている。なぜなら、このような増大は見かけの中にあるものと思いがちだが、見かけの中にはまったくないのだから。しかし、それは、帰結がだれにもよくわかるからだろうか。そして俗説が粉砕されるからだろうか。とにかく聴講者も読者も、わたしの言うことをまったくそのとおりだと認めながらも、他のことを考えようとするのは事実だ。そこで、わたしがここで、またもう一度始めているのを、人は知るだろう。今度こそ地平線における月の想像的な大きさとは何であるかを、人は理解するだろうと考えて――。それは何ものでもない。ではいったい、何だろうか。想像力が、人間の身体のなかで、どこに、あるのかを、求めねばならない。想像力はそこでは、きわめてリアルなものだ。われわれに深淵の穴を知らせる眩暈《めまい》が、実際、きわめてリアルであるように――。こうして、立体鏡《ステレオスコープ》の浮き上がって見える部分にしても危険な、固い物体を前にした一種の戦慄にすぎないこと、そして結局、屋根の上の大きな月もわれわれの身体にまったく内包された感動の結果にほかならない、ということだ。それに相違ない。

そして人はこういうことをよく理解するだろう。記憶の研究は、記憶を画像のように捉えるのであればきわめて単純であるが、あの観念に従うなら、途方もなくむずかしいものとなる。すなわち、だれもが認めない観念、記憶がオブジェ（具体的対象）でないとするなら、記憶はわれわれの身体の震え、あるいは表情法《ミミック》にすぎない、という観念――。人はその時、必然的に、完全な記憶を、すなわちたとえば戸や階段や顔といったリアルなオブジェの再認識を、拠《よ》り所《どころ》とするのは本当だ。おお、なんとまあ、人をつまずかせる新説よ！　わたしはそこでは何もできなかった。幸いにしてわたしは、あらゆる妥協を斥けた。わたしは聴衆を辟易させた。それがまた品位のあるすばらしい聴衆であった。この観念はおそらく、わたしが教えた観念のうちでもっとも豊饒なものである。そのことはわたしの『芸術の体系』からもよくわかるだろう。『芸術の体系』は、まったく、その観念から出てきている。しかしわたしが話しているその当時、わたしが芸術を探究したのは、ただ、本当にたまたま、カントの『判断力批判』を読んだからにすぎない。カントによる美と崇高さの教えは省察に値するように見えたけれども、しかし、わたしはその教えを自分の外に置いていた。そして大戦になるまで、わたしは、あのもうひとつのリアルな想像力の観念を、形成しなかった。この想像力というのは、寺院や彫像や絵画や歌や詩を内容としている。わたしは「真なるもの」に耽っていた。ただ、今ここで言いたいことは、わたしがもとめていた無味乾燥な観念は、それがどういうものか、わたしにもわからなかったが、多くのものを約束していたことだ。しかし、何度もなんどもわたしは、葉陰に、パイプをくわえた髭《ひげ》のある男の顔や、犬の顔を見た。雲のなかにも、タピスリーの絵柄のなかにも――。そうしてわたしは、本当によく発見しているイリュージョンが、まったくイマージュを変えないこと、そして、わたしはオブジェしか語らない、しかも決して欺くことのない赤裸々なオブジェ以外の何ものも見ないことを、確信した。そこから、突如、わたしは「間違う」(se tromper 自らを欺く)という見事な表現の本当の意味を理解した。

信仰

もうひとつの観念も今の観念と無関係ではない。なぜなら、誤る人は何もしないというのではないから。彼はあえて行い、危険を冒す。だからこそ、誤るのだ。判断をくだすことは危険な仕事である。そのことは懐疑論者が十分に言ったとおりである。大胆に突き進むがゆえに真理を認識するのだ。精神はあらん限りの勇気をもとめる。わたしのいう勇気というのは、暴君に刃向かう勇気、あるいは異端審問に刃向かう勇気ではない。この大宇宙によっても、たぶん間違いでもなさそうな数多《あまた》の習慣によっても押しつぶされないような勇気、光がそうするようにこれらすべての雲間をもれる勇気のことだ。しかもおのれひとりの力でもって、いわゆる精神(魂)の力によって、すなわちランプのもとで夜を徹し、ヘーゲルが言ったように夜を昼にする力によって、である。しかしながら、このメタファーは人間の悪意によって粉砕される。精神がいつも精神自身と戦うように仕向ける人間の悪意によって――。その結果、精神(魂)の勇気をくじくものが精神と呼ばれている!

イロニーとは奇妙な視点である。そこから人は、精神がすべて、むなしいものだということを発見する。ところで、いつもイロニーに取り囲まれて、しかも野心家どものなかにわたしの意気阻喪を待っている嘲笑者しか見いださなかったわたしは、彼らと接するときにはかならず息を吹き返し、始めに、素っ裸の精神(魂)の勇気を顕示した。そのため、どんなにすぐれた学者でも、どんなに有力な人物でも、わたしから勇気を奪おうとする魂胆を察知するやいなや、即座に、わたしの思考から抹殺された。わたしがその判断にまた戻ることはなかった。それが「度しがたいオプティミスム」の神髄なのだ。わたしはこうした決断を、始めに、言いたかった。この決断は第一の決断であったから。勇気の無比の師であったラニョーは、わたしの感じたものに名前をつけてくれた。それだけだ。そしてデカルトのなかに、ここではデカルトは師のなかの師であるが、わたしはただ、彼のなかに人間を真実、認識した。ただそれだけだ。

だから、秤《はかり》にかけるようなことは、まったく、わたしの気性には合わなかった。秤にかけるというのは、いろいろな臆見・思惑を秤にのせて針を眺めることだ。わたしは絶対に、意志が合力《ごうりょく》のようなものであるとは思わなかった。わたしの定義では、反対に、ひとつの始まり、あらゆる思惟の始まりである。ひとことで言えば、目醒めだった。わたしの最初の思想は、たいてい、おとなげない、糧食を取り去られたものであったが、わたしはそこでいつも、大胆不敵な一撃こそ、明晰にものを見て何かを始める手段であるということを覚知した。この観念は、おそらく、だれの心にもあるだろうが、それはしかし、最初に抹殺される観念のひとつである。それはすなわち、あらゆる事物が、あらゆる人間が謙遜を教えている、しかも手荒な仕打ちでもって、しばしば、それをやるということだ。そういう謙遜は傷ついた傲慢にほかならない。わたしはというと、幸いにも、われわれを偉大なものにすることしか欲しなかった一思想家〔ラニョー〕を知った。そして彼の天才のなかに、或る暴力をはっきり看破した。それは突如として学説の無数の絆を断ち切り、何よりもまず、その力自体が十全なものであることを教えたのだ。「自己とすべてのものとが、存在するか、存在しないかを、選ばねばならない」。

この崇高な思想は何もないところから生まれた。まさにそれは、悲惨きわまりないものから生まれたのだ。反駁と答弁は悲惨きわまりないものだ。したがって、わたしは、最初の思想とは思考を信じることだと確信した。最初の思想、そして同時に第二の思想、すなわちあらゆる思想である。これこそ、わたしがついに感得したものである。

そんなことはただ、デカルトをよく理解すれば済むことだった。デカルトはこうした点について、まるで神のような執拗さでもって、すべてを語ったのだ。だから人は、あえて彼に従おうとはしないのだ。しかしラニョーは、判断における意志をめぐるあの論争において、見かけ上のものを克服することができた。「形式においてはスピノザが正しい。しかし内容においてはデカルトが正しい」。いかにも簡単なこの言葉が、わたしのなかで今もなお、まるでトランペットの音のように鳴り響いている。わたしはこう思った。「あらゆる困難は、君に勇気がないことから出てきている」と。虚空に身を躍らせる思いである。

何度もなんどもわたしはデカルトを読んだ。読むことをくりかえしたのだ。仕事の必要もあったので。そのたびごとにわたしは精神的に、いくらか高まりをおぼえた。しかしすぐにまた、もとの状態に落ち込んだ。必然というのは、ひどく辛いものだ。事物の必然性、これにはまあ、どうにかついていける。ところが観念の必然性、透明な必然性となると、もはや勇気では埒《らち》があかないのだ。なぜなら、このような卓越した必然を統覚するためには勇気と意志が必要であるのは、苦労しながらも、よくわかったが、しかしこの必然が、すべて、勇気の命令によって支えられているもので、勇気なしではこの必然はどんなはたらきももたないものだという論述は、ほとんど支持しがたいもののように思えたから。けれどもデカルトは、神はいわゆる永遠の真理にさえも囚われない、と言い切ったのだ。それでわたしは、この神はデカルト自身のなかにあることを感得した。なぜなら、それ以外のしかたでは理解しようがなかったからだ。実はそのとき、わたしはデカルトを理解できなかったのだ。わたしは真理そのものを攻撃することによってそこから逃れた。そのことではプラトンがわたしには力となった。本当は、真実でも何でもないあの正しい臆見・思惑というパースペクティヴのもとで――。数多の実例に徴してみて、垣間見たことは、偉大な天才たちは永遠の真理をも壊す術を知っている、ということだ。なぜなら、彼らが到達した地平とは、永遠の真理が、ある仮説に依存しているような地平なのだから。

愚か者にとっては、原子《アトム》はひとつの事実である。賢い者にとっては、それはひとつの観念なのだ。偉大な天才たちの眼から見れば、それはたんなる約束事にすぎない。そのとおりである。たとえば、今後は原子の内部構造など考えないと約束する。すると、原子は分割できないという代わりに、原子は分割しないと誓うのだ。わたしがカントから、数なるものは存在しないこと、数を考えようとするたびごとに、数をつくり出さねばならないことを、どのように学んだかはすでに見たとおりである。12のあとに13がつくられることは、もはやわたしにとって自然なことではなかった。なぜなら、わたしの今までの捉え方では、一二本の棒に一本の棒を加えることによって、ひとつのものを他のいくつかのものに合わせていたから。しかし今は、よくわかった。不可分の本質の全体に加えられたこのシンプルな1は、12の性質を消し去り、いな、その数の「顔」をも消し去り、こうして13という、もうひとつの個体、もうひとつの本質に代わること、しかもこのように理解された13という本質は、たしかに、おのずと出来上がったものではない、ということが――。また、世界中のすべての砂粒はただひとつの数をつくり出さないこと、いな、どんな数系列をもつくらないことを統覚するに到った。このことは、わたしが当然期待すべきであった結論によって、わたしを無限数から解放してくれた。わたしはソクラテスに戻ったのだ。二片の小骨をひとまとめにしても、それらは2とはならないのだ。わたしはむしろ、黒鱈から抜き取られた二片の小骨から、好きなように2をつくり出す。わたしがいつも、2のあとには3を見いだすこと、そしていつも、1と20のあいだには同じ素数を見いだすのは本当だ。しかし、この秩序はけっして既定のものではない。それを構築する限りにおいて、はじめてこの秩序はあらわれる。自然は数をもってはいない。自然は数を喪失する。計算器は数を保持してはいない。それはただ、「しるし《シーニュ》」のメカニズムにすぎない。会計係にしても、ほとんど数のことなど考えない。彼が数のことを考えるのは、考えようと欲する時のみなのだ。拒否するたびごとに、数は消えてなくなる。そしていっさいが、どんな数ももたない自然に戻る。したがって、自然とは「創造の拒否」にほかならない。

　教養のある方々には皆目見当がつかないこのような探究は、実際、妙な研究である。懐疑を遠ざけるいかなる証明も、確かに、そこには発見されないのだから。いな、それどころか、問題は、ラニョーが言ったように、普遍的懐疑論が真であるところまで懐疑を突き進めることだ。この種の砂漠を突き進みながら、しばしば気づいたことであるが、このような思索は強さであって、弱さではない。なぜなら、もっとも見事に証明された命題が、迅速に、明証的だと思われれば思われるほどその有効な論点をすべて喪失するのは、精神の事実であるからだ。このようなやり方でもって、ヴァレリーは、明証性ほど奥義を秘めたものは何もないことを、見いだした。実際、もっとも確からしい思想は、ストア派が好んで言っているあの三つの力〔狂暴な合理主義、穏やかな決定論、情動の認識論〕への絶対帰依がなければ、蒼白となり血の気が失せるだろう。人がおばさんの料理を信じるように、証明を信じているなら、なぜ、このような絶対帰依が必要なのか。いっさいが、こうしてまた、迷信に舞い戻る。しかしわたしは、この点については、母なる観念そのものの実例に徴して、何度もなんども知らされた。なぜなら、信仰の観念はけっして証明をもたないものだから。また、ほんとうに、人は信仰の観念を発見する、それを定式化する、自分の書いたもののなかにそれを読む。だが、それは決して生きてはいない、半ば消された肖像画にすぎない。人が信仰のために祈るのはよくわかる。神秘家がしばしば、かつて知っていたように知ることができないといって自分を呪われたもの、罰せられたものと思うのは、よくわかる。ラニョーはその理由《わけ》を知っていた。彼はその論拠を集めた。そして純粋な懐疑をふたたび執り行い、そこから意志の領野へと飛翔した。わたしはこの思考運動を推し量る。そしてわたしにはよくわかった。恐れてはならないということが――。そして、大地〔この場所は、クローデルによれば、人がそれ以上下降することのないもっとも低い場所である〕に座するまさにその時こそ、人は、そうしようと欲しさえするならば、救いのすぐそばにいるということが――。ただし、それを欲しなければならない。信仰はまったく、意志の「わざ」である。だからわたしは、しばしば、これら厳寒の思索のなかで、勇気を失っている若者たちにこう言ったのだ。わたしは君たちをちょっと助けたい。しかし、助けすぎたらだめだ、と。なぜなら、君らが欲しない限り、わたしが欲することはできないのだから。自分しかあてにできないことを、確信するのは大事なことだ。はたして、わたしの感得した限りでは、もはや知らないというあの経験（ソクラテスは言った、わたしはどうして2に2を加えると4になるのか知らない、いな、どうして1に1を加えると2になるのかも知らない、と）のないもの、すなわち絶望したことのないものは、絶望の淵にあるものに射してくるあの光を知らない。この光は、つくり出された明証である。真の明証である。

しかし人が、おそらくもっとも驚くであろうことは、この絶望は当時、毎日のようにわたしが陥っていたものであるが、悲しいものでも心配なものでもなかったことだ。わたしは実際、地獄に堕ちたもののようでは、まったくなかった。わたしはすぐに自分を慰めていた。無駄な浪費をしなかった。わたしは眠る術を知っていた。今でも知っている。ずっと後のことではあるが、わたしは半ば夢見心地で、実際ある種、夢をみる術を身につけた。青白い観念が動き始め、飛翔させることもできた。わたしはただ待つ。それらの観念を混沌のただ中で――。観念が壊れてゆく、助けるものとてない。それを見るのがたのしい。その様子をみて、わたしはヴァレリーに言った、むずかしいのはつくることではない、ほぐすことだ、と。それを聞くと彼は、跳び上がって、煙草《たばこ》を用いた譬えをわたしに話した。彼は刻み煙草を紙のなかに置きつまんでほぐすのをやめない。しかし、煙草はおのずとつくられてしまう、というのだ。芸術家は巧みに語ろうとするやいなや、本物の教師となる。わたしとしては、こうして考えることに暇を出したあと、すべての自由を混沌のままにさせておいて、突然、まるでトランペットの音でも聞いたかのように目を醒ます。まったく軍隊の業だ。そして、ペンが進みうる限りの速さでさまざまな材料から真理を取り出す。おわかりのように、そこにおいては、言葉が浮遊し、意味の分化がなくなり、新たな結合を待っている。恐れないこと、仕事に取りかかること、自らによろこびを与えること（なぜなら、ほかにだれが、それを与えてくれるだろうか！）とにもかくにも書き、語ること。なぜなら、すべてを賭けねばならないから。今わたしにはよくわかる、一語ごとにすべてを賭けねばならないことが――。しかしながら、自分の苦悩を語ることなど、わたしにはどうしてもできない。苦悩など存在しないのだ。そうではなく、にっちもさっちも行かない時にあらわれてくるのは、一種の無関心である。こいつは困難が増せば増すほど大きくなる。わたしはたいへんいけないことに、不幸な人たちを信用しない。わたしには芝居の音が聞こえる。悲劇の仮面が見える。だから、わたしはパスカルに対して猛烈な論争を仕掛けるだろう。なぜなら、彼は神を強いることを、やめないからだ。なぜそんなことをするのか。何の役に立つというのか。劇場においては、劇場らしい態度でいなければならない。さもなければ、そこへ行くべきではない。

自　由

わたしの探究は、こうして、ほとんど完全な証明とまったくの無関心とのあいだを漂うはずであった。実際漂っていた。判断における自由を論じながら、わたしはほとんど行動から自由そのものを捉えている。それはだれにもわかるはずだ。なぜなら、自分の身体を支配することよりも自分の観念を支配することの方が容易であるとは考えないからだ。不幸な人びとは、自分がそこから抜け出すことのできない観念によって苦しむ。彼ら自身がそれをつくっている。さらにまたつくっている。その観念を棄てさえすればいいのに。どんな幻影もわれわれの判断なしには済ますことができない。よろしい。ではわたしが観念を支配しているとしよう。それはすなわち、生理学的に言えば、わたしの命令によって神経や筋肉や体液が変化するということだ。こうして、観念に対する判断の力よりも身体に対する意志の力をよりいっそうあかしするものは何もない。そのような経験によれば、もはや困難など存在しない（わたしの言うのは、困難な側である観念の側には、ということだが）。わたしが自分の身体を意志によって動かしうると信じることにもはや困難は存在しない。こうして、泳ぐオデュッセウスは思考する英雄的行為にまで高められる。わたしはそうした状況にあった時、あえてこの広大無辺な世界に訊いてみた。そこには運命が書き記されていないことを、わたしはあらかじめ知っていた。これらの問題を、大洋は、われわれにこの上もなく見事に教えてくれる。なぜなら、大洋は、まったく容易にあらゆる人間的感情から浄められているから。逆巻く波のなかに、人がついに見いだすのは惰性である。そして、それ以外の何ものでもない。もはや世界は怒ったり意志をもつものではないとわれわれが考えるやいなや、その時、運命は雲散霧消する。なぜなら、世界のなかに隠されていると思われたあの法則は、そして、死ぬことになるあの定理は、夢想であるからだ。人間のなすべき仕事は、これらの形式を精神そのものに還元することに尽きる。こうしてわたしは、流体についてのわれわれの定理が、油を流したような海にも怒り狂う嵐にも無差別に適用されるというこの論点を、はるかなところまで深めた。したがって、定理の必然性はわれわれが櫂《かい》や帆や舵《かじ》で克服できるものではない。惰性以外、この世の法則は存在しない。広大無辺な観念、たしかにデカルト的な観念であり、魂と身体とをしかるべく分離するやいなや、あらわれてくる観念である。しかしそれが易しいことだと思ってはならない。暗い精神の持ち主は、隠れた性質からそれとわかる。彼らは異端審問官のような目つきで隠れた性質を主張する。しかしわたしは、さらに何度も物理学者たちをからかうことになる。

〔世界のなかに〕永遠になされた創造とか、あらかじめつくられた未来とかを否定しようとする、あの転倒された宇宙論的証明に近づくには、たくさんの方法がある。わたしに有益であった論点のひとつは、精神は待っている潜水夫のように、世界に入る通路をもとめてはならないということであった。なぜなら、精神は世界にあるものであって、われわれ自身の身体がそのことを十分にあかししているから。行動は、わたしがある場所で呼吸することから始まっている。わたしはその行動に従い、それに身をまかせさえすればよい。潮や風に逆らって斜航し、ついに行きたい場所に行く船乗りのように。しかしながら、このような惰性的世界における自由な人間の観念は、人が絶対的な意味で形成することのできない観念に属している。なぜなら、空間の無限、事物の無限というのはわれわれの理解力を超えたものであるから。それにまた、そこからわたしは何をもとめようというのか。自由の行為《アクト》でないような、自由の証明を、だろうか。とすると、ルヌーヴィエ〔九九頁訳註(1)参照。科学としての形而上学の可能性を否定したという意味で、彼の思想はカント思想から着想を得ている〕の言いそうなことであるが、人は必然的に自由であるということになる。これは実際、滑稽である。ゆえに、欲すること、正確には欲しようと欲することに立ち返らねばならない。もっとも、明日にでも何かアメリカ風の証明が永久に自由意志を殺すとか、反対に永久にそれを救うとかいうことを恐れる必要はない、ということを知ることはつねに有益である。

まさにここで、カントの実践的教義をほんとうに深く理解しなければならない。わたしがそれをどう捉えたか言おう。わたしは誤ってわたしの手に入った相当量のお金を返さねばならないとする。それが誤りであることについては、わたしにはまったくやましいところはない。このお金をわたしがもっていても、損害をおよぼす人はだれもいない。〔『レ・ミゼラブル』の〕ジャン・ヴァルジャンのように、だます決心をするならば、スキャンダルにもならない。このような点がすべて片付くと、わたしはいつもあの同じ阿片〔媚薬〕にたどり着く（なぜなら、わたしの落ち着く先はいつもそこだから）。それは、わたしにはどうにもできないとか、あらかじめ定められたように、あるいはわたしの祖先のひとりの脳味噌と酷似した、わたしの脳味噌に従って選ぶだろうとか、その他これに類したことである。これは問題の論点をそらすことであり、自分自身の行動を観客として見ることである。ところで、こうした断固たる態度が過ちそのものであることは明らかだ。もっと正確に言えば、このひとつの過ちのなかには起こりうるすべての過ちが集約されている。そこから次のことがよくわかる。もしわたしが義務をもっているとしたら、それらの義務のうち第一の、かつ主要なものは、わたしを自由であると信ずることだ。それでもなお、人はそれに対して何もできないというのは、それこそがまさに過ちなのだ。「ねばならない」とか、あるいは「わたしはなさねばならない」という言葉に意味があるとすれば、自由は疑いを容れる余地がない。また自由が感得できるものであろうとなかろうと、わたしがそれを観念によってあかしできるかどうかは、まったくどうでもいいことだ。つねに怒り狂っている論争のなかでわたしが見たような、恥ずべき決定論の最悪な点は、その決定論もまた、意志されたものであり、誓われたものであることだ。このような悪魔的態度をわたしが「不誠実」と呼んだ時、わたしは「誠実」のすべての意味を再発見した。よく知られたことだが、神学者たちによれば、サタンは自らの意志によって地獄に堕ちている。ここでもまた、わたしは神学がまったく人間的《ユマン》であることを、あらためて発見するだろう。しかしこのもうひとつの観念は、さらに何年もの瞑想、きわめて狡猾ながら虚心な瞑想を必要とした。その瞑想は突然ある決意によって照らされるが、もとよりその決意はすぐに棄てられる。戦争の動きは、このような騎士的思考に至極ふさわしいはずのものだった。しかしながら、わたしがそこまでデカルトの弟子であろうとは、一九一〇年頃は、まったく思いもよらなかった。

ただ、わたしは自分の仕事から、そして、そもそもカントはまじめに検討するに値すると固く信じたので、この無制約的義務をあらゆる仕方で考えめぐらした。それは煎じ詰めると、信ずる義務、精確には自分を自由であると信ずる義務に還元された。したがって、人間の行為のあらゆる細目は、

「自由であれ」というこの原則中の原則にまったく依存している。それはきわめて厳密に言うと、次のような意味である。「機械的な理由、すなわち習慣、手本、臆見、利害、さらに愛や幸福によってさえも、操られるにまかせてはならない」。

カントが〔わたしの思索の結果〕臆面もなく粉々にされたことにわたしは驚嘆した。また胃の腑で愛することはまだ人間として愛することではない、ということを理解しようと欲しなかったことにも驚嘆した。幸いなるかな、と情愛の深い人は言う、幸いなるかな、自分の義務を果たすまでに感動する人は、と。ルソーはディドロのなかではこの平板な教義を見抜いていた。だが自分自身のなかでは十分でなかった。カントがルソーのなかに何を見いだしたか、また、なぜ彼は雄弁の魅力をうち破るために、時々ルソーを書き写したかを理解した。なぜなら、いまや問題は自分に満足することではなく、むしろ、だれもが考える判断に従い善と悪、義務と過ちとは何であるかをきわめて厳密に知ることであり、この判断の形式を純化して、人間に、ありのままの人間を示すことであるから。そして、他のようにすることができなかったと想定される人にあっては、徳は意味をもたないとだれもが判断しているのは本当だ。他のようにすることができる人は、欲求や怒りの奴隷ではないからだ。はたして、幾たび、理性はわれわれに欲求あるいは怒りの執行者として示されたことだろう。

ここには人がよく陥る困惑がある。それはこの道徳説を一般に教えられている道徳、なるほど実際には通俗的であるが、しかし観念としては通俗的とは言えないような道徳に、調和させようとする時、陥るものだ。なぜなら、そのとき、それに従うならば正しく行動できるような何かすぐれた動機を求めているから。そのような道徳は善に向かって進む。業によって人間は裁かれる。だからだれも文句を言わないのだ。そうだ、だれも文句を言わない、なぜなら、人間は自分自身の命令によって行為するよりも臆見を信頼することをはるかに好むからだ。臆見は伺いをたてるやいなや、すぐに愛想よく調停してくれる。ジャン・ヴァルジャンははるかに困難な状況に置かれている。彼は自分だけしか審判者をもたないし、また理性的行動のなかで恐怖あるいは怠惰がきわめて顕著な影響力をもつことを、見事に見抜いている。「自由であれ」というのは、以下のものを意味する、かつ、以上のものを意味する。善悪の規範をもとめるならば、以下のものである。なぜなら、どんなものでもやり方によって悪くなりうるから。復讐あるいは卑怯の結果は、たとえどんなに祝福されようとも、けっしてよいものではない。その人間の内部を見れば、けっしてよいものとは判断されないだろう。たとえば、わたしはある虚偽の証言をして、専制君主の気に入られる一方で、世間の人びとをある非常に恐れられているやくざ者から解放することができるとする。それは逃避にすぎない。わたしは逃避しながら善を行うことができる。善を、であって、わたしの義務をではない。それがこの教義のパラドクスである。わたしはいつも、この教義の説明が誤っているのを見抜いていた。しかしそれに反して、初めに言った人にあっては、それはなんと明晰で強靭なことか。ここに述べられていることは、まさしく英雄、しかもおそらく今も存在しえず将来もけっして存在しないような英雄である。それは実在する円などけっして〔理念としての〕円でないのと同様である。

最近読んだことであるが、レーニンはこう言っている。原理とはそれに従い人が現実に行動するところの曲線の直座標である、と。そのことはわたしに、まるで稲妻のように、人間のリアルな状況を想起させた。人間は自由であるべき義務を負い、しかもそのことを知って、不屈の信仰を蘇らせながら、つねにそこから眺めている。そして他のことについては、泳ぐオデュッセウスのように、さまざまな力によってあちこちへ流されている。この規則のない道徳、しかしそれなりの原理をもった道徳を、わたしなりの誓いによって、自分に与えようと欲するたびに、わたしは三つの有名な格率のなかでもっとも美しい格率を口ずさんだ。「汝自身においても、他人においても、つねに人格を目的とみなせ。けっして手段とみなしてはならない」。これはもっとも美しい格率だ。他の格率は、普遍的法則とは何かに従ってわれわれを律しようとするが、ここでは原理そのものが不確実になりかねない。ところで、その点においてためらうこと、そして嘘を言うことが普遍的法則になりえないものかどうか探究することは許されている。わたしが言うのは、病人に嘘を言うこと、あるいはジャン・ヴァルジャンに救いを約束すること、すなわち自分が知っている以上のことを約束することだ。この点においてはラニョーの例にならったわたしは、しばしば、父や友人や聴罪師に道徳の細部をまかせた。しかし反対に、自分においても他人においても、自由であることの尊重については、わたしは断固、自分を信頼し、大胆不敵な立法者であった。

いまや、自由そのものを対象としたこのわたしの研究の到達点において、わたしがカントからどれほどの力を得ていたかがよくわかる。なぜなら、自由は彼によれば、義務であって事実ではないから。わたしは教義の中心から自由の冷徹な要請を引き出した。あの問い、「現に見られるような道徳的判断は、いかにして可能なのか」に答えようとするならば、まったく厳密に自由を想定しなければならないということが、わたしにはよくわかった。わたしのなした術は、理解することをはるかに超えたものだった。わたしは人間が人間である促しに、直截に、応じた。そして過ちから過ちへ、なぜなら、それがわれわれの運命であるから、わたしは学んだ。わたしを支配しているのはわたしの力であることを、けっして疑ってはならないということを――。過ちのなかの過ちとは、自分自身を他のようにはなりえない機械《マシーン》として受け入れることである。わたしはこの認識を、わたしのあらゆる経験を通して（戦争はとりわけ、学ぶことが多かった）、ますます深めるのをやめなかった。一足飛びに狂信をその根底から批判して、わたしは何もできないあの激怒と、決断するために憎むあの残酷な方法とを、一神教的怒りと呼ぶのが好きだった。いかにプラトンあるいはカントの人間論が、身ぶりや目の輝きや手でひっかく動作のような永遠な事柄に、たとえば地獄に、しばしば適用されるかを理解させるために、わたしはこの例を、つまりいかにもあやふやな例を、挙げているのだ。人間の奥を見抜くこと、しかもどんな場合にもすること、それは、したがって、人間が自らを信じているところを超えて、人間を捉えることだろう。ジャン・ヴァルジャンと司教との美しい物語を見て欲しい。

しかしわたしの探究は終わりに達したのではない。覚えておられるだろうが、わたしは判断そのものの自由から出発した。すなわちもっとも魂に親密な、かつ貴重な自由から――。わたしはそこへ戻ってきた。ルヌーヴィエのたくさんのパラドクスや、ラニョーのあの雲をつんざく稲妻のいくつかを明るみに引き出した。なぜなら、わたしの考えでは、思考する義務もまた存在するから。思考することはどうでもよいことではないのだ。思考する penser（量る peser）ことは、量る人の役割であって、秤の機能ではない。だからもし判断にあたって、わたしがただどちら側に傾いているかを眺めているだけであるなら、滑稽なことになるだろう。これは卑怯なことであり、わたしはそれを、裁判官に固有の罪である裁判の拒否と称した。そしてわが自称裁判官諸氏のなかに、この愚かな秤の実例がなんと多いことだろう。ほんとうに、必然的なものは何も真実ではない。狂人は正しいことを言っている時でさえ、真実ではない。こうして真実とは、われわれを待っているような、ひょっとすると姿をあらわすかもしれないような、あのしかじかの物ではもはやなかった。実際、もはやまったくなかったし、もはやけっしてないであろう(それを誓わねばならない)。姿をあらわすものは何も、愚かな秤をけっして教えなかった。まったく、否、否。正しく思考することを欲するならば、第一に、そしてつねに、自分の思考を本来そうあらねばならないように導かねばならない。(人格を目的とみなせ。けっして手段とみなしてはならない。)

精神は真理の手段であってはならない。精神は自由であるから、否、もっと正確に言えば、自分が自由であることを欲し、自分が自由であることを決意するのであるから、正しく思考する規則は、考えたいと思うとおりに考えることである。その実例はいくらでもある。ここではデカルトの思索。この哲学者の核心はつねに自分の命令に従って考えたこと、けっして経験によらないで。わたしはそう信じる。直線は存在しない。わたしが直線を欲するからそれを引くのだ。直線が純粋であるのを欲するから純粋なのだ。それを引くこと自体、過ちである。直線はふたつの星によってきわめて美しい。直線を支えているのは精神のみである。われわれのもっともすぐれた思考とはそういうものである。こうして観念の神髄は、自由の選択以外のものではない。すなわち少なくとも審判者としては、けっして依存しないという誓い。数とはそういうものであり、原子とはそういうものであり、エネルギーとはそういうものである。これらのものは、変わることも老いることも許されていない。また経験によって悪い癖がつくこともあり得ない。こうして、たとえ天文学的三角形がそれと一致しないとしても、ユークリッドの三角形を棄てないことには、たんなる便宜以上のものがある。アンリ・ポアンカレ〔Henri Poincaré, 1854–1912. 数学者、物理学者〕はわれわれにそれを信じさせようとしたけれども。しかし彼も面白半分だったと思う。この思想家は自由であった。しかし彼は自分の同胞たちをけっして尊敬しなかった。おそらく、彼は自分に並ぶものを認めなかったから。この書物〔『科学と仮説』〕で、しかもすべてのページできわめて直截に攻撃されているプラグマティズムのことを、心の衰弱に帰せられるべきものであると言ったのは、彼自身であった。このように天才とは、結局、支払うべきものをすべて支払うのである。

こうした準備をすべて整えたあとで、人間を秤に変え、ただわれわれの思考の観客としてとどまりながら、選択なしに考えるか。だが、それはできない。なぜなら、人間が考えはじめた時、関心事は何を考えているかではなく、何を考えねばならないかであるというのは、だれにもすぐわかることだから。彼は武装に身をかためる。その最初の結果は、デカルトが教えたように懐疑である。確実なものを疑うのであって、疑わしいものを疑うのではない、それが精神である。獲得されたすべての真理を捉えなおし、それらをまず、一時的に否定すること。それによって、すべての真理を否定し得ることを知るようになる。それをしなければならないというのは、最高の原理である。ここで、わたしはまったきプラトンを再発見する。

はたして、このことから一大変化がひき起こされる。厳密に言えば、わたしがまだ熟慮したことのなかったような革命が――。もはや真理は存在しない。聖なるものは何も存在しない。尊敬すべきものとして与えられるものを、まず、武器を取るため疾走するように、否定しなければならない。それを破壊し、また破壊しなければならない。再建は行われるだろう。しかし人間の時代に、である。こうして、アナーキズムと呼ばれるものは教義の魂である。だれもがそのことをはっきり感じている。したがって、最悪の暴君とは正しい暴君である、とわたしはしばしば考えた。読者はここまでわたしについてくれれば、ほんのわずかな思考の通った跡にさえ湧き起こる恐怖と激昂の、おおよそのところを計るだろう。秩序の尊重者であることを欲したラニョーも、冬のある日、言った。長い暗中模索を経たあと、こう言ったのだ。絶対的に証明された思想、力ずくで、あたかもそれが生起したということだけから、精神を占有するような思想は、もはや思想ではなく一事物であり、またそれを受け容れるような精神も事物である、と。この意味において、彼は、別な時に言った、懐疑論は真理である、と。厳密に言って、真であるすべてのものを疑うことができるからだ。この思考は人間の思想史を照らし出している。なぜなら、実際、懐疑論者よりも堅固な思想家はほとんどいないから。彼らはまるで貴重な獲得物を護るかのようにその立場を固く護っている。もし彼らが自由に振る舞っているならば、彼らは正しい。もし犬がそうするように彼らの教義にしがみついているならば、誤っている。モンテーニュは、まさに「人間《ユマン》」であるところの、絶妙な審美眼によって、自分の懐疑に少しもわずらわされなかった。それどころか照らし出されている。勇気や節制や正義や叡知そのものについて、彼よりも大胆に、そして確固たる判断をくだす者はだれもいない。思うに、この静かな自由は、その文体に刻まれている。すなわち洞察力の鋭い、斬新な、凄みさえも感じる文体に——。

不屈の自由を内容とする人間の友情について、わたしがどんな観念を抱いているかは、これまで十分述べたし、くりかえしたことであるから、少しだけ示唆する。狂信と不寛容はまさしく、ヴォルテールがそこに見た精神の怪物である。しかし人は、観念の暴君とは何であるか、迫害者とは何であるかを、ヴォルテール以上に理解するならば、彼以上に幸福になれるだろう。わたしは遠くからこれらの存在を呪っていた。けれども近くではわたしは自分の兄弟たちを認めた。そして彼らの激昂は、彼らが論証によって導かれていると認めていることから出てきていることも――。だから彼らは、銃眼に馳せつけ、跳ね橋を閉ざし、めくらめっぽうに石を飛ばすのだ。彼らが強いられるままでないのは正しい。彼らを征服しうる友情の規則はひとつしかない。相手が何を考えているか、つねに考えること、しかも正直に考えること(恐れてはならない!)。これはソクラテスの常套手段だ。自由な人間にふさわしい議論のしかたは、それ以外にはない。敬意を表した議論のしかたも――。これは、また、異端審問の厳格さをも退ける。もし革命家が断固たる行動を取りつづけながら、しかも精神の陽気さを失わずにいられたら、われわれはすでに幾多の奇蹟を見たことだろう。自由な人間は、意見の対立こそ革命の魂であることを知らねばならない。

戦争

いよいよ戦争のところにきた。わたしは出来事や挿話には触れない。思想の悲劇だけを考えたい。だれにとっても戦争は思想の悲劇だったのだから。わたしのなかで、この悲劇は激しく、耐えがたいものでさえあった。死の歌が家々をふるわせた時、わたしは血を見る思いがし、恐怖と勇気とを、同時に知った。最初の数日というのは、自分自身の支配が失われていった日々だった。わたしはただただ怖かった。いつまでもそんなふうでいられるわけがない。たまたま幸いなことに、わたしの年齢の人びとと同様に、旧兵役法か新兵役法かを選択しなければならなかったときも、またわたしを永久に兵役免除としてくれるものであった大学の職務を選んだときも、戦争になったら隊列に復することを自らに誓っていた。ためらう余地はなかった。すべては体力が残っているかどうかにかかっていた。こうして、わたしは四六歳で、軍医大佐の検診を受けて、重砲兵になった。重砲隊〔九五ミリ砲〕はそのまま軽砲隊となって、わたしはウーヴル〔フランス北東部のロレーヌの自然地域〕からシャンパーニュ〔フランス北東部の地方。戦場になることの多い土地〕へ、ウーヴルからヴェルダンへ、と引き廻された。日ごとの危険を眼前に見ながら、あの辛い生活を送ったのである。

さて、わたしはこの三年間の軍隊生活のなかにふたつの部分をみる。到着した頃は、わたしはずっとそこにとどまるだろうと判断した。そして仕事に没頭した。休息の時間になるとすぐに深い眠りが襲ってきたので、そのことを深く考える暇さえなかった。わたしが仕事を身につけたのはその時であった。同時に、絶望から癒された。そうして四カ月めの頃、わたしはこの奇妙な夢から醒めた。自分の慎重さが自分を救うだろう、ということにようやく気づいた。わたしがふたたび思考しはじめたのはこの時であった。でも、辛いとは思わなかった。わたしにはっきり感じられたのは、ほとんどわたしが身を委ねているあの恐るべき権力の輝きだけであった。それも束の間のことで、わたしはそれをなんとも思わなくなっていた。しかし、それ以来わたしは観察し、観照者として思考した。わたしは多くのことを学んだ。プラトンは『国家』のなかで、こう言っている。賢者が真知のなかに耽るのをゆるしてはならない、その囚人仲間たちが閉じ込められている洞窟のなかに力ずくで連れ戻さねばならない、と。この観念に従い、わたしはしばしばこう考えていた。どんな種類の理論家も、年齢に応じたもので、遠くで、冒険のなかで、しかも生涯に何度も、何か命令を実行するなら、多くのことを得るであろう、と。わたしは、二六歳の頃、学生たちに与えられるあの世界一周旅行の給費を求めたことを思い出す。非常に賢明であった大学当局は、わたしをさとして、わたしは自分のポストにとどまった方がいい、この旅行はポストを得られなかった人たちのためなのだ、と言った。わたしがけっして退屈しないのは本当だ。しかしながら、大冒険が折よくわたしをゆさぶったのだ。わたしに与えられた命令は年齢にふさわしくなかったが、これは幸いであった。こうして、わたしは自分のことなど顧みなかった。わたしは敏活に、聡明に勤務した。わたしが気づいたことのひとつは、わたしが非常にうまくやれることは、いつも自分に託されたことである。それゆえ、わたしの精神は見事に均衡を保った。他にわたしの精神の均衡を回復する道があるとも思えなかった。いっときの不平不満や、束の間の怒りはどうでもいい。道徳的判断も問題にしない。それらは全部、すでに書かれている。今はそのことをあまり考えたくない。しかし、わたしは戦争から何を学んだのか。それが問題である。

わたしは命令というものを理解した。なぜなら、わたしが従っていた上官たちは、しばしば無知で怠惰であったが、すくなくとも命令することを知っていたから。命令が彼らの勉強であり、彼らの力であり、彼らの任務であることを理解した。絶対的権力を行使すること、希望を奪うこと、犬のように怒りを投げつけること、しかも同時に知りかつ推察し、たくさんのことを知らずにおき、多くをゆるすこと。とりわけ、命令の執行現場にはあまり近づかないこと、決断が鈍ってしまうから。これらのさまざまな術策に、仕立屋や料理人の俸給の計算の、細心綿密な管理を結びつけてみたまえ。下級将校の観念が得られるだろう。彼にとって銃の照準の修正など気晴らしにすぎない。勇気については、だれにおいても平等であった。すなわち、それはだれにおいても、将校も一兵卒も、不平等であったという意味である。讃歎で身をふるわせることもあれば、恥辱で身をふるわせることもある。そのために、だれも自慢しなかったし、卑下することもなかった。これらの指摘はすべて、書き留められて、安全に、確かな手のなかに置かれた。だから、わたしが『マルス　裁かれた戦争』を書きはじめたのは一九一五年の始めであると言っても間違ってはいないだろう。しかし、この著作についてはわたしの記憶のなかにずっと混同が残っている。なぜなら、多くの章は休戦後に書かれていることがわかっているから。戦陣の喧噪と泥のなかで書かれたまま残っているいくつかの章を挙げるのは容易なことではない。換えたところも修正したところも多い。それは驚くにはあたらない。しかし、修正のしかたはいつも同じであった。追加するか、あるいは始めからやり直し置き換えた。それは好き嫌いというよりもむしろ性分からだ。主題がそういうものであるからそれもよくわかる。とにかく、冒険が終わっても書くことをけっしてやめなかったのは事実である。それはわたしにとって休憩であった。

人間は戦場で見ると美しかった。わたしの言うのは人間と呼ばれるもの、人間たちと呼ばれるものどものことだ。彼らは何も信じなかった。ただ自分の仕事を遂行した、しかも危険のなかでは、もっとずっと綿密に——。砲兵の仕事は照準のそれである。各人はその役割をもっている。もっとも恐れて当然であるときでも、恐れる暇がない。わたしはとりわけ、電話に精通した。これはもっと労力のいる仕事だ。物理学の素養があったため、その先生にまでなった。わたしは架線修理と機械修理の熟練工であった。思うに、わたしは当時存在していたあらゆる方式に精通した。わたしはその虜《とりこ》となった。わたしがやってきた物理学研究が見事に、すぐに役立った例をひとつ、挙げよう。

はじめは、さまざまな電話局がそれぞれ、自分の接地線を、すなわち銃剣を地に刺してつくったいわゆるアースを、もっていた。それで、隣の局が地中で混線すると、そこから一度に三つの声が聞こえることがあった。理工科学校出《ポリテクニシャン》の専門家がやってきて、接地線をたがいに、十分遠くに、引き離すように命じた。われわれの置かれていた条件では、それは長期の作業を意味していた。しかも莫大な電線が要った。そんな時間はなかった。勇敢な人物で立派な実際家である下士官がわたしにそう言った。どうしたらよいか。わたしはそれをちょっと考え、彼に言った。「すべてのアースをひとつのしっかりしたものに集めるべきだ。そうすればもう地中からの混線はなくなる」。彼はあきれた。しかし、わたしを信頼した。そして翌日、すべては何の混線もなくうまくいった。わたしはあのポリテクニシャンがこれについてどう言ったか知らない。わたしが名付けた単一式アースは、急速に到るところで採用された。言っておくと、電話局員ならば、単一式アースは都市の局ならどこでも使っていると答えたであろう。わたしはずっと前から知られていたことを発見したわけである。しかし、それだけでは済まなかった。それから一年後、別な場所で、わたしのまったく知らないあるポリテクニシャンがわたしに配線器材一式を渡した。それは修繕のはじまる前触れだった。彼はわたしに言った。「もちろん単一式アースだ。どうしてかわからんが成功している」。わたしはうっかり、泥まみれの砲兵伍長のくせに、自分はその理由を非常によく知っていると答えてしまった。それでわたしはひどい罵りと、思い切り屈辱的な罵倒を立て続けに浴びた。戦争ではけっして口答えするものではない。すぐに殺されることになる。しかしこのような情念にかられた哲学たるや、なんとすばらしいことか。

ままよ、わたしは自分の秘密の物理学を復習した。そしてそれがきわめて合理的なものであるのを知った。電信を、水をポンプで押して送信に用いるような通信になぞらえて、アースを水の汲み出される水槽のようにわたしは考えた。そこで、たくさんの水槽が管で連結されることによって、ポンプの運動が逐一水位の変化に反響するだろうということが、かなりよくわかった。それに対して、水槽がただひとつで、しかも巨大なものであれば、それらの効果はきっと減殺《げんさい》されるだろう。真実な推論がすべてそうであるように、この推論もぎこちないものであった。こうしてわたしは、ポリテクニシャンたちに対して勇気をもつようになった。

わたしはまた、政治のことも知った。そのため際限《きり》のない思索にのめりこむことになった。わたしの戦友たちは、鉄工や木工の労働者とか、土木作業員とか、農夫たちであった。彼らは何ごとでもきわめて自由に、きわめてシニカル(冷笑的)に語り、できれば逃亡することなど朝飯前と考えていた。

それでも彼らは、やはり勇敢であり細心綿密であった。ところで、一度としてわたしは、ほんのわずかでも社会主義的な人間には出会わなかった。幾度となくわたしは、高遠な思索に耽った。わたしはポアンカレを厳しく批判した。カイヨー〔Joseph Caillaux, 1863-1944. 急進派の政治家〕を評価しようとした。要するにわたしは、ラディカルの本領を発揮した、実際そうであったように。もう一方において、わたしは物理学、いな戦術の問題においても、彼らにとって神託であった。しかしながら、わたしの政治的発言はすべて、冷淡以上のあしらいを受けた。わたしは一度ならず、わたしが秩序の維持と呼んでいるものを、感覚で触れるように認識した。よくわかったのは、彼らはそのリアルな思想を何ひとつ変えないことを誓っていたこと、そして彼らが自らに与えている自由など戯れにすぎないことだ。しかし彼らは、もっと深遠でもっと内省的であるのもわかった。彼らは自由の行使を欲していたが、あまり遠くまで導かれるのは欲しなかったのだ。非の打ちどころのない論証は、すべての論証のなかでもっとも弱いものであることを、完全に理解したのはその時であった。なぜなら、それがやってくるのを見ただけで、人はすべての戸を閉ざしてしまうから。驚くべきことは、このような不信の念はある完全な信頼をともなっていることだ。わたしは将校とかなりの時間を過ごしたが、しかもたいていは気晴らしであったが、告げ口をするなどとはけっして疑われなかった。この類いのものはどこにでもいるように、そこにもいたと思われる。

わたしを知っている将校たちから、わたしが受けた待遇はよかった、いな、あまりによかった。いちばん近かった将校は、頭のいい人間だが恐ろしく気むずかし屋で、この人とわたしは、プラトンとディオニュシオスの喜劇を、ごくこっそりと演じていた。彼のことで不平を言う筋合いはなかったが、この苛酷な嫉妬深い権力を認めるわけにはいかなかった。そのため、冷たい不和が生じたが、退屈してまた〔彼との関係に〕戻ってきた。わたしが知っていた他の将校たち、しかも彼らの仕事を離れて、たとえばチェスの勝負などでまったく懇意にしていた人たちのなかにさえ、兵士をまるで虫けら同然に見るあの権力の濫用をいつも認めた。このような彼らとの関係はすべて、いろいろやってみたにもかかわらず、だめだった。おそらくわたしは厳しすぎたのだろう。戦争という状態は手荒な手段と、人間的《ユマン》なものの忘却とを要求する。しかしわたしは、命令から出てくるさまざまな定理を発見するにつれて、戦争をますます醜悪なものとして捉えるようになった。魂がこのように前もって殺戮されているのだから。わたしはいつもそこにいる。わたしがとどまり得ないことをはっきり感じるそこに、である。その当時は、とりわけ、将来が恐ろしく困難なものに見えた。

困難な、慎重さに満ちたこういったかかわりも、ほとんど無に等しくなった。戦争が軍の伝統に従い秩序化されるにおよび、それらはだんだん顧みられなくなったのだ。電話交換手はその職務を習得した。機械はもう不可解な問題を起こさなかった。わたしは伍長であった。そこで電線に沿って走りまわることもあれば、観測所や戦場を見てまわることもあった。しかし、やかましい上官につかまることはめったになかった。それは罠をかけて捕らえる猟師の生活であった。穴のなかに泊まり、いつでもとび出し、夜と昼と季節に住み、慎重で、自分の時を選び、まだ露のおりているころ、すなわち戦争そのものが眠っているころ、電線に沿って進み、ノウサギやヤマウズラを起こし、雑嚢《ざつのう》には兵站《へいたん》部のグリュイエールチーズやサーディンが入っている。わたしは下士官として、階級章のことなどけっして考えたことのない得がたい友人を、もっていた。しばしばわれわれ二人は、時として電柱を設置する、そして線を広げる一分隊を指揮して、命令も受けず幾日も過ごした。人間でいっぱいのこの戦場は、まるで無人の境のようだ。そして到るところに塹壕《ざんごう》があった。そこからは親しい顔が、また見知らぬ顔がのぞいていた。幾度となく気づいたことだが、見ず知らずの兵士は、彼の持っているものを、なんでも与えてくれる、まず塹壕のなかの場所をゆずってくれる。それに対して、戦友仲間たちは自分たちの権利と相手の権利を考える。われわれに食を与えてくれる料理人は、ビフテキでもジャガイモの唐揚げでもたしかに見つけてくれる。だが、それには取引が必要だ。見ず知らずの料理人はわれわれを歓待してくれる。お礼は話をしてやることだ。わたしは植民地人の料理人をよろこばせるような話をしたおかげで、チーズとコーヒーとブランデーをせしめた。彼は料理人らしいいろんな理屈を述べたあと、最後にこう言った。「手に入るよ」。わたしは彼に言った、「手に入ったら、どうするかね」。彼は膝を叩いて、この新しい文句をくりかえした。今日、一九三五年になっても、この文句はいまなお新しい。

それは兵隊の言葉であった。人はまったくの兵隊になりきる。もはや邪魔をしない。もはや驚かない。人間を見る。いつもしかつめらしい。驚くべき観察者で、天地森羅万象を知悉し、一〇年間トロイアを包囲するために船出している。時には辛辣で反抗する。ソーセージと葡萄酒で機嫌がなおる。どこにでも住み着き、可能になるやいなや大地の恵みによって生きる。わたしは時々、木を切るために馬の御者たちのところへ行ったが、彼らには感心した。いつでもわたしは鹿の腿肉にありついた。まるで彼らは鹿を飼っていたかのようだった。一時、軍団本部では小さな猪を連れ歩くことが流行ったことがある。われわれの観測所にやってきた本部伝令は、(一頭一〇フランで)注文しさえすればよかった。三時間もすると彼らは二頭の小さな猪を連れていた。曳いて歩く人で部隊の周りはいっぱいであった。古くから伝わっている、仔を奪われた牝猪《めすいのしし》の怒りなど、問題にもされなかった。わたしがこの三年間に人間のさまざまな動きを、真実の動きを、また人間の尺度をも学んだことは、おわかりであろう。なぜなら、人間は自然に対する関係のなか、しかも道具で武装したその関係のなかで、地上の王であるから、そしてその手と足によって統治しているから。

人間によって狩られた人間(これがわれわれの置かれた状態である)は、自然なものではなかろう。そこにおいても人間は、他の場合と同じように、策を弄するものだが、さらに加えて、すぐに大げさな表現に走ってしまう。それはたいてい身ぶりによるが、時として黙ってしまい動かない。そこで、彼が神々と人間とを呪っているのがわかる。勇気の蘇りは美しい。人間を超えた荘厳さによって。しかしわたしは、こめかみや目の縁に絶望の影を宿していない戦闘員を、ひとりとして見たことがない。しかしそれが何だろうか。人は何ごとであれ、決心をしている。人間と事物に締めつけられながら、人間は次のような格率を実践しつつ、仕事に赴く。「他人にとってよいことは、自分にとってもよいことである」。「なぜ他人はそうで、自分はそうではないのか」。

わたしは、いみじくも「人間」と呼ばれているこの人たちの間に、仕事に対するリアルな道徳を見た。それに、だれひとり自慢するのを聞いたことがなかった。彼らは凡人の列に並んでいたと言える。この平等は彼らを神々にしていた。もとより、他の神々は存在しなかったし、神も存在しなかった。わたしは自分が見たままを語っている。

当時行なったこれらの省察はもとめられたものでも、せかされたものでもないが、そのなかに、わたしがまだ見とおすことのできないひとつの観念があらわれはじめた。人間を信頼する理由を、無数の理由を、わたしはいつも発見した。ここではさらにいっそう正確なものを見いだした。命令も威嚇もなくすべてのことがなされている平等者の共和国が存在するのを見た。わたしは三カ月間、選抜された一分隊に非常に広汎な権力をふるったことさえあった。時おり命令しなければならなかったが、それはただ愚にもつかぬ礼節上の問題(人をからかわないこと、侮辱的なあだ名をつけないこと)を規正するためにすぎなかった。それはどうということでもなかった。上下の秩序のもとに生活するこうした環境のなかで、年齢はわたしに、紛争を鎮めるためのすべての権威を与えていた。軍務は危険が多く、疲労困憊《こんぱい》していたが、これについては、わたしは教えるだけでよかった。わたしは、分隊のなかの最年少者が伍長の署名だけをもって休養に後方へ去ったことを覚えている。彼はナンシーまで行ったと思う。彼が二日遅れて帰隊したのに、ひとことの言いわけもせず、またひとことも咎められなかったことを、わたしは知っている。ただ一二時間眠った後で、彼は他人の仕事をやりはじめた。わたしは少しゆっくりやるように言わねばならなかった。

そこでわたしはこう考える。つねに武装している怒りとか、つねに眼前に差し出されている死の脅威とかが、人びとを第一線に駆り立てるために必要であるとは、わたしはまったく思わない。反対に、わたしはこう確信している。軍隊の秩序に責任を負う将校が絶えず注意しなければならない危険は、けっして恐怖ではなく、反抗である。反抗とは、つねに屈辱を与えるある命令のしかたの結果なのだ。仔細に見てみよう。屈辱を与えるとは、単に侮辱を加えるとか、時として残酷に嘲笑するとか、単にそういうことだけではない。こうした悪習はあらゆる愛情を、あらゆる尊敬をたちまち消し去るけれども――。屈辱は、もっとはるかに多く威嚇そのもののなかにある。威嚇とは最後のところ、自分の勇気によって戦争のすべてを、明らかに、耐えている人間を卑怯者としてあつかうことになるものだ。この種の不正はけっして忘れられないもので、それは上官に認められた非人間的権力から出てきている。そして上官はそれに酔っている。権力は人間を腐敗させると、わたしはしばしば考えた。わたしはそのとき、それを何度もなんども見た。そして上官たちのためにそれを恥じた。どこからこのような伝統が出てきているのか、よくわかる。フリードリヒ大王の軍隊は、徴兵官によって買いつけられた奴隷の軍隊であった。将校たちは別種の人間に属していた。このような制度から生まれた感情は、わたしにはほとんど想像することができない。しかし闘技場の闘技者のあいだにも、名誉の争奪や団体精神がなかったであろうか。将校というものは、ほとんどいつも、そこに帰着する。しかしながら、わたしは非常に洗練された二人の将校を知った。彼らはあらゆる点で完璧であった。注目すべきことは、彼らは海軍から来た人で、黒い軍服を着用していたことだ。海に浮かぶ船の上では、説得が、そしてまた、おそらく真の友情が必要であることは明らかだ。しかし、乗組員は逃げるわけにはいかないということも明白である。

いま一度、非常に合理的な砲手の仕事に話を戻すことにする。この仕事は遭難救助者の仕事に似ている。しかし、戦いの先端を行く歩兵の場合、反抗の観念や、さらに思案の観念さえも、まず、消し去っておかなければ、彼らを砲火にさらして決死隊に駆り立てることができるだろうか。わたしははっきり「否」と言いたい。しかしまた、侵略戦争というものはまったく野蛮で、われわれの道義に反するように見える。防衛戦争は、いつも必要でやむをえないものであること、それはははっきりしているから、その場合、強制も威嚇も必要ないだろう。ただわたしは、教育と刑罰の方法を抜本的に変えねばならないと思う。

ところで絶対的権力は相当数の人びとによって愛されていて、それを行使するすべての人びとを多少とも腐敗させるものである。そこから思うに、侵略戦争の教義は、根本において権威の教義であり、侵略戦争は何にもまして、まず、軍隊が堅持している非人間的権力の証明である。そして、軍隊が狂気じみるまで誇りとしている非人間的権力の証明である。もうひとつの正しい戦争とは何かというと、わたしには詳しいことはわからない。なぜなら、とくに問題を探究する前に、人間の怠惰と軽薄さとを考慮しなければならないから。おそらくわたしは、そのような正しい戦争が何であるかを知ることに、それほど執着しないであろう。なぜなら、そういう戦争は存在しないだろうと思うから。たしかに、侵略精神が到るところから駆逐され、あらゆる交渉、あらゆる言説から放逐されるならば、平和は実現されるだろうと思う。なぜなら、大言壮語はやさしいけれども、戦うためには相手が要ると思うから。諸国民とは、乱暴な者もいれば、酔っぱらいや、狂人たちもいるという、そういう様々な人たちの様ではない。諸国民は凡庸な人間精神の法則によって支配されている。だから、まったく脅威を与えない国民は、けっして攻撃など受けない。しかしここでわたしは政治に迷いこんでいる。わたしが二〇年来、巻き込まれてきた問題は、純粋にテクニカルなものである。防衛軍、あるいは領土保全のための軍隊とは何だろうか。それが問題なのだ。

軍　隊

この大問題を深めようとするたびに、わたしはいつも、まず、人間について自分が知っていることを想起した。わたしが実際見てきたような戦闘員たちを考えるまでもなく、遭難救助者のことを考えれば十分である。すなわち、危険のまっただ中に駆けつける迅速さ、一瞬の洞察力、周到な用意、ぎりぎりの境位、臆せずしかも命は落とさぬ固い決意、そして最後に、彼らのあいだに確立されている規律。最熟練者が命令をくだし、彼らはそれぞれ平等であると感じている。海上や坑内の救助作業について読んだりしたことを思い出してほしい。たしかに救助する側の者のなかにも死者は出る。彼らは名誉をあたえられ、模範とされる。わたしはここでは、行動においても言説においても、誤りがあるとは思わない。わが身によって代価を支払わなくても承認し、称讃する人は、それにふさわしく謙虚である。救助者たちが生還するごとに、平等が確立される。完全な共和国がしばしのあいだ存在する。これは軍隊の秩序からは、なんと遠いことだろう。軍隊の秩序にあっては、よく知られているように、ひとりの人間の生命などほとんど無視され、将校は平然と身を避けて、寒気と泥濘《でいねい》とからも身を護って、冷酷な意志を堅持しようとする。またそこにおいては、威嚇がまったくあからさまである。いな、名誉はなんの役割も演じない。いな、威嚇は英雄的行為を貶《おとし》めるのが好きであるようだ。指揮官は言った、「指揮とはこういうものだ。まず威嚇、名誉はしかるのちだ」と。これで名誉が生き残るなら、それこそ奇蹟である。しかし、ここでも人間は美しい。彼は軽蔑する権利を買いうける。自分の皮膚でもって支払う〔いのちを与える〕ほかに、何ももっていない彼は――。わたしは何度もなんどもこの喜劇を見た。あえてやることに、克服することに、人がみずから満足していることは言わなくとも。なぜ軍人がいつも勝つのか、よくわかった。しかしまた、わたしはこの問題に熱烈な注意を向けた。わたしはこのとき、自然学者としての自分の思想を味方にした。人間のイマージュがすっかり出来上がってしまう瞬間もある。

反抗・反乱の問題は各瞬間において提起される。しっかり武装した屈強な男の挙動を、突然見かける。彼はいまにも上官に刃向かわんばかりである。しかし人間の生命が浪費される悲劇的瞬間においては、目の前の上官は悲惨をともにする戦友仲間にすぎず、人は身の危険を冒しても彼を助けるであろう。では、それはどういうことなのだろうか。兵士が理解して赦すところの、あらわれては消えてゆく、孤独な、いくつかの復讐心なのか。そういうものは集団のなかでは消えてしまう。敵は、つまり参謀本部の人間のことだが、敵は射程外にいるのだ。兵士たちが戻ってくる時の、なんという罵詈雑言！　上官はだれも、そういう悪口を聞きたがらない。上官はそうした場面には姿を見せない術をもっている。権力は下級の軍人をとおして発動する。そういう軍人の最下級のものが、戦友仲間であり、兵士と同じ泥にまみれている。わたしは反乱・反抗を見たことがない。どうして反乱がはじまったのか、わたしはよく知らない。ましてどうして終わったのかも知らない。ただわかっていたのは、反乱がまたあらわれるということ、反乱は、反抗の手のとどかなかった人びとを狙っているということだ。このような残酷なテーマを少しでも理解しようとするならば、船を考察しなければならない。

いな、実行者の力がこの種の行動のなかで滅びるのを待たねばならないとさえ、言おう。人間は悪しき兵士の水準におちる。それは誇りにするようなものではない。そのことは多くの問題を説明している。

　これらの観念がすべて明らかになっても、わたしの問題はやはり謎のようだ。上官たちというのは、どんなに人間的だとみなそうが、単純な、つねに勝利を収める思考体系にはならないものだと、どうして決めつけるのか。上官を順番にやるという手もあるかもしれない。わたしは否定しない。なぜなら、明らかに指揮能力のある砲兵が少なくとも一砲兵中隊に二〇人はいることを、わたしは知ったから。しかしもっとも根絶しがたいと思われるのは、死ぬことを美しいとする偏見である。これは愚かしい観念である。しかしながら、この観念が何に支えられているのかは、よくわかる。人は海や火とたたかうとき、海が怖がるようにとか、火が怖がるようになどとは考えもしない。反対に、人間とたたかうときは、人間が怖がるようにしなければならない。人間から、恐怖心をあたえる希望を奪うことによって。純粋の自己犠牲は、たとえ何の役にも立たなくても、第一級の価値と力をもっている。しかしあえてやる力は、双方とも同じであると考えるべきであろう。現実の戦闘員にとってはまったく疑いの余地のなかったこの観念は、本当に、ひとつの知恵の始まりである。

　わたしはいまや、上官の急所、大事なその急所をつく。あの滑稽さ、敵が殺すことに倦《あ》きるまで敵にもっともすぐれた人びとを殺戮させるという滑稽を、示したい。また、あの道理に反した正義のいまわしさも。これは間違いなくもっともすぐれた人びとを断罪するものだ。いずれにせよ、それによって正義自身の力が低下する。そのうえ、そんなことはゆるされない。絶対に、それはゆるされない。

死骸で堤防をつくることや火を消すことを考えて、救助隊を繰り出すことは、けっして認められないだろう。どこの国でも、殺人犯をとらえるためにまずもっとも勇敢な警官たちを殺させることを、けっして世論はゆるさないだろう。なるほどそれは、敵の弾薬を消耗させることにはなろうが。しかしそれは、すべての証人にとって戦慄すべきことであり、すぐに罰せられるだろう。わたしにはただこうとしか説明できない。戦争においてすぐに罰せられるのは、議論しようとする身振りそのものなのだ。これらの問題を考えるのはいらだたしいこと、またスタンダールも言うように、無力な怒りは、人間が自分自身のなかではっきり疎んじたがる情念のひとつであることを、わたしは知っている。だから、これらの問題を、腹を立てずに考えてほしい。ただわれわれがとらわれている危険な仕掛《メカニスム》けを、一個一個、分解することによって。残念ながら、わたしが見てきたような将校からは、服装といわず口調といわず、何ひとつ残すべきものがないことを、言わざるをえない。この研究をこれ以上深めることはむずかしい。だから革命家たちも、まるで新しい軍隊は古い軍隊から何ものも取り入れないことが自明であるかのように、そのことには触れない。ああ、ジョレスが言ったように、新しい軍隊は古い軍隊よりももっと悪かった。この仕事はすべて、やり直さねばならない。すべての戦闘員が死んでしまうのを待ってはならないのだ。

赤軍(1)について言われていることが真実なのかどうか、わたしは知らない。彼らはその分列行進のとき、軍隊は防衛のためにのみある、軍隊はけっして攻撃はしない、と書いた横断幕をもっている。人間がこのように、権力の限界と服従の限界を眼前に突きつけるというのは、きわめて重要なことだ。われわれの軍隊が言葉のあらゆる意味において国土防衛軍であること、また国境の標柱を越えた人間は服従から解放されていることが、到るところに掲示されていることを、わたしは希求する。この観念は将校たちをひとり残らず仰天させるだろう。彼らは言うだろう、好きなように振る舞っていい、だが、人間たちが権利を持つという考えだけは、その権利が何であれ、けっして人間たちにあたえてはならない、と。生きる権利が厳かに廃止されるとき、なんらかの権利が存続しうるだろうか。問題がむずかしくなるのは、将校たちだけが有資格者で、しかも彼らはきわめて不適格な証人だということだ。恐怖が悪意に対するただひとつの手段であるのは本当である。しかし、こういう命令のしかたがあらゆる悪意を、またあらゆる詭計《きけい》を正当化することも本当だ。わたしの予測では、自由な軍隊においで命令はけっしてそれほど求められないだろう。おそらく、同じ種類の人間たちによってはけっして求められないだろう。われわれの文明は賢そうな見かけをもっているが、しかしそこにおいてわれわれは、始めから、悪意に信じがたいほどの褒美をあたえている。上官にへつらったり従卒をはずかしめたりすることが大好きな人が、絶対的権力を選ぶことができるのだ。しかもその権力を笑うことは禁じられている。違反者は死刑である。ただこの権力を選択できることだけから、彼はすべての人から名誉をあたえられ、文民の権力を震え上がらせている。彼は公然とその権力を嘲笑しているのだ。そして、彼はどんな対価を支払うのだろうか。二十歳《はたち》という年齢によって戦場に送り出された人びとにとって、まず生命の贈与にも匹敵する危険。しかも年齢とともに減少する危険。この選択はほぼ最悪の野心家たちを残すようなものだ。しかもそれは、とりわけ、文学者によって誉めたたえられた、だれもが模倣せざるをえないようなある人間類型を育てる。わたしはというと、夢想のなかで、いくつになっても、自分を将校と見て、将校として語り行動して、戦記をむさぼるように読み、果てはアレクサンドロスやカエサルを崇敬することをやめなかった。しかしわたしは、権力がその本性そのものにおいて、惑溺と無知とに満ちたものであることをよく知っていたので、食べ過ぎる快楽を慎むように、讃歎する快楽を慎んだ。すべての人たち、あるいはほとんどすべての人たちのなかに同じ感情が認められるので、ロシア人がやったように、一挙にすべてのことを変革しなければならないと思う。彼らがそれを現実にやったかどうか、軍隊についてもそれをやったかどうか、わたしはまったく知らない。こうした別の夢想から、わたしはまっとうな思想に戻る。それは、人は小さな変革しか望むことができないが、しかし、それで十分であるということだ。すでに一度、想起したことではあるが、レーニンは次のように言った。様々な原理・法則とはわれわれの行動の現実の曲線を表した座標軸である、と。したがって、原理・法則、すなわちここでは自由、平等、博愛を救わねばならない。そしてつねにそれを考えねばならない。悪しき原理をゆがめたり弱めたりするのではないのだ。何かここには「はるかな道」のようなものが見えるが、入ってゆくわけにはいかない。

わたしはすでにアプリオリな判断をしている。その当時、すなわち砲兵時代において、わたしは時々、苦い経験を味わっている。上官たちが正しいのはわかっている。しかし彼らが正しいことに我慢がならなかったのだ。わたしは何から何までぶつかってばかりいた。人はわたしが毎日自分を鍛えていた『マルス 裁かれた戦争』の主題がわかるだろう。わたしは何度もなんどもこの本を書き直し、手を加えた。この作品は失敗だった。でもそれは、少なくとも、兵士の真の動機の説明をすることができる。またどうやって反抗が、ついには敵に向かうかを、説明することができる。上官たちは彼らが愛されていないこと、また恐れられてもいないことを、知らねばならない。そうすれば、途方もない傲慢さは終わるだろう。そしてまた、われわれがよく知っている、思考の軍隊的暴力がいっさいを支配しているあの一制度《レジーム》も終わるだろう。あえて言いたいのだ。文学においても、哲学や数学においてさえも命令の精神がまだ、あまりにも重くのしかかっている、と。われわれは軍服を着た隊長に教わっている。わたしも彼らのひとりではなかったろうか。

訳　註

（1）　一九一八年一月から一九四六年二月までロシアおよびソヴィエト連邦に存在した正規軍の呼称。ロシア内戦の最中に労働者・農民赤軍として設立された。

芸術

これらの思索は当時、出口のない闇のなかにあって、わたしをわたし自身の貧困さに立ち返らせることから、わたしはもう疲労困憊であったかどうか、自分にはわからない。あるひとつの偶然がもとで、わたしは別な道に投げ込まれることになった。一九一六年春のことだった。わたしはシャンパーニュから、前線の一触即発の地点であったフリレー〔戦場となった、フランス東北部の小さな村。そこの電話交換局で、アランは一九一六年に数カ月間指揮をとった〕に戻ってきた。ひとりの歩兵が、おそらくドイツ語の学士であったろうが、彼が毎日無線通信士の入手した公式発表を、翻訳するのを助けてくれた。彼は、ある時のこと、有名な「われ思う、ゆえに、われ有り」と似た、ロックの箴言らしい文句をわたしに訊いてきた。わたしは洒落でもって答えていたのだが、彼はこう言い張って聞かなかった。だれにでも読める、しっかりした教科書があれば本当に有益で、俺にはそれを書く時間がたっぷりある、云々、と。この男は消えてしまった。理由は知らない。われわれの翻訳はまったくおかしなものになった。しかし「教科書」をつくる考えはわたしの頭に残っていて、試しにやってみると、思いどおりにすらすら書けるのがわかった。タイミングよく三カ月の入院生活がやってきた。しあわせな入院生活のなかで、一日一章を書くのはやさしいことだった。出来上がった章はすぐにポストに投函された。病院で書いたいくつかの章を見分けることは自分でもできないほどだ。特別なにおいがあるとは感じない。しかし『精神と情念に関する八十一章』のなかのひとつである「デカルトを讃えて」は、塹壕地域に戻る有蓋車両のなかで、まさしく戦火を浴びながら、書かれたのを知っている。この一章は、偉大な人びとに審判をくだす冷徹な技法から、わたしを永久に解放してくれた。まだあまりに教科書風であるこの教科書は、まもなく完成され、できるだけ早く印刷された。検閲されることもなかった。なぜなら、検閲はわたしには我慢のならないことだったからだ。この教科書が戦時中に出て、いくらかの金を生んだ。わたしは著者となった。

この仕事がやさしかったものだから、書いてみたい気になった。わたしは喜劇のシーンをいくつか、素描しようとしたが、まったくだめだった。同じ頃、『ル・ロワ・ポ』(耳の聞こえない王様)というタイトルの諷刺小説を書きはじめたが、完成をみることはなかった。そんなことがもとで、わたしは書いてしまい込んでいた別の草稿のことを考えるようになった。もっとも古いのは『第一哲学についての手紙』という小さなものだった。本当はもっと早くこれを、考えるべきであった。なぜなら、戦争に出発する二日前にそれを読み直し修正していたのだから。そのことは悲劇と言ってもよかった。悲劇は他にもたくさんあった。草稿を二度と見ることのなかったような思想もたくさんあった。爾来《じらい》、まだ紐で束ねられたまま眠っているものが他にもあった。修正するのは嫌だ。他のことを始めるほうが好きだ。

タントンヴィルの幸福な病院の話に戻る。その病院には、長くいる人はほとんどいなかった。わたしも、歩兵たちを羨ましがらせた足のねんざと骨折がなおって、出発しなければならなかった。一週間の休暇のあと、ヴェルダンに帰った。これらの旅は惨憺たるものであった。そういうときには、想像する暇が、そして恐怖にかられる暇がたっぷりあるから。絶望に付きまとわれたのだ。いつも仕事にとりかかっていたので、仕事がわたしを救った。ふたたびあれこれの章を空想した。わたしから、書きうるすべてを引き出すことを誓い、しかも見事にそれに成功した、ある人が、すでにずっと以前から、芸術について書くのを求めていた。わたしは芸術についてじっくり考えたことがなかった。幸運な出来事が重なった。職業軍人であったわが隊長は素人画家だった。彼は退屈していて、わたしの肖像を描きはじめた。それがもとで絵画のことを語り合った。彼はおおいに語った。彼はセザンヌの複製をいくつか見せてくれた。だれでもよく知っている絵はがき(ダ・ヴィンチ、ラファエロ、ミケランジェロ)を送ってもらい、われわれは美術批評家になった。わたしの進歩のほうが隊長よりもずっと早いことに気がついた。しかし、彼には絶対、それを言わないようにした。隊長はほとんど好人物になっていたけれども。様々な原理・法則がすぐにあらわとなった。わたしは書きたくて堪らなかった。まだどんな主題においても出合ったことのないような恐るべき、高度の困難があったにもかかわらず、わたしは書いた章をすぐに郵送した。後から直すようなことは何もしなかった。このようにして『芸術の体系』が生まれた。この本が嫌になることはけっしてなかった。

しかし、わたしがこの主題についてどのくらい無知であったかを説明するのも、それなりの意味があろう。わたしが音楽を愛し、音楽に通じていたことは、すでに言ったところだ。また、自分では何の才能もないと思いながらカンバスと絵具を相当浪費したことも。それに、美術史については何も知らなかった。ルーヴルでは「サモトラケのニケ」にすっかり魅了された。ほかの絵はわたしの上に降った雨のようなものだった。戦争のちょっと前、ミラノのブレラ美術館で「処女の結婚」を見た。これには度肝を抜かれた。しかし、長い間、美術館ではおおいに退屈したので、眠気をもよおしたこと、また記念碑《モニュマン》が嫌いであったことを、言わねばならない。わたしはそれらをいやいや見ていたが、このやり方は間違っていなかったと、いまでも思っている。本当にたまに、スイスやイタリアを旅しても、山や湖や村々にしか注意を払わなかったことを思い出す。習作ノートのなかにはその跡が残っている。そこにはおそらく、美学という言葉は一語もないだろう。文学作品についてわたしは神託を受けた分析を書くことしかできなかった。トルストイ、ユゴー、ルソー、そして戦争の少し前クローデルの『人質』に対してやったように。『人質』は『谷間の百合』『パルムの僧院』『リュシアン・ルーヴェン』『告白』と一緒に、わたしの兵隊時代の書物のなかにあった。しかし文体についてはどんな観念も抱かなかった。文学を絵画と比較するようなこともまったくなかった。戦前のことだが、ときどき玄人たちが、絵の全部ではなかったが、作者たちの名前をまったく知らなかったわたしを、からかおうとしたのを覚えている。話しているうちにわかった。しかし人の意見などまったくどうでもよかった。自分の神々や悪魔たちだけで十分だった。こうして、わたしは芸術の問題に、まったく素手で手をつけた。好都合な立場だ。なぜなら、人が読んでいることも言っていることも知らなかったからだ。それぞれの芸術ごとにひとつの作品があればそれでよかった。それは散歩しながらでも必ず身につけるような知識である。

この問題については若干の指摘をすることになるが、それらはわたしだけのものではない。しかしここでは、ある種の混乱をみとめざるをえない。否、それどころか反対に、まだ混沌のただ中にある一冊の書物の思想を与えたい。混沌《カオス》、すなわち辛うじていくつかの形式が区別され、そして埃《ほこり》が光線を浴びて踊っている混沌のただ中に――。ファンタジーに導かれたこの種の記述こそ、逆に、混乱も不確実さもない一冊の書物に、わたしがつけ加えることのできるすべて、である。芸術についてはふたつの論書がある。ひとつはカントの『判断力批判』。これは読んでいた。もうひとつは、この問題を論じたヘーゲルの講義集。ベナールの仏訳。これはまだ読んではいなかった。少し読めばすぐわかるように、『芸術の体系』はこれら有名な論書のいずれとも似ていない。どちらにも敬服しているが、しかも最高の讃歎の念をもって何度もなんども読んだけれども、やはりそれらは陥穽である。そのように見たのだ。そこに陥らなかったのは、ある意味で奇蹟である。

芸術の問題を「遊び」から論じはじめるのが、哲学者仲間のあいだで流行っていた。この観念はわたしに嫌悪をもよおさせた。そのところから、なぜわたしが、一生涯、きわめて正直な人たちを軽蔑しているように見えたのか、わかるだろう。彼らは共同で研究をし、それぞれの人が神のいない哲学に、控え目な序文と動物あるいは未開人の事実を、若干つけ加えることによって、神のいない哲学を進歩させることができると思い込んでいたのだ。わたしにとっては、ある事物が他の事物であるなどということは絶対、あり得なかったのだ。類似よりも対立のほうが多くを教えている完全な系列を、はやくから、知っていたから。だから、芸術は「遊び」であるというのは、まったくスキャンダルだ。わたしはそう思った。反対に、偉大な作品の系列には真剣さがある。一見しただけでそれがわかった。そこからすぐに、偉大な作品がほんとうにすごいのは、それらがなくならないことだ。爾来、確たるその勢力範囲をもっていることだ。それに対して、遊びの魂は成果を消し去ってしまう。いかなる勝利をも刻印しない。さらに、どんな時代においても芸術は宗教と明白なつながりをもつことから、芸術家たちは仕事をつねに祈りとしていた。そのことがよくわかる。作品の一片《ひとかけら》からさえもわかる、あの熱狂的な勤勉は、それ以外のしかたでは理解し得ないものだ。

わたしの目から見ると、芸術家《アルティスト》は何にもまして職人《アルティザン》、すなわちひとつの仕事に精通し、自分の仕事を愛する人だった。それに、芸術のなかでもっとも迫力《パワー》のある芸術、すなわち建築から、この点について、貴重な学びを得た。なぜなら、ここでは職人でない人は何も提案することができないから。建築技術、重力の様々な法則、素材の性質は事細かく、形態を、いな、装飾までをも決定することをやめないからだ。しかしわたしは装飾の問題は考えなかった。それは思想の問題として留保していた。壁は装飾のないほうがより美しい、水道橋は装飾の必要がない、美しい器は装飾なしで美しい。そこでこの例から、建築と陶工の技術との親近性がわかった。なぜなら、おそらく美しい器は、均衡と堅固さがどこにあるのかを表現しているからだ。穹窿《きゅうりゅう》のように――。その上に、遊びとしての芸術という愚かな観念を払拭するため、わたしはこう考えた。子どもたちの遊びのなかには、子どもたち自身を除いて、美しいものは何もない。子どもたちは庭とか人形といった、彼らのつくり出す対象にはまったく関心がない、彼らには行動を支えるものがあればよいのだ、と。棒はサーベルであり、紙の帽子は将軍帽であり、ふたつの椅子は車である。われを忘れたこうした行動にとっては、なんでもよいのだ。芸術家が仕上げに精を出し、永遠のものにしようとする剣の柄頭《つかがしら》とは、なんという対照であろう。なるほど、ある種の遊びのなかには、合唱隊《コロス》や合唱隊の指揮者があらわれる歌や短いドラマにおけるような構成と調和への強い関心がある。またたとえば、ラ・トゥール・プラン・ガルド〔La Tour, prends garde.「塔よ、気をつけて」これは伝統的なシャンソンであり、子どもの遊びでもある〕という遊びのなかには感嘆すべき荘重さがある。そのことは知っていた。見てもいた。しかしこれは、遊びというよりもむしろ宗教のように思われた。輪舞《ロンド》はすぐにかっとなってしまい、醜いものだ。どんな遊びも、最後は粗暴となった。力を顕示したり駆使したりするために跳びあがる術を、舞踊だと言えるだろうか。熱狂にまで突きすすむロシア・ダンスのあのような底抜け騒ぎには、どうしても我慢がならなかった。ブルターニュ人の無言の、まじめな舞踊に、かえって、打たれた。霊感をうけたことも何度か、あった。舞踊の美しさが全員の顔にあらわれていたからだ。要するに、これらの指摘は論争の域を出ない。わたしの判断では、論争することは恥ずべきことなのだ。恥ずべきこと、つまり見事に判断を迷わせるものなのだ。

あの知的労働者仲間のことを考えるたびに、わたしがどんな憤りに襲われていたか、人はそれを想像できないだろう。彼らは、人は一般観念と称するものを堅持している、そう信じていたのだ。そしてそれを巧みに操って、この種の按排を、思想と取り違えていたのだ。わたしは、自分を改革者で、鞭をふり上げている人のように感じた。当時は、まったくもって滑稽だったろう。なぜなら、わたしが教授たちの昼食で、思わず憤慨の素振りでも見せようものならば、この紳士連中は非難の眼差しでわたしを睨んだだろうから。そしてわたしは思い出すたびに赤面しただろう。しかし激情には負けただろう。我慢がならなかったのだ。ルナン、サント＝ブーヴ、テーヌ、あの下劣な三人組が、蘇ってくる思いだった。だからわたしは、この堂々たる正面《ファサード》に襲いかかった。あたかもわたしの命がかかっているかのように――。いまなお、同じ火が燃えている。そのため、あの文士たちは皆、ちょっと困っている。他のところでは、たいへん厚遇してくれる文士たちだが――。まあそんなわけで、わたしは会合も会議も学会も我慢がならなかった。そんな具合でもって、用心のため半ば居眠りでもしていない限り、賢明な論争などできなかった。まあそんなわけで、わたしを支持してくれたのは若者たちだけだった。しかもまた、議論はしないという条件のもとで――。彼らはこの条件をよく理解した。新参者にもすぐにこれを課した。このことが認められると、わたしはもはや賢者だった。自らに対して反論する術を知っていた。無数の論戦家たちのなかでただひとり、まるで思索の修道院に籠もるかのように、自由な気持ちで、自分の論拠に厳しく、公平を期したと感じたこと、そしてまさにそうすることによって、ただ忍耐さえあれば、確実に文体にまで到達できると感じたことを、人は理解できるだろうか。

少し道をそれてしまった。戻る。

自分の戦いをたたかうという観念を、人に見せることは、わたしの個人的な無数の戦《いくさ》、これらの戦はたいてい皆、秘められたものであるが、これらの戦のなかでもひとつの典型である。外にあらわれたところから、人はわたしが自分自身にきわめて満足していると結論した。そこで、知らない人たちのために書こうとするのである。つまり著者になるということだ。戦争の孤独がこうした移行《パサージュ》への準備となった。わたしは沈黙を学んだ。そして未知の読者に書くことを身につけた。

芸術の創造を想像力の所産とみなす人びとが、しかも非常に教養の高い人が、かならずいる。そのことはある意味では本当である。しかし、想像力《イマジナシオン》の批判をかなり深くやったので、イマージュの虚しさを精査したので、つまりイマージュを追究し、ついにそれらを、本来の場所である人間の身体のなかに押し返したので、わたしは、もはやあの虚構中の虚構にも騙されなかった。

虚構中の虚構とは、すなわち、芸術家はまず、身体のない存在を、彼の想像した完全性に従って、構成し、ついでそういう存在を、他人に伝えるために大理石やデッサンによって、あるいは言葉や文章によって描いている、ということだ。この平易な、だれにでも明白な理論には、もはや根拠がなかった。なぜなら、わたしはそのことを確信するのだが、想像力のいわゆる創造とは、戸口のうしろにいる泥棒と同じように、目で見たものではなく、こころが信じているものであるから。しかしながら、この想像力の理論は、芸術に関する限り、まだ消極的な、力のないものにすぎない。芸術家にはもはや内部の原型〔アーキタイプ。元型〕などないことが、よくわかった。ではどこに、その原型はあるのか。そういう版画はすべて籠に棄てねばならぬ。原型は心のなかにも外的自然のなかにもない。作品そのもののなかにあるのだ。どんな回り道をして、わたしは、否定された創造的想像力から創造的わざ《メチエ》の思想に到ることができたのか。わたしは声楽にその通路《パサージュ》を見たのである。声楽は想像的であると同時にリアルなもので、喉がつくり出すと同時に耳が聞いている。もうひとつのパサージュを、ダンスのなかに見いだした。なぜなら、想像されたダンス、踊られないダンスなどは存在しないからだ。ここではイマージュはすべて、人間の身体のなかにあり、踊っている人間の身体そのものが、他者によって見られ、模倣されている。踊っている人からは見られないが、少なくとも内から感じられている。そこから、ダンスの条件、すなわち「社会性」があらわれている。しかし建築や絵画については何と言ったらいいのか。芸術の系列は、ここでは虚しいものだった。なぜなら、建築家の身体は建築の対象《オブジェ》ではないからだ。また画家の身体も絵画のオブジェではないからだ。したがって、芸術のオブジェの系列を、モニュマンからはじめて、捉えなおさねばならない。しかしこれはうまくいかなかった。

なぜなら、人間はまず始めに、踊りかつ歌ったからだ。わたしがどんなに当惑したか、わかるだろう。問題は結局、十分な秩序を発見する、ということだった。しかし、わたしは、ある強烈な経験を覚えている。そういう経験はまず、わたしを、歌とダンスからはるか遠くに導くものだった。

わたしは舞台装置のような見せかけだけのものが、本物のモニュマンにはまったくおよばないことに、気づいていた。舞台装置の穴や亀裂を見たとき、それらを、つねに美を完成する、堅牢なオブジェのすばらしい摩滅と比較さえしたのだ。否、時として完全な金属で彫られたオブジェを、たいてい石膏を詰め込んだ安物の模造品のような、鋳造された、あるいは吹いてふくらませたオブジェと比較したのだ。後者の場合、損耗は妙なかたちで、レリーフがほんのわずかな衝撃によって変形されるということを知った。鋳造された作品のほうは、鋳型《いがた》の跡や気泡のために醜くなっていることだけを確認した。それでわたしはよくわかった。しかし、それでどうだというのか。確たる質量感《マッス》、力の営為、古色蒼然たる趣《おもむき》、いな、一種の廃墟が美の条件であると言わねばならないのか。若干の作品はそのことをあかししている。しかし、絵画はそうではない。絵画は目に見えたものがすべてである。まして詩はそうではない。なぜなら、どこに詩のマッスがあるというのか。

絵画に関しては、すでに述べたように、いくらか本職《メチエ》の経験があったが、ろくな経験ではなかった。戦争中ずっと、事情がゆるすやいなやあらゆる種類の人物を素描して楽しんだ。それらが皆、かなりよく似ていたことはよくわかった。それらが醜いこともまたよくわかっていた。しかしながら、単に描かれただけの形象と鋳型に彫らねばならなかった形象とは区別した。後者のほうがいくぶんましであった。結局、偶然のことから、学ぶところがあった。わたしの想像では真の芸術家たちは生涯学んでいたように――。わたしのデッサン癖はなかばニスの塗られた大時計の箱へと向かった。非常に粗悪なクレヨンでもって取りかかった。扱いにくい表面にはクレヨンは五回に一回も噛みつかなかった。しかし兵士は辛抱づよい。節《ふし》くれ立った、木の幹の両側にアダムとエヴァを描いた。幹にはまた、みごとな技《わざ》でもって、へびの姿が描かれている。アダムとエヴァもまた、色調がむずかしかったので、何か肉色の木の幹のようなものであった。しかし全体は、時計箱の暗色にのみ込まれ、また勢いを取り戻した。わたしは執拗に試みた。ある日、隊長がこの物をちらっと見て、言った。「これはいい!」彼はすぐにこの板を鋸《のこぎり》で切り取って、救い出そうと計画した。他の多くの計画と同じように、戦陣に埋もれてしまった計画だった。ほとんど形をなしていないこの絵を思い出す時、わたしはそこに、原始人たちとの類似を見いだす。もっとも、けっして求めていたというわけではなかったが。それで隊長の感嘆がよくわかる。すなわち彼は、すべての芸術家と同じように、ある崇高とも言える慎重さから、美しいものよりも醜いものを好んでいた。わたしは次のことがよくわかった。ある意味で、能力の観念が生まれてきたのは、仕事が捗らないものであることから、仕事がむずかしいものであることからなのだ。そして、ひとつのかたちが出来上がるのは、何度も失敗を重ねることによって、いつもまた始めることによってなのだ。また要するに、捗《はか》のいかない仕事では、仕上がった部分をよく眺めて、偶発的なことでさえも役立てる時間がある、ということだ。このような省察は行動と同じほどごつごつしたものであるが、それによってついに、あまりにも単純な、しかし見逃されやすいひとつの観念を感得した。すなわち画家はタッチをあたえてからはじめて、タッチの効果を知るのだ。このことから、彫られた杖のことを思い出した。これはだれでも経験があることで、自然のかたちと切り込みとをうまく利用している。すなわち、下描きが鴨に似ていることから鴨を彫っている、ということ。そこから、あの岩のかたちのことを思った。修道士や馬や鷲を実にうまく表象しているあの岩のかたち。これらのかたちを完成しようとする観念は自然なものだと思った。この観念自身、画家や彫刻家の傍らを駆けるのをやめない。なぜなら、すべての下書きは継続されることを求めているから。こうして、企てのなかで偶然が排除されることはない。物と職人のあいだのこの結合方式は、わたしにとって好都合にも、あれほど誉めたたえられた想像力のファンタジーに取って代わった。だれでも知っているように、雲はそう言ってよければ、「かたち」をつくり出すのをやめない。ただ雲は自分でその状態を持ちこたえることはない。われわれが雲を変えることもない。彫られた顔は雲のようなものだ。最初もその後も、そして永遠に。わたしがどのようにして、この道を通って、マチエールそのものに連れ戻されたか、わかるだろう。

これらすべての観念は、わたしの知覚できない、ある一点に収斂しているように見えた。それだけでわたしには十分だった。様々な芸術の適当な整理方法と、各章の分け方を見いだすやいなや、どこに行くのかもよく知らず、書くことを企てた。あらゆる主題のなかでもとりわけ堅実なこの主題、しかも喜劇、悲劇、彫刻、絵画、詩、韻文と同じほどはっきりした対立によってそれ自体が分割された主題においては、おのおのの発展は次の発展を求めること、そしておのおのの文章はほとんど、次の文章を求めることを確信したので——。終始そのとおりのことが起こって、ほとんど引っかかることもなかった。わたしがいつでもどこにおいても眠ることを学んだのは、しかも目を半分あけたまま、世界を拒否しつつ、様々な観念を拒否しつつ、まどろむことを学んだのは戦争のなかである。当時わたしがつくり出した奸知は、言葉のくりかえしに立ち尽くしながら、脈絡なしに思考することだった。この状態は、同じリフレインがたびたび帰ってくる点で不眠を真似ている。しかしそれは不眠の反対である。いっさい関心をもたないのだから。決断を拒否しているのだから。議論どうしが結びつくのを認めないのだから。したがって、わたしはルソーが自分のやり方を言ったようにわたしの文章をつくることなど、とうていできなかった。まったく反対に、わたしはこの仕事をあとに延ばした。ちょうど一条の日の光や炎の輝きのような身近なものを知覚することをあとに延ばすのと同じように——。今なお混沌のうちにあったこの世界は、わたしの心を幸福で満たした。わたしは世界を構築することも、世界から離れることも急がなかった。同時にわたしは、みずからに与えている主題の密かな現前《プレザンス》を経験した。ふたつのものが一体となっていた。わたしは今、時には一瞬しか持続しないようなこの休息状態は、仕事と呼ばれるものの諸契機のひとつであると確信している。これに対して、戦前、しばしばある問題に引っかかって辛うじてそれを考えるが、少しも前進しなかったことを、非常によく覚えている。よく見たいと思っているものに、視座を固定するのも同じ誤りである。この誤りは、学びたいという意欲から生まれるが、この意欲は信用してはならない。ルソーは、すぐれた作家たちを、けっして反論することなく読まねばならないことを、よく知っていた。わたしはそれ以上のことを発見した。彼らを理解するように努めるよりもむしろ、彼らに言っていることによく慣れ親しむように努めねばなければならない、というものだ。この読み方はまた、判断に暇を出すものでもある。すると判断は、稲妻のように閃《ひらめ》いて、すぐに一種の昏睡のなかに引きこもってしまう。このような奸知を知る者はきわめて少ない。だからここで、そのことをおおいに語ろう。とにかくわたしは、すっかり醒めた状態で、筆を取り、何の魂胆・思惑もなく落ち着きはらって、わたしの表題を書き入れたのは事実である。なぜなら、もっとも単純な始まりは見事にデッサンされた空《くう》のようなもので、それを、職人のように確実に満たすのがわたしの仕事だ、というのを知っていたから。たとえば、壁につけ加えられた一個の石は次の石を求め、すでにそれを描いているようなものだ。続いてわたしは、以下で説明するように、言語そのものについて深く省察することになった。修正はしない、というあのやり方でもって。当時わたしの置かれていた状況では、自分の身に起こっていることを理解するどころではなかった。すなわちあらゆる芸術のなかで詩は、ある批評家が指摘している通り、わたしがいちばん解明できなかったものである。もうひとりの批評家は、音楽があまり専門的に論じられていない、とわたしに言った。はたして、音楽と書く技術とはわたしのもっとも精通しているふたつの芸術であった。おそらくわたしは、そこにおいては、他の芸術のように始めから無知蒙昧ではなかった。だから根元まで裸にすることができなかった。わたしはすでにアプリオリな判断をしている。なぜなら、『芸術の体系』は平和になってからはじめて刊行されたのだから。それは戦塵のなかで書かれ、仕上げられた、あるいは、ほとんど仕上げられた。それは、軍師の言うように、いっさいの追加を拒絶した。それは不完全なところがなかったから、ではない。しかし、不完全なところがあったら、どうだというのか。表現はそれ自体で完結していた。もはや手を加える術などなかった。そのまま、印刷屋に本を渡さねばならなかった。それ以来わたしは一度も、これほど強く、もはや触れるな、判断さえもするな、と告知されたことはなかった。この書物は『マルス』〔本書二〇六頁参照〕とは正反対であった。『マルス』のほうはついに完成をみることはなかった。

こうしてわたしは戦争の外にいる。だから、『芸術の体系』については終わりにして、著述家としての生活についてアプリオリな判断をしてみよう。ミシェル・アルノー〔本名 Marcel Drouin, 1871-1943. 哲学教授で作家。nrfの創始者のひとり〕はわたしに、すでに戦前から、地方紙『ラ・デペシュ・ド・ルーアン』に掲載された「プロポ」を、相当量、選んで出版する計画を話していた。当時まで刊行されていたのは、四巻の予約限定出版、しかも編集は新聞社によるものだけであった。ミシェル・アルノーはnrf〔La Nouvelle Revue Française. フランス新評論〕社ではなんでもすることができたが、これはわたしのすぐれた同僚のペンネームで、彼とはほとんど毎日会っていた。この偶然のおかげで、わたしは出版社を求めての奔走をまぬかれたのだ。しかし、すでに有力なこの出版社の主人が、ルーアンにおけるわたしの読者のひとりであったことも言わねばならない。戦争によっていっさいが中断した。休戦になると、ミシェル・アルノーはその仕事をふたたび開始し、すぐに完成した。わたしは目次をつくっただけで、何のアドヴァイスもしなかった。二巻からなるこの「プロポ集成」は、非常によくできていた。これによってわたしは、新しい読者層との交わりを得た。だから、わたしが『芸術の体系』を同じ出版社に持ち込んだのは至極当然であった。この出版社はまったく好意的に、わたしの好きなように、印刷してくれた。この正方形の一巻は、豪華な紙で堂々たる体裁をもち、しかも著者側の権利はすべて、愛想のいい財務係の表現によると、わたし自身が決めていいことになっていた。想像する通り、きわめて控え目だった。しかし、それらは完全な成功をあかしするものであった。

この書物にそなわる諸観念は、わたしの目には新しいものであるが、読者によってはおそらくそれほど新しくなかっただろう。つまりわたしがほのめかしもせず退けたものがすべて、人のうんざりしているものであった、ということだ。学説はすぐに広まった。いまなお広まっている。わたしを美学の改革者とみなすような論拠は何もないのに。むしろ、関心をもった人がおのおの、自分のために改革をしたのだと思う。そしてわたしは求めずしてこの新しい運動と一致したのだと思う。『エウパリノス』〔後述のヴァレリーの作品〕の反響《レゾナンス》も、ある時、そこから現れているが、それは同じ源泉に属している。なぜなら、この詩人〔ヴァレリー〕は確かに自分自身の霊感しか聴いていなかったから。また『芸術の体系』はそこにおいて、明らかに、どんな影響もおよぼしていないから。未知の読者との一致を見いだしたのはこれが最後というのではなかった。限られた読者ではあるが、権威をもっている人たちである。そこにおいては、わたしは現代的であることを知った。そんなことは考えてもみなかったが。わたしは、人びとの会話や風説はほとんど知らなかったが、それにもかかわらず一個の自由な運動によって、すなわちわたしの信じるところによれば人間の運動によって、そこに耽っていたのだ。われわれは解放された一集団を形成していた。独立そのものによって団体をなしていたのだ。自分の作品については慎重な判断をくだす必要がある。わたしの作品について決定する人たちは、まだ生まれていないのである。しかし、わたしにとって疑う余地のまったくないポール・ヴァレリー〔Paul Valéry, 1871–1945. 詩人、思想家。思想の領域で、二〇世紀前半のヨーロッパ知性を代表した〕の運命は、かくも深き平等の一時代をいくらか照らし出している。この詩人はどこにおいても読まれもされなければ、理解もされないと、まるで気休めのように、何度もくりかえされたものだ。だが、仕舞いには、到るところで読まれ、理解されていることがわかったのだ。いな、それ以上である。彼がわれわれに投げてくれる散文の断片によって、彼はいまなお思想の巨匠であり、この第一級の役割のために戦っている人びとよりもどれだけ上であるかわからない。象牙の塔は、他の多くの常套句とともに、ごちゃごちゃに、そして粉々に粉砕されている。

帰還

わたしは遠くから帰ってきた。一九一七年一月から、デュニィ(ル・ブルジェ)〔セーヌ＝サン＝ドゥニ県の町〕に、気象予報士部隊として配属された。この任務は、まだ足を引きずっているわたしのためにつくられた。軍人たちがそうしたのは、間違いではなかった。この仕事を非常に速く習得した。それでも、それを習得しなければならなかった。しかも決して間違えてはならなかった。なぜなら、軍人はいつも誤りを不注意のせいにするから。したがって、わたしは衒学者《げんがくしゃ》たちの手にかかった。その中のある人たちはかなり乱暴だった。しかし、まもなく彼らを嘲笑することができた。彼らは毎日、翌日の天気を予報しなければならなかった。彼らは恐怖の念で死ぬような思いで、ついに何も予報しなくなった。実のところ、彼らは多くのことを知っていた。私生活では彼らはほとんど間違えなかった。わたしはその時、絶対権力の限界を感得した。なぜなら、ティベリウス〔第二代ローマ皇帝。治世後半には恐怖政治を行なった〕は占星術師を震え上がらせているから。しかもそのことがティベリウスにはふさわしかったから。嵐を待ち受けながら、またイギリス軍のための伝言を暗号で書きながら、わたしが『芸術の体系』を書き上げたのは、その頃だった。それは反乱の時代だった。物資と護送艦の絶えざる動きから、われわれはそのことについて何かしら知っていた。自分の周りで、人がそのことに多くを期待するのをほとんど隠さないことに気がついた。この感情は兵卒と下士官たちに共通していた。この感情はわたしのものでもあった。わたしはそれを、観念に翻訳することができなかった。人は、わたしの省察がその時また政治につまずいていたと推察するだろう。それで結論としてどうなったのか。わたしは進みも退きもしなかった。わたしは守るのがむずかしい立場を譲らない。その頃わたしと出会った後方のパリの人びとは、恐怖と嫌悪を示した。そしておそらく、わたしがパリの人たちの卑しい思考からはるか遠く離れていることに対し真心からの悲嘆を示した。それ以来、帰還兵士たちはわたしにとって一種の故郷《ふるさと》となった。ある人たちは今でもわたしと、またわたしも彼らと、切っても切れない仲で、他の人たちはわたしに対して猛烈な議論をするが、しかしどのような猛烈さもわたしの猛烈さにまさるものではなかった。この人たちについては、わたしはいずれにせよ、彼らに近いと感じた。

このような内部の、そして外部の喧噪のなかで、一九一七年一〇月、教える仕事をふたたび始めた。ちょっとした生徒の中核メンバーを見いだした。わたしは自分の書物を見いだしたのだ。通りの上空にベルタ砲の響く音を聞いた。そしてわたしは眼鏡をかけた。その頃、自分が疲労困憊にあることを感じた。それは当然のことだった。時間をかけることを学ばねばならなかった。クラスではプラトンを読ませた。『芸術の体系』を詳しく述べた。そして結局、教育のなかのもっとも有効な部分、しかも勉強よりも執拗さを要求する部分を、おおいに発展させた。

多くの思索が枯葉のように、わたしから落ちた。それらをかき集めようという気など、さらさらなかった。それ以来、偉大な作家たちのなかだけを進んだ。現代人にはたいして注意を払わなかった。兵士のような軽蔑の念によって、彼らをすっかり忘れた。こうしてわたしは、精いっぱいの努力をして若い世代を蜂起させることができる立場にあった。したがって、多くの同胞仲間たちの間で、戦の人、法に囚われない人だった。権力者たちはこのような連続的暴動を無視する術を心得ていた。もし彼らがそれに立ち向かおうとしたならば、彼らは敗れただろう。しかしそれがどうしたというのか。その時(一九一九年)のことだった。自覚的な組織されたわが教員組合のメンバーが、断固たる一隊の先頭に立ってソルフェリノ橋を攻撃した。橋を占領したのだ。そして橋を占領してしまうと、彼はどうしてよいかわからなかった。その間、わたしは雲のなかで他の橋を占領していた。ソルボンヌは眠って動かなかった。ソルボンヌは今なおその白い巻き毛の下で、そのようにしている〔文体は陽気である。メタファーは制度の眠った静止状態から、その白髪の巻き毛の冠のもとでまどろんでいるあの老婦人のイマージュまで突っ走る〕。

咎めることは何の役にも立たない。告知することも何の役にも立たないのだ。彼らの社会学と歴史に対して、どのような歴史と社会学を課したか、また彼らの哲学の代わりにどのような哲学を課したかを、言わねばならない。しかし、何よりもまず、躊躇する必要もなければ、熟考する必要もなかったことを言わねばならない。まったく信頼している青年たちを前にして、戦略などない。彼らみんなに、男の子にも女の子にも、自分自身に語るように、語らねばならなかった。しかしまず、復讐心を鎮めねばならなかった。それは野心家に対抗する野心にすぎない。それはいつも陶酔である。わたしは、すべての破壊の後に、どうして同じことがまた始まるかを、感得した。それは、人びとは彼らの情念を決して考えないからだ。現実において、その後、情動と情念を保持しながら、それらを超えた運動による以外には、もはや教えなかった。わたしはそれほど遠くまで見えなかった。どんなことでも、目的を信じてはならない、手段に専念しなければならない、と信じている。当時もっとも有力な著者で、しかもわたしをもっともよく激情から救うことができた著者は、たしかにコントだった。わたしは長い間に、くたびれ、すり切れた一〇巻の書物をもとの場所に見いだした。だれもコント以上に心を鎮めてはくれない。なぜなら、まず、コントは自分の全思想の前に、堅固で無関心な世界を差し出すからだ。また、彼はこの世のものをどんなカエサルにでも託し、もし世論が自由で照らし出されているならば、その世論はすべての人に対して十分であると判断し、あらゆる種類の権力と富を棄てたからだ。したがって、こうした有力なテーマをふたたび取り上げた。それは決して尽きることがない。

しかし結局、コントのなかにある、そして彼の読者には自然と伝わる隠れた進歩によって、動的分析から静的分析に到った。そして『実証政治学体系』の四巻をより詳しく読んだ。また、その清らかなクロティルドを思うコントの心情の吐露を、きわめてまじめに解していた〔クロティルド・ド・ヴォーはコントが愛した若い女性。彼女はコントを拒んだが、手紙を交わした。コントと出会った一年後に亡くなった〕。人はミュッセ〔フランスの作家〕の『夜』〔長い四篇の詩。詩人と詩神（ムーサ）との対話。五月の夜、八月の夜、一〇月の夜、一二月の夜からなっている〕をよく読んでいる。しかし、われわれのもっともすぐれた思想を陰険なしかたで傷つけようとするイロニーの精神は、どんなに厳しく批判しても足りない。わたしは一個の人間なのだ、と自らに言った。

さて、ここでひとつの有力な、将来に富む観念を明らかにしたいと思う。コントは彼の『静的分析』〔Statique Sociale〕のなかで、すべて言語活動にもとづいたもうひとつの『芸術の体系』を書いた。

ずっと変わらない慣習に従って、わたしは判断しないように気をつけて、従った。試験科目によってセヴィニェ校の女生徒たちに課せられたテーマのなかには、しばしば言語が現れたが、空疎で平凡な考察しか与えられなかっただけに――。わたしがコントから引き出した、まったく生気に溢れた観念はこの観念だった。言語活動は社会学的存在である。それは過去の記念碑《モニュマン》によってのみ維持される真の社会の絆でさえある。また言語活動は生きたモニュマンのようである。それは人間の構造ともっとも緊要の諸機能の揺るぎない証人であると同時に、人間の遺産を保存し、伝える。なぜなら、叫びは胸郭の痙攣の結果であるから。言語活動は自己を保存することによって以外、決して変わらないことがよくわかる。そして詩は二重の意味で記憶を不滅にするという、モニュマンのはたらきをなしている。なぜなら、詩は決定された、記憶が容易に変えない形式を保存しているからだ。そしてまた、詩はいつも、言語活動を身体器官の幸福のあらゆるリズムに合わせることになるからだ。したがって、詩は、われわれをおのれ自身に立ち返らせる一種の祭儀と祈りとをなしている。この観念は凄い。コントがやったと同じように、毎日だれかすぐれた詩人を読む決心をした。しかしこの哲学者は、わたしを自分の文章の将来に触れさせることによって、わたしを、自分の思索の将来のいっそう近くに押しやった。わたしの仕事の全体が、それゆえ震撼した。なぜなら、人がどんなことを言ったにせよ、何を言ったかを知ることがまず、問題だったからだ。言葉はさまざまな意味を帯びて現れてくる。あるいは大作家たちがそれらの言葉を巻き込んだ連結によって、あるいは古代人のように表現を集約する契約と誓いの必然を通して、いつも自然な話し方に帰着する共通の慣用によって――。ここにはあらゆる言語に固有の荘厳さが現れる。そして律動的な、偉大なモニュマンとともに、言語を走り書きの省略から守るのに貢献するまじめさが現れている。人は様々な原因を推察して、それらを辛うじて時の流れに沿ってたどるわけだが、しかし結果は、突然、輝き出す。コントは、それらの言葉は通俗的な意味で解されても、すでに思考であるような驚くべき言葉の例を挙げた。たとえば、民衆という語は、人がそれを欲しても欲しなくても、同時にすべての市民と、市民のなかで自分の手によって働いている人たちを指している。たしかに、無為の手をもつ市民は大衆の前では無視できると考えることを拒否することはできる。しかしそれを言ったり書いたりすることを拒否することはできないのだ。心情は愛と同じように勇気であること、また信仰は忠実さであることを言ったり書いたりすることを拒否することはできないのだ。不誠実は、書き手の意図にかかわらず、悪魔のまったき自由を言い表している。このような例は限りがないだろう。わたしは無数の、桁はずれに多くの例を見いだした。わたしはそれらを、コントの例に加えた。

そして実を言えば、わたしは、自分の母語は、あるいは語彙によって、あるいは連結によって思惟の宝庫であることを、ついに理解した。このような知は、出来のわるい文章を、それから響《レゾナンス》きのない、そして真の調和を欠いた文章を直すという、わたしの大事な仕事と一致した。そのような文章はいつも、観念を拒絶する隠れたメタファーから出てきているものだ。たとえば、「激しさによって激しくなくなった柔和さ」というのはおかしい。それらは音楽的誤りである。そしてわたしは、わが哲学者に従うことによって、修辞学の教えを深く究めたと確信している。そのように解された修辞学は思惟のすべての規律を含んでいる。要するに、美しい言語に従って正しい思考を認識することを学んだのだ。そしてこのような発見を、瞬間ごとにくりかえさねばならないが、その発見によって、よい文体とは何かを教えるようになった。これはほとんど不可能と思われていたことだ。こうしたことから、そのすべてから、ふたつの知があることを理解した。ひとつは証明によるものであり、もうひとつは言語の言語自身に対する比較、あえて言えば筋肉的、胸郭的、内臓的諸条件に対する比較によるものである。したがって、今一度詩人たちに、そして自明のことであるが、「ユマニテ」そのもの〔すなわちコントによってあたえられた意味、「認識された存在のなかでもっとも生き生きした存在」〕に送り返された。なぜなら、言語は諸民族よりももっと古いものであるから。したがって、美しい言語に従って正しい思考を認識することを学んだから、わたしは自分の前に空間を見ていた。すなわちひとつの領野が自分の探究において果てしなく開けているのを見ていたのだ。思考の巣をつくることを学んだ。もっとも控え目な実践にきわめて近いこの種の教えは、反響、脚韻、数にも似た陶酔的なものをもっている。諺《ことわざ》を歌うのを聞くことがあるのもそのような時だ。わたしはというと、なんでもない田舎の説話のなかに叙事詩の歌を、そして最後には到るところで人間のさえずりを聞くに到った。

わたしがホメロス〔古代ギリシア最大の叙事詩人〕自身を師と仰いだのはそういうわけであった。教室で読みうる限り、一年間『イリアス』を読み、そして別の一年間『オデュッセイア』を読むこと。そうして、一、二の詩句に立ち止まるという、たしかにきわめて有益な説明とは対照的に、素読をふたたび尊重すること。人はこの新しい方法にもすぐに驚かなくなった。なぜなら、これらの詩のなかに人間と神々の正しい節度を見いだしたから。始めの頃、ホラティウス〔古代ローマの詩人〕も試みた。なぜなら、わたしはそこに偉大さを、そう言ってよければ通俗的偉大さを見いだしたから。しかし、ホラティウスはほとんど走り読みできるものではなかった。またギリシア悲劇のなかに観念《イデー》を求めたが、これもあまり成功しなかった。わたしは自分にとってもっともすぐれていると思われるものに飛びついた。なぜなら、文学を教えなければならないというわけではなかったからだ。それに、このような訓練は時間を食う。つねに言語を絶対的に信じながら、栄光につけ込みながら、しかも同じやり方でバルザックを読ませながら、なぜスタンダールを読まなかったのか。ユゴーを読まなかったのか。おそらく、バルザックには、本当を言うと、反撥していたからだろう。

わたしはここで、自分の教育方法を語りたいとは思わない。むしろ自分自身との対話を語りたいのだ。だから、わたしが絶えず、くりかえし読んだ現代小説家たちについて、少し言いたい。ユゴーは別としよう。彼はいつもわたしを酔わせてくれたが、教えられるところはなかった。トルストイについても同じことを言うだろう。これらの預言者たちと一緒に、人は夢み、世界をひとまたぎにし、おのれ自身の高貴な部分をふたたびかきたてて、自らを堕落することのない無敵な人間だと想像する。わたしはしばしば、人間のもっとも美しい無謀さは幼年期の夢想の続きであると言った。それをまだ、信じている。そしてだれもが、術策を知ろうと欲しなかった幼年期のこの部分を、宝のように自分の心の中に秘めていて欲しい。『ジャン・クリストフ』〔大成功を収めたロマン・ロランの連作小説〕や『リリユリ』〔ロマン・ロランの戯曲〕が、わたしを変えることはないがいつもわたしを魅了するのはそういうわけだ。わたしはそれらのなかで、想像上の徳を培った。プルーストについては、激しい注意力をもってくりかえし読んだが、まったく信じなかった。それはまったくの遊びにすぎない。

スタンダールについては、もっと言うべきことがある。この作家についてわたしが公にした讃辞のなかには成功作もあるが、同時に御しがたい我《が》のにおいが強すぎる一種の感情と気分の告白がある。

それに、わたしは言った。スタンダーリアンたちには我慢がならない、と。わたしが男子や女の子たちと一緒にスタンダールをあまり読まなかったのはそういう理由からである。その代わり、あの孤高の地平からの、人間の勢力と権力についてのなんという見事な視座だろう。わたしを永久に羨望から癒してくれた一観念を、何度も採り入れ、あらゆる方法で揺り動かしたのはそこだったのだ。すなわち、力の側に飛び込む人たちはずっと下に堕ちる、もっと言えば、極度の滑稽さにまでまっすぐ堕ちる。そして権力者たちのなかで、彼らの堕ちる滑稽さが、生み出す怒りが、彼らを途方もない悪意へと押しやる。へつらう人からも、へつらわれる人からも遠く離れて瞑想する「修道院」をもたない人は、神も悪魔もない地獄を知るだろう。しかしながら、この最後の審判のなかにはプラトンのそれと同じように、ユートピア的なものがある。

バルザックはもっとリアルである。なぜなら、彼は美しい愛や魂の偉大さをよく知りながら、人が軽蔑しようと考えさえしない怪物や悪漢どもの縁《ふち》のなかにそれらをはめ込むから。それは彼らをわれわれにつなぎとめている縫い目が強靱であるからだ。それは呪われた人たちなどいないからだ。なぜなら、悪人も善人と同じように、世界を構成する部品《パート》であるから。同時に恐ろしい装飾品〔怪物や悪漢どもの縁〕が動き出さないで、徳が働くことはない。すべてのものが、戸と同じように、蝶番《ちょうつがい》の上に建てられている。行動が通路を狙っている。出来事がはっきり決まった潜在的行動を開始する、あたかもその行動が狙っていたかのように――。もっと言えば、わたしが社会学を学んだのはバルザックのなかにほかならない。なぜなら、土地と人間との絆、家と人間との、仕事と人間との、交換と人間との絆は、あらゆる生の織り目をなし、選択の余地などないからだ。わたしは好んでバルザックの政治学をアリストテレスのそれと比べた。選択しようとする瞬間《とき》、人は選択がすでになされていることを発見する。なぜなら、世界はわれわれが登場することを待ってはいないからだ。われわれは世界にいる、しかも、瞬間から瞬間へと流されている。われわれが赦そうとしたことがすでに忘れられているのを発見する。バルザックにおけるこれらの観念は、反省によるものではまったくない。それらは作中人物の自然なざわめきなのだ。それらはどのような新しいものも、どのような稀有のものももたない。ただ、それにぶつかるだけだ。実際問題として、もし人が無防備で経験の前に出るのを欲しないならば、彼はまず演劇と小説の虚構のなかに生きなければならない。小説的なもの《ロマネスク》は、自分が最初照らし出した現実にあたって砕けるように運命づけられている。バルザックの小説的なものは、もっとも長くもちこたえるものだ。それは今なお、わたしを照らしている。もしもわたしが知事や司法官になるならば、それはわたしを照らすだろう。それに対してスタンダールは人間の仕事から遠ざける。わたしは哲学の書物のなかよりも小説のなかにより多くの観念《イデー》を見いだすと、しばしば、言ってきたのはどういう意味であるかがよくおわかりだろう。しかしながら両者とも人間のしるしを帯びている。栄光の喝采をわれわれにもたらす書物は、またもっとも確かな忠告者でもある。

もしわたしがもう一度やり直さねばならないとしたら、わたしはコルネイユ、ラシーヌおよびモリエールのなかの観念をも採り上げるだろう。「ユマニテ」〔humanité. 人間精神〕は、現に存するものだ。ただそこから、汲むだけでいい。言語が、いま一度、わたしを照らしてくれた。なぜなら、「偉大な文学作品《ユマニテ》」というのは、君たちが変えようにも変えることのできない何ものか、なのだ。あのコントの教えとは、要するに、そのようなものなのだ。それはいつも到るところで、間違いなく成功と称讃とを得、いつも到るところで、なぜかはわからないが、忘れられている。それに、なぜ社会学者たちは、コントを引き合いに出す人たちでさえも、まるでコントなど存在しなかったかのように、あわてて考えるのだろうか。わたしにはなぜかわからない。ある日、わたしが話のなかで、あるたいへん有力な教授に、その年はコントを研究していた、と言ったら、「どちらのですか。コントは二人いるからね」と訊かれた。その教授は『実証政治学』のコントと『実証哲学講義』のコントとを区別しているわけだが、しかしざっと読んだだけでも、両者のつながりと連続性は明らかだ。なぜ、不当で、何の意味もない見解に満足しているのだろうか。しばしば、ほんのわずかな、重要なニュアンスでも人間を殺すものだ。わたしはそう信じている。ならば、どうすればよいのか。単純さを教えねばならないのか。博士の衣を忘れさせねばならないのか。たしかにその通りである。しかし、これらの偉い人たちが怯懦《きょうだ》のあまり死なないことを、だれがわたしに保証してくれるだろうか。ああ、わたしは彼らを怖がらせることしかできなかった。しかし、わたしは人間を高く評価している、しかも自分が深まれば深まるほどいっそう高く評価する。

哲学には縁がないと言われながら、あえてそこに哲学を求めた作家たちのなかで、モンテーニュ〔Michel Eyquem de Montaigne, 1533–92. 作家、モラリスト〕を忘れてはならない。三回以上も、われわれは『エセー』を隅から隅まで読んだ。ひとりの生徒が一章か二章を担当しながら。しかしながら、モンテーニュのなかには無数の明確な観念が見いだされるので、われわれは慎重に全部を読まないと、彼を誤って哲学者だと思いかねない。この作家は知るのに暇がかかる。わたしは男子らが、あるいはモンテーニュの出来事であれ、茶碗の話であれ、戸口の敷居で人びとに平和を宣言するモンテーニュであれ、躊躇なく、わたし流に言えば、指で見いだすように、すなわち本を開いて、目次や索引を調べることなく指でページを見いだすように訓練をした。モンテーニュの出来事、すなわち単に失神ばかりではなく、直前の状況の完全な忘却から生じた落馬は、この上もなく重要な一種の臨床的研究である。そこからわかることは、他のいくつかの例にも見いだされることであるが、知覚の多くの瞬間を消した衝撃は、それに先行した知覚のいくつかの部分もまた、その知覚はたしかに生じたと思われるのに、消してしまうということだ。その知覚は、成熟するのに十分な時間がなかったので、記憶のなかに入らなかったと思うべきだろうか。したがって人は、書物を学ぶように自分自身の生を学ぶことになろう。わたしはもっと正確なことが言えると思う。それはわれわれの知覚は、本当のところ、つねに回顧的なもの、すなわち過去にもう一度下りていって考えたものであるということだ。たとえば、もしもモンテーニュが彼の上をギャロップで駆けた下僕の衝撃を避けていたならば、モンテーニュははじめて彼は、ことがらを、この美しいことばが見事に言っているように、「表象」したであろう。その時には出来事の続きを見直し、場所や運動、および自分自身の行動そのものを認めたであろう。なぜなら、不意打ちにあうと、人は動物が跳び上がるように、見ることも知覚することもなく行動するから。衝撃のあとに茫然自失がやってきて、それがそのような見直しを妨げ、そのことによってまた、一度生じ、そのあとで記憶されるそうした知覚を妨げたのだ。わたしがこうした解釈を語るのは、それはわたしが、やっと、意識について感得したこと、すなわち意識はつねに回顧的であることと一致するからだ。

意識はつねに反省であり、かすかなひらめきである、というこのかなり晦渋な観念を、もっともうまく説明できた場所は、おそらく『若きパルク』〔ヴァレリーの有名な作品〕の註解においてであろう。わたしの註解はその時、この詩人〔ヴァレリー〕から支持された。彼はその芸術によって、この詩のなかに思考と問題と情感との自然的脈絡を、すなわちすべてを照らしている思考を、再発見したのである。わたしの本当の註解が出来上がったら、じゅうぶん、二冊にはなっただろう。しかし今度もまた、問題になっているのは、思考の母に対する、思考のたんなる讃辞である。しかしながら、教科書風な心理学に退屈した人たちはそこになんらかの光を見いだすだろう。

老いた父親のための茶碗の話〔ある裕福な農夫の食卓でのことである。全世代の人びとが、全権を握っている家長〔老いた父親〕のもとに集まっている。スープを飲む時、老いた父親が茶碗を落とし茶碗が割れる。腹を立てた息子は、彼に〔動物の飼桶《かいおけ》のような〕木製の茶碗を手渡す。すると、それを見た年端《としは》のいかぬ孫が、木片を削り始める。「何をしているのだ」とその子の父親が訊く。「あなたが年老いた時のためにあなたの茶碗を作っている」と、小さな息子は答える〕、あるいは髪の毛をつかんで父親を引きずる息子の話〔やめろ、悴《せがれ》よ。俺も親父《おやじ》をそこまでしか引きずってこなかった!〕は、モンテーニュが「一言も言わぬ話」と呼んでいるものの典型である。人が語ったままに、何ひとつ変更することなく、何ひとつ論議することなく取り上げているこれらの話は、博学な者に教訓をあたえている。なぜなら、創作であろうと、あるいはほとんどまったく創作であろうと、これらの話は人間のしるしをますます帯びるばかりであるから。

こうして、わたしは真実か否かがまったく問題にされない説話に導かれた。それに、わたしの感得した限りでは、批判の下には権威が隠れている。ところがモンテーニュの無数の引用のなかで、作者の権威を頼りにしているものはひとつもない。それらの引用はそれだけで輝いている。それだけで照らしている。まさにこの点においてこそ、揺らぐことのない、ある意味で記念碑的な表現は、思想の真の源泉である。もはや引用することをしない。そして彷徨《さまよ》っている。モンテーニュの技《わざ》と、その無頓着さとを真似ようとしている無数の人びとについて、わたしの言いうることはそれだけで十分である。

モンテーニュは、あたかも幸福の島々のような彼の引用句のごく近くを航海している。彼は人間によって支えられている。しかも人間によってのみ支えられているのだ。彼が書き続けているのは、すなわち加筆しているのはそのためである。哲学者のやり方ではない。哲学者たちはつねに廃墟の上に建てることを考えている。

こうしてわたしは、眼前に教養そのものをとらえた。すなわち事実、けっして人を欺かない美のみによる精神の形成と発展を。そこから、まるで反響のように、もっとも美しい散文のひとつがおどり出た。「われ何を知るか《クセジュ》」。

このことばを、彼はわれわれに遺している。実際、人間を超えたものについて何を知るというか。しかし人間については、わたしは人間を知っている。人間を洞察する。人間を判断する。そして人間に恥の鞭を入れる。モンテーニュの思想を、大ざっぱに言えばそういうことだ。『エセー』のような充実した学識の例はほかにまったくないものだ。

モンテーニュは彼の戦陣について、ほとんど語らない。しかし、彼は武器を知っていた。恐怖と勇気の試練を経験した。その跡を見つけ出すのは楽しみだった。それに、彼は人間に驚いているような人間ではなかった。だから、彼は平和をつくり出すのに、自分以外のだれにも期待しなかった。彼は日々の危険のなかで落ち着いている。自分の家の戸を開け放している。そしてわれわれに対しても、彼は警戒しなかった。われわれは彼の不意を襲う。だが、彼はじつに崇高だった。次のページを、少し書き写すがいいだろう。このページは、わたしの思うに『エセー』のなかでもっとも美しいページだ。

護ろうとするから攻め込まれる。信じないから攻撃される。私は、兵士たちの意図をくじいてやった。彼らの勲《いさおし》から、彼らにとっていつも口実や言い訳として役立つ冒険と、あらゆる武勲の材料を、全部取り除いたからだ。正義が死んでいる時代には、勇敢な行為はすべて、立派な行為になる。こうして私の家を征服することは、卑怯な裏切り行為である。私の家は、門をたたく人にはだれにでも開かれている。(これほどたくさんの家々が武装されたなかにあって、私の身分の者で、自分の家の守りをすっかり天にまかせているのは、私の知る限り、フランスでは私だけだ。私は一本の銀の匙《さじ》も、一枚の証書も、一枚の絨毯《タピスリー》ももちださなかった。こわいとは思わなかった。生半可に助かろうとは思わなかったから)。

このページ、あるいはまた、今言った話を、あるいはモンテーニュの出来事を探そうとするならば、君らはしばし、探し続けることになろう。それがいちばんいいのだ。なぜなら、モンテーニュは抜粋など何の役にも立たない作家だから。モンテーニュから何かを学ぶためには、数多の廉直をすべて、感得しなければならない。こうして、そうすることによって、はじめて、もっともむずかしい読み方の授業を授かるのである。

詩人たち

ここで今、わたしがやっと感得した詩の秘密について書きたい。詩人たちは、わたしがもっとも貴重なものと捉えている諸観念に、わたしを導いてくれたのだ。そして今なお、そこに導いている。なぜなら、詩人たちだけが人間の「かたち」を、すなわち、人間が「かたち」となり得る、かつ同時に「かたち」となり得ないことを、そして、とりわけ事物と人間のあいだに発見される調和によって真の物理学を構想した、あの妙なる「照応」を、じかに、悟得しているからだ。『イリアス』は神々の源泉である。なぜなら、文法など気にせず、ついに小鳥のさえずりのようにギリシア語を理解するようになった豊富な読書のなかで、わたしは、間もなく神々が人間たちと一緒に翔《かけ》るのを見たから。人間たちと同じように、人間のこれら神的瞬間についてゆこうと試みたのだ。しかしだれが、かつて神々を、面と面とを合わせて見ただろうか。それに、だれが夢を、面と面を合わせて見ただろうか。どんな時代においても、十分に眺められた宇宙は、忠実かつ純粋で、どんな欺瞞もない、ありのままのものだった。しかし神々の飛翔は、人がまったく眺めていなかったあたりから湧き出るものだ。こうして、神々の誕生における想像力、誕生にすぎない想像力を見た。なぜなら、想像力はわれわれのすべての観念の最初の状態にほかならないものだから。こうして、すべての神々は過去のものだ。しかし、神々はつねにわれわれを窺っている。彼らは注意の束の間の覚醒を待っている。神々が翔るのは、まさにその時だ。ホメロスによって、すべて培われたプラトンは、しかし、人間の自然な運動によってホメロスを拒絶している。しかし、ホメロスが神であったこの束の間の瞬間の人間のなかに、ホメロスは十分残っている。そしてこの瞬間は最初の瞬間なのだ。そうなのだ。農夫は、おのれのテンサイ〔甜菜〕に立ちはだかり、純粋な言葉を発する時、いちど、自然を超えるのだ。この愛の蓄えに注意したまえ。なぜなら、何もかもがそれを使い尽くすから。そして農夫自身、それを引き受けている。友情が黄金時代の追憶によってのみ持続するということは、すべての友情の法則である。この黄金時代の追憶は、われわれのあらゆる瞬間《とき》の記憶であり、われわれのあらゆる瞬間に先行したあと、幸いにもそれらに続いてくるのをやめない。「人間」の歓迎は、また奇蹟的歓待は、そういうものである。ひとりの人間が家から出てくる、だが、さっきそこへ入っていったのは神なのだ。神々はけっして人間に姿を変えない。そうではなく、神々は人間に「正体」をあらわすのだ。『イリアス』の土《つち》埃《ぼこり》のなかで学んだのはそういうことなのだ。『オデュッセイア』の道々や四つ辻においても事は同じだ。そこには、神々に対するいっそう多くの省察と、いっそう多くの慎重さがあるけれども。女神アテネが、アテネとして、あらわれることはない。考えてみたまえ。なぜアテネが、アテネとして、あらわれることがあるのか。存在しているもの、すなわち人間、鷲、フクロウ以外、何もあらわれはしないのだ。智謀豊かなオデュッセウスはなかなか激怒しないので、神々はメタファーの状態、いな、伝説の状態に移っている。ウェルギリウスはこの知性の歩みを示している。なぜなら、人は彼がもはや神々を見ていないことをよく理解しているから。だから、わたしはウェルギリウスを、あまり読まなかった。宗教から芸術に到る道、そして神から神のイマージュに到る道が、彼のなかでは、手で触れ、眼で見るように正確であるけれども。注目に値することであるが、わたしはホラティウス〔古代ローマの詩人〕のなかに、すなわち彼の個人的な頌歌のなかに、多くのことを見いだした。なぜなら、そこには、よくはわからないがおそらく山羊のようなファウヌスを、またすぐに消えてゆく多くのウエヌスを、一瞬、出現させる、小さき神々のホメロスがあらわれているから。彼の森、彼の泉、彼の洞窟が、田園の神々で鳴り響いている。これらすべての詩人の抑揚とリズムを、わたしがいつも持っていないと、人は言うだろう。そのとおりである。しかしながら、まったく慣習的な発音も、それを信頼する限り、やはりわたしに親密な、あるもうひとつのリズムを形成している。そしてこのリズムは、言語活動の絶対的類似性を損なうことなく、その言語活動の緩やかな変化を容易にするだけの変形によって他のリズムに対応しているだろう。しかし、わが詩人たちをもっとよく理解しなければならなかった。あるいは、ある人がきのう、わたしに言ったように、わたしの同時代人であり同胞である真の詩人は、まだあらわれなかったと信じなければならないのか。

一九二三年頃、ポール・ヴァレリー〔本書二二三頁参照〕を知った。それは彼の詩を通して、である。それまでは、ほとんどひとつの名前にすぎなかった。それでも、知り合うのに暇がいった。評価の定まった作家たちを愛することの欠点は、同時代の作家たちに、もはやまったく目を向けないことだ。『ナルシス』〔ギリシア神話のなかで、泉に映った自分の姿に恋し、思いが満たされぬまま死んで水仙の花に化したテスピアイの美少年〕が、最初わたしには、すぐに忘れられてしまう光の効果のようであったのをよく覚えている。『海辺の墓地』はその最後から二番目の詩節によって、見事にわたしの心を射抜いた。その詩節の最後の詩句は、もっとも美しい詩句にふさわしいように思われた。〔「沈黙《しじま》に似たる喧噪のなかに」)。ある日、わたしがこのくだりをクラスで朗唱した時、多くの者が全部の詩を知っていることを、知った。そして『若きパルク』の写しを、ある人がうやうやしくわたしのもとに持ってきた。したがって、見知らぬ詩人との滑稽な論争がわたしに態度決定を命じた時、わたしの注意は半分以上、覚醒していた。わたしはその日、これまでまったく信用したことのなかった二、三の文筆の傭兵隊長の素顔を見た。わたしはその時、理由がわかった。羨望は、わたしをいらだたせるのだ。なぜなら、羨望には根拠がないから。なんでもないことで気むずかしくなる人たちは、そうあろうとしたわけではない。ただ、そのように見せようとしただけだ。とにかく傷つけられた白鳥〔ヴァレリー〕の擁護に駆けつけたのは事実だ。傷つけられた、と言ったが、そのとおりだった。しかも、はるか高く飛翔していたのに。おそらくヴァレリーは人びとの無知蒙昧によって傷つけられた。その点において彼は誤っていた。問題の人たちは、もし彼らがそれを欲したならば、晦渋と言われた詩をよく讃美しただろう。わたしが同胞たちに対して例外なく抱くよい評価は、この観念によって修正される。すなわち、彼らはよく愚にもつかぬことを、しかも彼らがそのことで単にばかばかしい賭けをするならば、長い間、つづけることができる。とにかく喧噪がおさまったのは事実だ。標準的な読者はその恐れる声を聞かされただろう。わたしも、武装していた。

この詩人には最大の注意が必要であることを認める。しかし、それはホメロスに対してもやはり必要なのだ。ホメロスを読むことを専門にしているほとんどすべての人たちにとってホメロスは不可解であるのが、よくわかった。もっと言いたい。ちょっと冗談ではあるが、しばしば学識のある人たちがわたしの二行以上を読むことを拒絶したのも同じ理由からだ。りっぱな理由であることもよく知っている。変化を告げるもの、あるいは変化を要請するものは、疑わしいのだ。それに、偉大な作家たちは読まれている以上に崇拝されているものだ。この陰に自分は身を隠すだろう。わたしが、本来註解《コマンテール》などまったく要らないこれらの詩篇の註解を公刊したのは、ほんとうに戯れ、すなわち『魅惑』の余白におけるなぐり書きの結果だったのだ。だから、それは詩人への讃辞にほかならなかった。いま最後の手を入れている『若きパルク』の註解もまた、讃辞である。わたしはこの類いの仕事をあまり好まない。しかしわたしは、芸術のなかでもっとも美しいものを讃美し、取るに足らぬ人びとを沈黙させることを学んだ。この仕事によってわたしは、真の教養を身につけた。また身につけようとしている。この仕事は、わたしが好んで奥義と呼んでいるものを、わたし自身に開示した。ほんとうに奥義だろうか。そこからわたしは、いつも遠く離れているだろう。しかし、自分の思索の豊かさを調査する前に、冷静さによって強靱な思想家であるこの詩人についてもうひとこと、言いたい。わたしは彼のきわめて自然な謙虚さに不満である。この謙虚さによって、彼はさまざまな謎を忍耐強く解決しているにすぎないと、人はいつも思うだろう。彼が時々、霊感を受けているという告白だけは、彼からどうしても引き出さねばならない。それは骨の折れる仕事だ。

いま詩について、いな、散文について何を学んだだろうか。期待していたよりもはるかに多くを学んだ。そしてそれは、見事なパースペクティヴをなしている。宗教はそこにおいて、これまで十分には考えなかったパースペクティヴのもとに、見いだされる。なぜなら、わたしは詩を、人間の言語活動の偶然事と解することができないから。それは反対に、人間の言語活動の規則である。そして人間がすぐれた意味で自分自身と対話することができるためには、まさにこれらの閉じた、不変の定式が必要なのだ。すべての思考構築に起こることが、言語活動にも起こる。もし上部が欠けるならば、下部もまた欠ける。そして気高く、節度に従って語ることを欲しなかったら、人はもはやうなり声を発するだけである。過去の様々な時代にもそうであったが、今もまだそうである。もし人が詩を朗唱させないならば、共通の言語を発音させることもできないのではないか。そしてこの方法は、自分自身を考える動物を想起させる方法である。したがって、こう要約できるだろう。教養〔culture〕がなければ思考はまったくない。祭儀〔culte〕がなければ思考はない、と。なぜなら、教養と祭儀とは同じ言葉だから。換言すれば、もし人が言語に対し敬意を払わないならば、人は自己に対して決して敬意を払わない。そこから出発したわたしは、ついに重要な帰結を感得した。たとえば、劇詩は実際に思考と感受性の学校であった、そして今なおそうである。

しかしながら、しばしば、演劇のことを熟考してみたのだが、それを究め尽くすことができなかった。この公的な詩、人を奮いたたせるこの詩のはたらき、そして喜劇においてさえも、人間の登場を告げるこの荘重なやり方、これらすべては、時として上級文法のように、またすでに立派なものである書簡の範例以上の何かのように思われた。すべての人が様々な時に、自分を人間らしく表現しようと欲し、しかもそのことにおいて自分が自分自身であることを信じていない。それに、大衆作家はほとんどいつも、やはり、祝婚歌の詩人なのだ。この仕事をまた、ルーアンでも見た。この仕事が滑稽であることは容易に示されるだろう。しかしそれは、いかに即興が滑稽なものであるかを考えないからだ。人はだれも、美しい言語活動の範例を求めている。そして、この範例がおのれの言わんとしたことをまったくうまく説明していないと考えるどころか、逆に、おのれの言わんとしたことが厳かに言われた時、はじめておのれの言わんとしたことを、ほんとうに知るのだ。コントはこう言っている。自分自身と語る人は、しばしば、自分自身の感情のもっとも繊細なニュアンスを、千年も昔の詩のなかに見いだす、と。

人間がかたちをなすのは、かたちを得るのは上部によってである、というこの観念は、計り知ることができないほどだ。なぜなら、われわれの思考を現出させ、それをわれわれに想起させるのは、最初は、まったく空虚な形式であるのを、よく理解しているから。この効果は演劇においていっそう強められている。演劇は十分に理解されたなら、まったく、言語活動と言語活動の破局とにほかならない。何かが語られて、はじめてドラマがある。演劇における取り返しのつかなさとはそういうものだ。だからわれわれは、到るところに聖なる言葉、危険な言葉、不吉な言葉があるのを知る。誓いは永久に結びつける。呪いは永久につきまとう。モノローグは自分に言う、あるいは君に言われたひとつの言葉についてのきわめて綿密な探究なのだ。イアゴーは絶対的に、劇のすべてである。ひとつの言葉が、自分に言われたものでも、全自然を変えてしまう。見事な収穫とはそういうことである。

しかしわたしは、(もしわたしにそれが可能ならば)詩を理解するには、その詩が生まれた時の状況のなかで捉えることのほうが好きだった。そしてわたしは、そこにおいても、形式が最初のものである、という同じ法則を発見した。しかし今度は、最初のものである形式が言葉に先立っているように見える。なぜなら、リズムが詩人の前を駆け、脚韻が響く橋のように張り出ているから。人はどのようにして行くかを知る前に、どこへ行くかを知る。この法則はわれわれのすべての思考のなかで発見される。

わたしが若い頃に発し、そのまま宙に浮いていたひとつの思考を、ここで取り上げよう。「人は終わることによって始める」。この思考は宙に浮いていたが、それはこの思考にふさわしい場所だった。ところで、詩は、もっとも平坦なものでも、空虚な、しかし測られ分割された道においてその言葉を調整することしかできない。この作用は、もぐもぐ言うわかりにくい日々の言葉に対する防止策として好まれている。しかしながら、それはたいしたことではない。真の詩人は、試作によってはるかに美しい秘密を発見する。それは形式を尊重することによってついに、どのような企画よりももっと美しい内容を見いだすことになるからである。それについて数えきれないほどの例を、わたしはユゴーのなかに見いだした。ヴァレリーのなかでも同様に。ヴァレリーはその『若きパルク』におけるもっとも物狂おしい不用意な言葉に到るまでこの方法を信頼した。結果に人は驚愕した。なぜなら、手段は見えないから。しかし、要するに、結果は隅から隅まで美しい。

わたしは以前、時々マラルメ〔Stéphane（本名 Etienne）Mallarmé, 1842-98. 象徴派の詩人〕を研究していた。すべての詩の最初の状態である彼の真っ白なページを理解していた。また信仰と期待によってなされる言語の魔術的結晶作用も把握していた。いな、時々、ある英語の詩篇を直訳する訓練をしながら、自然さには欠けるが、しかしながら若干の火を発した〔言葉の〕挿入に到っていた。慣用から引き離され、新しい秩序に従って固定された言葉が、その時、自身の構造に従って語っていたのではないだろうか。さいころを、くりかえし、投げるこの術は、もっとも隠れたマラルメの詩の奇妙な形式によって照らし出された。すなわち「賽《さい》の一振りは断じて偶然を廃することはないだろう」。この予備的な、しかもきわめて雄弁な破片が男子生徒らの前に出され、長い間黙って考えられていたのは、一九二八年から三〇年頃だった。わたしは結局、多くのことを言う羽目になった。それはもはや真っ白なページではない。それはひとつの詩篇の第二、あるいは第三の状態である。それは投げられた、しかも取り消すことのできないように投げられた形式である。ページの真っ白さが分割される。それらの真っ白さは待っている。したがって、詩篇のなかではすべてが偶然に属している。そうでなければならないだろう。われわれは自分の言葉をウーブリ〔鉄板で焼いた小麦生地を円錐形に巻いた菓子〕のように巻かねばならないだろう。どんな詩人も、自分の予備的思考に対してこれほど厳格ではない。彼はそれらをも、こっそり見ている。しかしながら、もし彼がそれらを変えないならば、もし彼が投げられた言葉の要請に従ってそれらを変形しないならば、彼はけっして詩人ではない。詩は、散文が決して言わないことを発見する術である。これらの観念は体系をなしていたけれども、『芸術の体系』のなかではまったくあらわとはならなかった。わたしはこれらの観念を造形芸術に対して適用した。なぜなら、造形芸術は瞑想することによってではなく、制作することによって発見されるものだから。それらの観念は『芸術の体系』の約一〇年後に書かれた『芸術についての二十講』のなかで、よりふさわしい場所にあらわれた。そしてそこでは詩がもっと詳しく論じられている。

　散文については何と言うべきだろうか。わたしは、英雄的に自分の文体を創り出したオーギュスト・コントのなかに、言葉についての省察を見いだしていた。言葉は、作家が書いている間に、すでに規律ある群れをなして先を翔《かけ》てゆき、散文がその人を運び去る幸福な瞬間において的確にあらわれている。そのことからわたしは、次のように推察した。すべての予備的な瞑想のなかに、彼は、言葉に対するある種の敬虔さを込めている。また、われわれが言葉を信頼しうることを確証するある吟味を、込めている。それは言語活動を信頼することだ。それは言語活動に賭けることだ。投げられたさいころが刃の上に止まらないのは確実であるように、投げられた言葉がどのような仕方でも積み重ならないこと、また、これらの驚くべき分子はその表面に従って並置されることは確実である。ここでは、共通の慣用は下部から働く。「自然さ」に従って、何度も言われたこれらの言葉は、われわれに人間というものを、若干、暗示している。それはわれわれの言説を強固にすると同時に、驚くべき創作のための場所を備える。予備的観念はそこでは、詩のなかよりも少し重要な役割をもっているにすぎない。しかし、話したり書いたりする術は、つねに即興の法則によって支配されている。この法則はわれわれに、すでにしかるべき場所にあるものしか判断することをゆるさないのだ。人が話すというのはそのようにして、である。結局のところ、人が古くからあるしるし、すなわち叫ぶこと、逃げること、身を隠すこと、肩をすぼめること、ほほ笑むことによって意味するのは、そのようにして、なのだ。なぜなら、これらのしるしは、最初は他者に対してしか意味をもたないからだ。そして、それらのしるしを、われわれに送り返してくる他者のなかでしか、われわれにとって存在していないからだ。表現することを知る前に、表現しなければならない。そして賽を投げねばならない。それが生きるということなのだ。

聴講者

こうした大胆な思考は、どんな思考にもまして豊饒なものと思っている。それはわたしに、セヴィニェ校で最後にもった聴講者のことを、考えさせる。それは男女の生徒たち、知らない弟子たち、熱心な一般の人たちが混ざっていた。アンリ四世校のクラスの厳しい出席者とはなんと違うことか。何年か、まばらだったが、その後、だんだん、聴講者の数が増えてきた。こうして少しずつ数によるところの規律が、出来上がった。また質の高い静粛も確立した。わたしは彼らを大人として扱った。この青年たちは大人よりもましだった。恐れを知らず、疲れを知らず、倦怠に囚われることもなかった。わたしは彼らを「ピュロスの象」と呼んでいた。わたしは自分自身と語るように彼らと語った。彼らは気をつけて答えなかった。わたしは憐れみをもたなかった。彼らもわたしに憐れみなど求めなかった。彼らは一種の曖昧さ、すなわち誠実さを知っていた。忍耐強くもあった。彼らのなかの多くが驚くべき躍進を遂げたのを知った。要するに、彼らは放任されていた。大人にふさわしいことであるが。

セヴィニェ校の女生徒たちにはより多くの憐れみをもっていた。彼女たちは陶冶を受けていなかった。そのことはよくわかった。その上、彼女たちは何も知らなかった。そこでカリキュラムは勧めるのではなく、命令するものだった。中心に飛びこみ、そして修辞法によって中心の周りに諸観念をきちんと並べなければならなかった。なぜなら、彼女たちには時間がなかったから。それに自分にも、時間がなかった。週に六時間に対する一時間、これがアンリ四世校の授業に対するセヴィニェ校の授業の割合だった。しかも見事な教訓を授けるための授業。なぜなら、それこそが女生徒たちに要求されていたことだったから。このむずかしい賭けから多くを学んだ。長ったらしい前置きを縮めねばならなかった。たしかに、観念をあまりに早く閉じることには危険がある。しかしこの男勝りの女生徒たちは、このようにしてより多くの軽妙さと力を身につけた。短剣と小さな盾である彼女たちは、その静かな審判者たちのなかに、パニックを巻き起こした。しかし女生徒たちは、男たちのように怖がらせることはないだろう。審判者たちは小さな恐怖を恐れない。女性は生まれつき男性よりも機知《エスプリ》に富んでいる、というあの観念を、自分が得たのはこの時である。わたしはこの言葉をもっとも真面目な意味に理解している。判断するということは、第一は自然の機能、そしてまた人間的かたちの機能であることを、わたしは十分に説明した。女性は人間的かたちの守護者である。そこから、雄弁とパラドクスのない熱情が生まれている。これこそ、この女生徒たちを勝利へと導いているものである。わたしはそのことを、伝聞によって語っている。なぜなら、彼女たちは男子たちと同じように、口が重かったから。わたしは彼女たちの書いたものによってしか彼女たちを知らなかった。

わたしは人間の言葉を高く評価してはいない。議論も会話も。とりわけ就学年齢にあっては、男の子でも女の子でもそれなりに喜劇を演じないで弁論術において成功することは不可能であるように思われる。その時、わたしは居合わせない方を好む。それに、わたしが立会人になるというのはまずいことだった。書いたものの方では、自由で囚われがない。書いたものは読者を考慮する必要がない。その上わたしは、非難するにしても称讃するにしても、いつも控え目だった。そして、非難するよりも称讃する方がいつも上手だった。女子たちのなかで最高の讃辞は「美しい」という単純な喚声のなかに込められていたことを思い出す。それは誇張ではなかった。何度も、アンリ四世校でもセヴィニェ校でも、わたしは天才を手玉にとった。人はわたしがけっして質問しなかったこと、またわたしが一種の嫌悪の感をもって告解室的面談を避けたことを知って驚くだろう。これらの条件はいつも厳格に守られ、それに大変よく理解されたので、いつも偽りの告白であるすべての告白を、おしまいにした。そして時々、三、四十頁からなる本物の、崇高なる思想を受け取った。たとえ自分の天性がそちらに傾いていたとしても、自分は人間ぎらいから癒されただろう。わたしが囚われた、不当な愛と理解する人間ぎらいは、多くは、言葉にこだわりすぎることから出てきていると、しばしば、考えた。裁判官のように質問したらもう終わりだ。ここでもまた、どうしても知りたいと思っているから、知ることができないのだ。付き合いの心理学については、これ以上何も言うべきことはないだろう。どのような男もどのような女も引きとめる芝居気《しばいけ》は、すでにかなり人を欺いている。しかし自発的なものはもっと悪い。われわれが試作なしに得ているものは、われわれが自らについてあえて構築するものよりも、われわれについて真実である、と考えるどのような理由もないのだ。さもなければ、われわれが欲するものはわれわれ自身によるものではない、と考えねばならないだろう。そこから、より陰鬱な人間ぎらいが生まれる。時々、わたしの忍耐心をそぐものは、わたしが読んだり聞いたりするこういう説である。すなわち、詩は出来上がるのに長い間かかっているから、もっとも真摯でない芸術である、という説。わたしの考えているのはまさに正反対のことだ。それは、自己認識に到るためにも同じように長い間、構想力を鍛錬しなければならないということだ。画家の最初のなぐり書きのほうが、彼の傑作よりも、もっとうまく彼を表現している。人はみんな、きっとそういうに違いない。さらに言えば、自分が教えた生徒たちは彼ら自身よりもわたしに似ているとはだれも思わないはずだ。決定をくだすのは「天賦の才能」なのだ。それは普遍的で、同時に真似のできないものだ。

セヴィニェの女生徒たちに戻ろう。自分はそれほどかけ離れてはいなかった。この娘たちは何も知らなかった。彼女たちは初めてプラトン、デカルト、コントに接した。彼らについて、前もって、概説による嫌悪感のようなものをもってはいなかった。彼女たちはそれぞれみんな、デカルトに対するボヘミア王女エリザベト〔彼女はデカルトとの往復書簡集で知られている〕、あるいはスウェーデン王女だった。彼女たちをプラトン的曲芸に慣れさせるためにはもう少し多くの慎重さが要った。なぜなら、女性特有の生真面目さは、時として、戸口から戸口へさまよい歩き、オデュッセウスと同じく、帰還をほとんど急がないこのソクラテスに満足しないから。しかしこの世のどんな魂も、洞窟や、冥府から戻ってきたエルの物語には抵抗しない。コントはどんな抵抗も見いださなかった。彼は思想家のなかで女性について正しく語った唯一の人であることを、まず認めなければならない。さらに、彼は女性について語り、母の魅力を描写した唯一の人であると言おう。とにかくこの文章を読んでみたまえ。「愛がしばしば盲目であることを非難しながら、人は、憎しみの方がもっとはるかに、もっと致命的なほどに盲目であることを忘れる」。

この指摘はそれだけでもって、自分の見るところでは、ラ・ロシュフコー全体よりも深い意味内容をもっている。しかしコントは、その探究をこの方向にもっとずっと遠くまで押し進めた。なぜなら、彼は、教育者にとってもっとも重要なこと、すなわち、母の、あるいは教師の断固とした好意がなければ、子どもは決して、あえて自ら人間になろうとしないだろうと言ったのだ。のみならず、愛情という言葉にその十全の意味を、ふたたび付与して、女性の心に深く釘づけにされている人間のかたちへの愛は、すべての判断を突き動かし、方向づける中心である。そこまで言い切ったのだから。こうして、ただ感情的情緒的《アフェクティフ》な性と命名することによって、コントは多くのことを言っている。男性を定義する行動的積極的《アクティフ》な性というもうひとつの表現はまた、女性に、彼女の危険な伴侶を若干説明する性質のものでもある。コントを説明する時、この重大なテーマについて新説を出すのは容易である。

　思うに、アンリ四世の女生徒たちとセヴィニェの女生徒たちとの間には、わたしがその天賦の才に驚嘆した女生徒たちのことであるが、このような相違があった。前者はおそらく男の子たちと接しているため、より激しく、そしてより控え目だった。それに対して、後者はただ生まれつきの無関心のまま、何ひとつ身構えることのない教師の前で、いっそう孤独だった。いっそう自由でもあった。わたしは、教育のなかに愛情を混ぜてはならないことを知っているし、しばしば、そう言ってもきた。それは単純に、両親の領分を侵さないということだ。この雰囲気はすべての人にとって、男の子たちにも女の子たちにも、いいものだった。多くは、おそらくすでに、すぐれた才能をもっていた時を後悔した。わたしは彼らにはっきり言っていた。

「せいぜい、おのれの若さを武器にして賢くなりたまえ。三〇歳を過ぎたら、もう馬鹿者はいなくなる」。

　この指摘を人間ぎらい的に理解するのは間違いだろう。わたしの教師たちがそうだった。わたしとしては、人がこれ以上のものを見いだしうるとは思わない。

セヴィニェ校でわたしが教えていた最後の何年かは、古いコンクールが廃止されたので、男女の生徒たちに開放された、アグレガシオン〔上級教員資格試験〕の教科を内容とした金曜講座が行われた。この講義にはほとんど聴講者がいなかった。数人の楽しみのための婦人たち、そしてわたしを知っていた数人の男女たち。この砂漠はわたしを預言者にした。わたしはこの孤独のなかで、どんなノートもなしで、準備もなしで、黒板に書かれたいくつかの分割に従って語った。これらの空席を前にして、わたしは少し機嫌が悪かった。わたしが通りすがりの聴講者から勇気を奪ってしまったことは確かだろう。それでも、そこにおいてプラトン、デカルト、そしていくつかの見かけ上抽象的な問題について最高の教えをあたえた。わたしはそこにおいて、楽しくはなかったが、多くのことを学んだ。それに引き替え、火曜日のあふれんばかりの聴衆の前では、何も学ばなかった。人の数の多さと多様性からある種の軽薄さが湧き起こった。結局、そこでは容易な、しかも恐るべき成功を収めながらも、ただ、すでにわかっていることを整理しただけだった。それが良かったか悪かったか知らなかった。年齢《とし》のせいで、あれやこれや、障害や支障が出てくるようになり、わたしは講師の仕事をやめた。それ以降、わたしは書くことで満足した。それでよいと思っている。

思想と年齢

わたしはもう一度、始めることにする。なぜなら、わたしはそれぞれの思想の系列を、別々に最近のところまでたどってくる必要があるから。そういうわけで、わたしは想像力のかたちを探求するようになった。それは、デカルトが語っているように、魂と身体とをふたたび結合させることにほかならない。芸術はわたしに、この道を照らし出してくれた。なぜなら、人間がどのようにして自分のかたちを自分の作品に刻印するかを示しているから。人間が考えるのは、ほんとうに自分の作品を通して、である。したがって、人間は、わたしには一種のきわめて豊かなシェマティスム〔悟性による図式操作〕として現れている。このシェマティスムは諸思想の自然な歴史として与えられている。そしてすべての人が、瞬間から瞬間へと有るのと同じように、有名な神話が下降のシェマティスムを形成するように、プラトンの天上的観念は千度以上、この人間は亡びる、あるいは救われることを推察するのに役立った。とはいえ、しかし、わたしには歴史をまったく忘れることなどできない。歴史は、深く理解すると、われわれの思考のなかで地理学の役割をなしている。史的唯物論の有名な観念は、わたしにはいつも、その一般的表現においては冗語法をなしているように見えた。適用については、移住、野営、そして城塞に従って、取引と探険に従って、仕事と仕事の変化に従って、産業と産業の変化に従って、ひとつの文明が、そしてもうひとつの文明が、人間の階級が、偏見が、情念が、思考が、ひとつの理想が、神々さえもが、あらわれるのを見るのは、歴史の精神そのものなのだ。幾何学は、ついには、どこでも同じものになってしまった。とはいえ、それでも幾何学は、毎年畑の境界を再発見しなければならないエジプトのような場所に生まれたのだ。天文学は霧の多い国では始まり得なかった。流体静力学の全体と物理学の大部分は、海から教えられた。建設法と固体平衡の法則は、麦畑さえも何か建築的な意味をもっているわれわれの住んでいる「山地」においてはまったく自然的なものなのだ。しかしそのような例だけにとどまっていたら、たいしたことはない。そのような例は仕事と諸科学を理解させてくれるだけだ。仕事には、仕事の身振り〔流儀〕というものがある。そして身振りは言葉に劣らないほど、思想を見いだし、習俗を決める自然的方法なのだ。わたしはバルザックの『田舎の医者』のなかで、死者たちを嘆き悲しむふたつの方法に出合った。それらは緯度の差によるもので、一方はより謹厳で、より激しいものだった。この例によって、わたしがほとんど、どこからおのれの思想を形成してきたかがわかるだろう。つまり自分にとっては、道路修繕工、郵便配達員、牛飼いを知るため、プラトン、デカルト、カント、ヘーゲルなどが、モンテーニュ、バルザック、スタンダールなどよりも役立ったということだ。とは言っても、時として、身振りによって思想に先行しなければならなかった。ただ、あえて言えば、身振りから身振りに進む考え方は物言わぬ神々しか生み出さなかった。だから、たとえピュロン〔懐疑論の祖とされる古代ギリシアの哲学者〕が疑わなかったとしても、だれもそのことを知らなかっただろう。映像を哲学と思い込んではならない。わたしのポジション、すなわち偉大な巨匠たちを裏切ってはならないという立ち位置を、強固にしたのは、映像だけにとどまろうとした人たちが、映像を喪失したからだ。マルキストたちが彼らの例を追い求め、知らないうちにそこにつまずいている。滑稽である。おのれを「悟性」と思い込んでしまう想像力は、すぐに行きづまる。そのように理解された宗教の歴史は、歴史と宗教とを殺戮する。反対に、わたしの道には希望があった。慣習のなかにつねに思想を求め、その結果、人間を発見し、宗教をとおして精神そのものまで見抜く希望が――。それでも慣習の、いな、もっと言えば、慣習的身振りの深い観察は、教えることの心地よい部分、ますますその気になる部分だった。それは救われた正論のようである。しかしながら、わたしの話に、人が大笑いしているのもわかった。わたしはいつも、瞑想の冬を救うことができた。遊び半分では教えることなどできない。この深く隠された原理〔真理〕は、わたしが先ほど、喚起したこと、すなわち想像力は悟性に代わることができない、という法則の系にすぎないのだ。このような用心をしたうえで、わたしは、どのような新しい習俗が、どのような神学が、どのような政治が、機械的機織《はたお》りの発明から生じるべきかを好んで探究した。反証として、わたしは亜麻をもっていた。なぜなら、亜麻は機械的には織られないから。一方には工場があり、もう一方には家族的アトリエがある。一方には徒刑囚人におけるような修業があり、もう一方には父、母、兄弟のもとでの修業がある。わたしは「主の祈り《パテール・ノステール》」がどこから蘇り、そしておそらくどこへ滅びてゆくかが、よくわかった。すべての川が亜麻を晒《さら》すのに適しているわけではないのだから、わたしは宗教を涵養している川、すなわち敬虔で奇蹟的な川〔プロレタリア精神が奇蹟への信仰をなくさなかった川〕をもっていた。鉄道は工場を分散させることによって、都市の精神と田舎の精神が混ざったものをつくり出した。犬の訓練と馬の調教はふたりの人間をつくる。炭坑夫はその恐るべき職業によって統制されている。軍務については、周知のごとく、それが剛毅な教説と損なわれた塔のような驚くべき道徳を培っている。しかしながら、水夫が兵士と同じ信念をもたないことは明らかだ。また、海辺に住む人は、あるいは迷信によって、あるいは宗教によって、あるいは政治によって、内陸に住む人とは対立するものだ。わたしはそのような思考を緩やかに試みるようになった。これまでずっと書いてきた、そして、今もまだ書いている、「プロポ」のなかで。しかし読者の変化によって、なぜなら、〔第一次世界〕大戦以来わたしは千人ほどの読者のためにのみ書くようになったから、わたしは難解さをあまり恐れなくなった。わたしを支持している千人ほどの人たちが、いつもわたしに従ってくることは確かだったから。このようにして授業が「プロポ」になり、「プロポ」が授業となった。〔ふたつのことは〕同じことだ。なぜなら、想像力が観念に道をひらくことと、観念が想像力を活気づけ導くこととは、同じことだから。想像力はこの光がないと、ロバが自分の耳の影にぶつかるように、自分自身にぶつかりやすい。

人が幸福なアラビアと言うように、この解放された、散策するような教えを、幸福な哲学と呼ぶほうがいいだろう。事実、わたしは決して冗談に耽らなかった。しかし少なくともわたしは、それを味わったが、後悔していない。人を笑わせたことについて弁解する必要もない。難解な観念のためにそれ以上いい準備はない。わたしは、バルバラやケラレント〔若干謎めいた三段論法の形式〕を習うのでさえも、楽しかったことを思い出す。そのことは連続的シェマティスムが働いているせいだと思う。人間の身体を解放させることは大変なことである。

読者はわたしの『思想と年齢』によって解放されたと思う。この作品は上機嫌で、淡々と記された断章である。束の間の、しかし美しい雑誌『銀の船』に、人は、この書物に入ってもいい断章を見いだすだろう。わたしには、どうしてそれらが収められなかったかを言うことができないだろう。それは再びわたしの『マルス　裁かれた戦争』の方法に従った。しかし激しいものではまったくなかった。ここではわたしは、人間と和解した。わたしはこの詩人の良いところも悪いところも好きだった。わたしは、どうして不幸と幸福が詩に変えられるか、また神話、芸術、そして宗教がわれわれの毎日の衣裳であるかを、理解し始めていた。この上機嫌はこの書物の色合いをなしている。その唯一の欠点は、あまりに易しいことである。少なくとも見かけ上、この書物はわたしにとって、「帰還」の味がする。わたしはそこに、無頓着さを見いだす。わたしはもとより自分の好んでいた左翼誌によって真面目に取り上げられるのにほとんど値しなかった。わたしは、自分を理解した組合員は、ただひとりしか知らない。だから彼は、こっそりと探求した。

同じ頃、わたしは何日かで小さな書物を書いた。こちらの方はもっとずっと早く出た。この書物はほとんど知られていない。なぜなら、五〇部しか刷られなかったから。それは「友情」に捧げられた記念碑《モニュマン》だった。わたしは偶然にも、ある未知の読者と出会った。彼はおそらくもっとも敏捷な人、そしてもっとも洞察力の鋭い人のひとりだった。わたしは彼のために著作『アンリ・モンドールへの手紙――心情と精神について』を書いた。この本は、わたしが豪華版に対してもっていた、そして今ももっている偏愛の例である。また、あらゆる困難さが集まっているひとつの問題と取り組む直接的方法の例でもあった。この方法を、わたしの生徒たちはよく知っている。情動と感情についてのこの教えは、いつもわたしのディオゲネスの酒樽〔ディオゲネスが酒樽を住処《すみか》としていたという故事による〕であった。今日でもそうだ。わたしはそれを自分の前に転がしている。しかしほとんど前進しない。

ヘーゲル

このような紆余曲折した歩みによってヘーゲル〔Georg Wilhelm Friedrich Hegel, 1770-1831〕に近づいていたことは、おそらく察しただろう。本屋で偶然の出来事があった。四巻か五巻のベナール訳『美学』を見つけたのだ。それはこの大問題について連続してなされた、いくつかの講義を収めたものだ。わたしは新しい国に入った。だれもヘーゲルについて、語らねばならないようには語っていなかったことが、すぐにわかった。わたしも一度ならず、実に奇妙な憎悪と軽蔑を感じていた。おそらく、ハイネがよく理解したように、途轍もないスケールのこの教授はあらゆる思索の試みを、彼以後、まったく難解なものにしてしまったのであろう。事実、最近の哲学の間で、将来を切りひらいた唯一の哲学である。このどっしりした真面目な男は、ドイツ人がフランス人の気に入らないのと同じ理由で気に入られなかったのだろうか。われわれフランス人が軽薄で虚栄心が強いというのは本当なのか。そのことについては、何も知らない。なぜなら、今見てきたように、わたしが慎重に注意を払っているのは「仕事《メチエ》」、すなわち人びとが何をしているか、あるいは「流れ」、すなわち自然から何が出てくるか、だから。この方法は祖国を捉えることができない〔換言すれば、それはヘーゲルをプロシア人として解釈すること、あるいは歴史を政治によって論じることを、排除することである〕。

その頃までは学生じみた論争ばかりをやってきたリュシアン・エール〔Lucien Herr, 1864-1926. パリのウルム街のエコール・ノルマルの博学な司書。そしてフランス社会主義の二大人物、すなわちレオン・ブリュームとジャン・ジョレスにインスピレーションを与えた〕は、ヘーゲリアンのなかでもっとも学識が深い人物とみなされていた。戦争が彼をさらに柔和な人にした。彼はわたしの『精神と情念に関する八十一章』を受け容れていた。そしてわたしの『芸術の体系』を無条件で讃えていた。彼は以前からわたしの『思想と年齢』に興味をもっていたが、読んではいなかった。その頃、われわれは頻繁に、今では有名な、大理石の彫像があるビューローのかたわらで会っていた。わたしがつねにラディカルであることに対し、彼は、尊敬の念を抱いていたことを、隠さなかった。彼はあまりにも多くの「背教者」を知っていた。そして彼らのだれひとりとして、決して赦さなかった。遅まきながら、まったく真摯な友情があればこそ、あえてやっていたヘーゲルに関する講義について、わたしは彼にアドヴァイスを求めたのだ。それは講和後、まもない年だった。意外なことに、彼はあえて続けることをすすめてくれた。おそらく彼にはわかっていたのだろう。ヘーゲルを深く学んだことから、ヘーゲルは、かなり強靭に構成されているので、きっと認められることが。それに、ヘーゲルほど裏切られ、あらゆる方向に引き廻され、引き裂かれた著者はいないことも、彼は知っていた。彼は、わたしがヘーゲルをフランスで復権させると判断したのだ。それは誤りではなかった。『エンチクロペディー』のドイツ語テクストが手もとにあるならば、現行の翻訳で十分である、と彼はわたしに断言したのだ。実際、このテクストは強固な基盤であって、あらゆる重大な誤謬から守ってくれるはずである。

わたしの知る限り、だれもヘーゲルについて、彼の体系とは別に、当然言わねばならないことを決して言わなかった。それは、『精神哲学』か『美学』か『宗教哲学』のどこでも開いてみればよくわかる。そこにはわれわれが従うことのできる、そしてやがてぱっときらめく貴重な観念が、すぐにあるだろう。たとえば、である。主人と奴隷が対立しあっているとする。ほんの一〇行ばかり読んだら、歴史を解く鍵を握ったような気がしてくる。なぜなら、これらの平等でない人たちが置かれている状況は、まったく別の意味で不平等であるから。一方は、何も学ばない、何も理解しない、そしてすべてのことを忘れてもいい状況に置かれている。他方は、必要に迫られて知識、判断、そして徳を蓄える。「奴隷は主人の主人となり、主人は奴隷の奴隷となる」という定式を読めば十分である。無数の卑近な例が想起されるだろう。その結果、不平等な者の世界は絶えずひっくり返り、貧しい者が金持ちになるのと同じ確からしさでもって、富める者が貧しくなる。しかし、観念の中核を掘り下げるがいい。さもなければ、例外ばかりに出合うことになる。あるいは、すべての人の関心を引くタイトル、「戦闘」〔ヘーゲル弁証法の一段階〕を読むがいい。すぐに非常に驚くべきことがわかる。すなわち、考える人間（自我）は、自分の支配を脅かす相手のその主張に即座に憤慨すべきだ。さもなければ、他の考える人間を見いだし得ない。こうして、挑戦と閉ざされた領域とが出てくる。激怒しなければ議論することができない人たちは、その侮辱に対する対価を支払わなければならないことを、理解しなければならない。それはつまり、暴力は最後まで〔それが行き着くところまで〕行ってしまうということだ。暴力は、何ひとつもたらすことのない、暴力そのものによって破壊される。他者には、この論争が正々堂々と行われることを要請する権利がある。人間は、ここでは、〔どう考えるか奥まで〕見抜かれているのだ。こうして自我が、もうひとつの自我を通して認識されるということは、体系の一契機《モーメント》であり、またヘーゲル弁証法の一適用である。しかしそのことは、始めはどうでもいいことだ。なぜなら、一観念はそれ自体で「宝」ではないから。観念というのはひとつの手段であり、ひとつの道具である。

わたしは何についても断言はしない。わたしはひとつの鍵を試みる。それからもうひとつの鍵を試みる。それは、どのようにでも、観念をつくることができるというのではない。そのことは、すでに説明した。わたしはまず、体系を粉々にする。それは、機会があるごとに、わたしは、理解しようと訓練していることを、意味する。もしわたしが、美学の講義のなかでジュピターが「泥と血の神々」に勝利したことを見いだすならば、この観念はすでに、最初、道の見えない諸宗教の全体を探求する一方法なのだ。また、魔法すなわち直接的宗教について考察しながら、魔法使いはおのれの身体を動かすように、すべてのものを動かそうとする人である、ということがわかった。見かけの立派な――それは認めよう――この定義に従うほうが、おそらく、社会学者の例、それにヘーゲルのなかにもある例のなかで、途方に暮れるよりもましである。もっと強調する。なぜなら、ほとんど避けることのできない誤謬、むしろ〔論理における〕操作ミスは、まず『論理学』を消し去ろうとすることだから。『論理学』は抽象的形而上学、あるいはそういってよければ、超越に対する批判、にすぎないのだ。定立、反定立、総合というよく知られた三術語《ターム》のはたらき〔わざ〕は、少し研究すると、それだけでレゾナンス〔奥の深い響き〕に満ちているけれども。そして矛盾を受け入れなかった者は、決して進歩できない羽目に陥る。論破できないピュロンが現れるやいなや、人は見ぬ振りをして、議論しないで判断しなければならないと感じる。このヘーゲルの『論理学』においては、あらゆる論理学が知られており、そして「超越論的論理学」が古代の論理学の継続となるように、すべての論理学が秩序化されているだけに――。そのことは一読して、古代の学問から近代の学問に到るそのような弁証法的運動を真面目に考えさせるだろう。人はまったく無知でない限り、古代人の誤謬はむだではなかったこと、そしてどうであれ、それを経験しなければならないこと、そして、彼らと一緒に方法的に間違わねばならないことを、うすうす感じているだけに――。つまりヘーゲルの『論理学』のなかには克服しがたい困難など存在しない、ということだ。

もっとうまく言えば――。二、三のくだりにつまずくと、全体の歩みがかなり明晰になってきて、その歩みに従ってみたくなる。この歩みはわれわれを抽象から自然へと導く。それは例外なしにわれわれのすべての思考の運動なのだ。『論理学』が単純に否定されるということではない。『論理学』は、ヘーゲルの表現によれば、否定されながら同時に、保持される。暫定的に、こう理解してよいのではないか。『論理学』はそれだけでは真ではない、それはむしろ、真理への道であって、すなわち良識《ボン・サンス》に属する、と。

『自然哲学』が読者を戦慄させるのは実にもっともであることを、わたしは認める。わたし自身が安心したように、善意の読者を安心させたい。『論理学』はそれだけでは、形式の虚しさに到るだけだ。自然のなかに身を投じ、われわれにとって「精神」である、磨かれた抽象的思考によって自然を読もうとしなければならない。そのことは、自然のなかに精神の轍《わだち》を発見することである。われわれはそれ以外の何を、かつて、なし得ただろうか。ただ、星辰は神々であり、円、すなわち神々にふさわしい唯一の曲線をなしている、とアリストテレスは判断したのに対し、ヘーゲルは、諸々の存在の本質をはるかに厳密に把握している。諸々の存在の本質は、一見したところ無機と有機の二類に分けられている。しかしながら、有機的世界はすべて、精神が一瞬おのれを認識し、ついで、おのれを見失ってしまう割れた鏡のようであるというのは本当だ。動物が考えるという観念は、採用せねばならないか、あるいは放棄せねばならないか、どちらかだ。この観念を放棄する人たちは、パラドクスだと論難される。すると、それを採用せねばならないのか。それはまったく愚かしい命題ではない。われわれはそこから、一種の詩、あるいは神話の世界に飛び込むけれども――。わたしは無機物を措く。内在的精神によるその解釈は、明らかに危険そのものであるから。「結晶」は、たとえば、生物から無生物に到るなんらかの道があること、おそらく万物のなかにごくわずかの生命があることを、いつも人間たちに示唆していたけれども――。人はライプニッツに対して戦慄を感じない。まして『自然哲学』を恐れてはなるまい。『論理学』と同じように、『自然哲学』はわれわれの背後に棄てられるように運命づけられているものだ。放棄され、そしてまた採用されるように。そのことに何の不思議があるか。われわれはまったく自然と、人間に到る。人間、それはまた自然であり、そして動物のなかでもっとも考えるものである。動物であること、これを忘れてはならぬ。自然であること、これを忘れてはならぬ。今や、『精神哲学』のタイトルのもとに、一種の盲目的弁証法によって、とにもかくにも秩序づけられた、自然の諸条件から出発して自然的人間を考えることが問題である。選択の余地はない。さもなければ、そこで思惟する〈われ〉と、思考の形式の研究に戻らねばならない。それは『論理学』をくりかえすことになる。簡潔に言おう。ヘーゲルがわれわれにすすめているのは、この上もなく明らかに動物的で、そして、宇宙的である人間の歴史のなかに、いま精神を探究することだ。『精神哲学』が『論理学』をくりかえすことにはならないのは、そういうわけである。

ヘーゲルとアムラン

このくだりをもっと照らし出すため——それはつまり、難解なものとするためであるが——アムランの「体系《システム》」をふたたび取り上げよう。この体系は一見したところ、ヘーゲルのそれと似ている。カテゴリー論において違っているけれども。そしてこの相違を超えて次のように言える。このふたりの哲学者にあっては、思考は、抽象的なものから具体的なものへと考えるように命じ、そして空虚な、中身のない一連の形式から出発して人間と世界の支配へと到っている。このような思考の歩みこそ、唯一の、そして真実のものだ。わたしはそう確信する。なぜなら、人が純粋の形式を見いだすのは経験のなかではないから。そして純粋の形式がなければ経験は精神を粉砕するからだ。したがって、ふたりの思考は正しく出発したと思う。いな、アムランは、関係そのもの、すなわち任意の術語《ターム》がその反対を喚起することから出発することによって、最初の厳密さに何かを付加したのだ。わたしには、ヘーゲルからアムランに到ることでどう進歩したかも、よくわかった。それは、アムランは対立を矛盾に代えていることで、これによって反論の密雲が遠ざけられているのだ。なぜなら、ヘーゲルが矛盾を考えるやいなやヘーゲルを棄てねばならないということを、聞いたこともあるし、読んだこともあるから。矛盾を考えるというのは不合理そのものであるから。

ところで、アムランは見事な洞察をしている。一と多、静止と運動、存在と非存在のような対立は、厳密に言えば矛盾ではなく、むしろ相関であるというのだ。厳密な意味の矛盾は、最後は行動の問題に帰着する。そこでは「然《しか》り」か「否」のどちらかを、選ばねばならない（たとえば、お金を返すか返さないか）。このような理論では解くことができないものがある。そこで、体系は終わる。世界が始まる。だいたいそういうことだ。わたしはアムランを直接には、論じなかった。アムランはわたしの思索のなかに入ってこなかったから。それはどうしてなのか。それを、ここで言おう。

演繹によってアムランは、関係から、数、時間、空間、原因性、目的性を通って、自由な意識、すなわち人間そのものに導かれている。ところで、人間が生まれたのはそのようにしてではない。人類がその思想を書いたのはそのようにしてではない。このふたつの歴史のなかに、人は夢、説話、伝説、狂愚、戦闘、そして創作しうる限りの泥と血〔神々〕を、推察して発見している。ここにおいて、ヘーゲルはもっと大胆であり、問題の核心を見事に衝《つ》いている。彼の『論理学』は彼を世界に連れてゆく。存在の弁証法は、彼を純粋の関係に導いているからだ。真であるいっさいが、虚偽であるいっさいである、というような虚しい形式のなかで、精神が消え去るほど純粋な関係に導いている。この対立の解消は、彼が「理念《イデー》」と命名している実在的観念である。たとえば、ワニのなかにあるワニの観念は実在的観念である。同様に、ソクラテスのうちにあるソクラテスの観念も。それが世界への飛躍の弁証法的契機である。世界の果てまで行かねばならない。鱗《うろこ》に覆われ、謎に満ちた、そしてそこでは観念を推察するだけで窺い知れない世界の果てまで――。爾来、内在性は思考の法則である。もはや存在と観念を切り離すことは許されないだろう。たとえば、ローマ民族の観念は、わたしがつくり出した観念ではない。そうではなく、彼らの行動、習俗、制度、ローマ法の観念、その類いのものによって、ついに、世に生まれ出た観念そのものである。ヘーゲルのなかで重要な点は、事物を前にして、でなければ、人はそのような実在的観念を推察することができないということだ。そんなわけで、あるローマ人は、共和国が小アジアやガリアについてどのように考えるかをあらかじめ言うことができなかった。たしかに、ローマ軍が進出し、交渉者たちがそれに続き、ローマの平和は樹立された。ローマ法は慣用によってつくられた。同様に、ソクラテスは、そのリアルな、独自の生涯において、自分の戦い、抵抗、いな、対話でさえ、あらかじめ計画することができなかったのだ。まして自分の死については計画することができなかった。しかしソクラテスは、その最期にあってさえ、さすがソクラテスである新しい存在様態を、いな、真のソクラテスを発展させた存在様態を、つくり出したのである。今、もし人がローマ史、あるいはソクラテスの歴史（物語・神話）、あるいは宗教史のなかで過去を振り返るならば、人はそこに、間違いなく「精神」を発見する。ソクラテスに、カエサルに、イエスに出された問題とは、まさに「精神」の問題だったのだ。有無を言わさぬ「出来事」を通して、人はこれまで考えていたようには、もはや考えることができないこと、思想がそれぞれの間で戦っていること、この矛盾を克服しなければならないことを、発見する段階に到っている。この運動はリアルな弁証法であって、抽象的な弁証法ではない。それは一民族、一個人、歴史全体のいのちそのものだった。なぜなら、出来事に負けてばかりいる人は、生きているとはいえないのだから。一民族はその制度、警察、法、牢獄をつくり出すことによって生きている。そして人はいつも、この生きた「歴史」のなかに、克服された「対立」、すなわち排除され、そして堅持された「ことば」を発見する。それが伝統の本質である。ローマ軍はひとつの軍隊である。なぜなら、新しいローマ軍はつねに、古いローマ軍であるから。また、ある民法がリアルなものとなるわけは、リアルな判決を集録したにすぎない判例がそれを示しているように、その民法が堅持されつつ変わってゆくからだ。それぞれの判決は、権利と公正の間の避けがたい矛盾を、可能な限り克服している(裁判官に訊いてみたまえ)。たとえば、権利獲得の問題において(わたしは借りている農場に倉庫を建てる)、だれも他人の財布で金持ちになることはできないし、まただれも共同の富を破壊できないということは明らかだ。しかしながら、使用し尽くすことも、濫用することも所有者の権利であることは明らかだ。真の判断であり、唯一の判断であるこれらの判断は、ついに、それらの全体から、だれのものでもない新しい思想を生み出す。同様に、リアルな憲法はだれのものでもない。ここで、英国憲法とわれわれの憲法を考えて、それらを、君主制と共和制から形成される諸観念と比較してみたまえ。それはひとつの「論理学」の断片にすぎない。力と権利、秩序と自由、資本と労働の間の対立は、論理によって解決されることができない。いな、むしろこの種の解決は空想的と言われる。本当だ、なぜなら、そのような解決はありえないから。しかしながら、王たち、裁判官たち、そして臆見は、そのような矛盾を克服するのをやめない。もっとも、そこから他の矛盾が生まれてくる。生きた、力のある思想とはそういうものである。

どのようにソクラテスが、彼なりに自分の不可能な問題(法に従うこと、かつ法に抵抗すること)を解決したかを、完璧に理解することは、もっとむずかしい。見かけの難題を突破しよう。人は、ソクラテスは真の思想を見つけたので、この思想に従って毒人参を飲んだと言いたいだろうが、そうではない。ソクラテスはそんなふうには生きなかった。真に生けるソクラテスは盃《さかずき》を取り、神々に灌奠《かんてん》の儀を捧げた。ほんの志にすぎなかったが、なぜなら、死刑執行人はちょうどひとりの人間を殺すのに適量なだけしか毒人参をすりつぶさなかったから。そしてソクラテスは飲み干した。そのことは、その場に居合わせなかったプラトンのなかに、爾来、不抜の思想を植えつけた。このようにして、ソクラテスの思想は全歴史を貫いた。ただ一回、しかも永遠に、ソクラテスは死んだ。デキウス〔ローマの皇帝。元老院よりトライヤーヌスの名を贈られ、ローマの伝統再興のため、国家に有害とされるキリスト教を迫害、全国民に神々への供犠《くぎ》を義務づけた〕は死んだ。イエスは死んだ。「死ぬことによって——とヘーゲルは言う——精神のいのちが始まる」。わたしはこの偉大な体系に固有の響きを聞かせるために、あえてこの晦渋なことばを引用する。わたしがここで与えた解釈について少しでも疑いをもつならば、『精神哲学』のなかにある、「権利」の項を、あるいは「民族精神」を探してみるがいい。人は、あるがままのヘーゲルを弁護するなり反論するなりして、自己を鍛えてほしい。マルキストたちはこの規則に背くことをやめない。おそらくマルクス自身、それを守らなかった。アリストテレスはプラトンに対して正しくない。スピノザはデカルトに対して正しくない。マルクスはヘーゲルに対して正しくない。つまり、讃歎が激怒に変わるのは一種の法則なのだ。情動の弁証法、すなわち聞き入れようとしない、盲目の弁証法があることを、わたしは悟得した。

どんな点において聞き入れようとしないのか、盲目なのか。それは、ワニやオオカミの思考は推察され得ないからだ。人間の思考もまた、完全には推察され得ないからだ。様々な存在《もの》を打ち砕き変形させ、それらの謎と異なる謎とを課すのをやめない、機械的な存在様態を省察しなければならない。道は塞がれている。外的危険を前に、人間はどのように窮地を脱するか、それが歴史のすべて、である。そのことが理解できたならば、人は、ヘーゲルはイデアリストである、と言ってもいい〔「合理的なものはすべて、実在的である。実在的なものはすべて、合理的である」)。なるほどそう言ってもいい。だが、その言い方は、はなはだまずいものだ。イデアリスムは体系のなかにその場所を持っているが、イデアリスムは、すでに止揚された一契機なのだ。もっと明晰判明に言えば、世界は、まったく合理的なものとして想定されている(だれもがそれをやっている)。しかし、世界は決してそのようには認識されないのだ。そして「歴史」を動かす論拠、あるいは思想はつねに、大地にまみれ、大地から、そして肉から引き出され、また、つねに最大の欲求であるもっとも卑近な欲求から、引き出されているのだ。マルクスは、そのヘーゲルから、史的唯物論、言い換えれば、唯物論的弁証法の主導観念を見事に引き出した。それがなんだというのか。精神は偉大な盗賊《ぬすっと》である。

したがって、マルクスは弁証法によってヘーゲリアンである、しかも彼が思っているよりもはるかにそうであると、わたしは判断する。しかし、リアルな思潮と、現代全体がヘーゲルから受けた衝動を考えるならば、マルクスが受容し高め、ふたたび世界のなかに投じたヘーゲルの観念は、絶えざる変化の観念である。この観念は神秘的である。だからといって、その輪郭が精確に示せないというわけではない。神秘的であるというのは、茫洋としてとらえどころがない、という意味ではないのだ。この観念をもっとよく捉えるためには、内在性をよく考えるがいい。内在性というのは、論理から自然へと飛躍した瞬間、おおいなる秘密となる。精神は普遍的なのだ。そのことは『論理学』があかしている。また、すべての論理学があかししている。そのことを拒否しようとすると、人は、すべての形式を、そしておのれの精神をも拒否することになる。ただ、この形而上学は孤独で、自分一個があるだけだ。それはどんな小さな運動をも説明しない。反対に、精神哲学、芸術哲学、宗教哲学は、精神が世界のなかで働いていること、すべての存在のなか、すべての人間のなか、すべての民族のなかで自己を求めている、すなわち、自己を求め、自己を見いだし、自己を超越していることを、示している。世界は、このように神の夢のようなものであるから、決して世界は、精神を表象するには到らないだろうということは、さまざまな理由から明白である。死はつねに、口がすべてを言い終わらないうちに口を閉ざすだろう。つねに小さき死が、瞬間ごとに、観念を閉じ、それを凝固させ、それを使い尽くし、それを殺す。あるいは、言い換えれば、精神は観念の宝庫ではない。真の精神は、真理の総和ではない。真の精神とは、生まれつつある精神、また生まれ変わりつつある精神である。それは、解体して救い出す精神である。ダイナミズム〔力本説〕、これこそヘーゲルの熱情を言い表すのにふさわしい言葉である。たしかに、再生するために死ぬというこの熱情は、ヘーゲルのなかにある。だれもそれを否定しない。神を真似ることは、すべてを超越すること、そしてさらに超越することだ。できうるならば、神をも超越することだ。

今、わたしにはこの観念がよくわかる。いな、わたしのできうる限り、それがわたしのなかで働くようにしている。わたしはその点には決して立ち入らない。もしわたしが何か有益なものを書いたとすれば、「静的分析《スタティック》」を書いたのであって、「動的分析《ディナミック》」ではない。したがって、わたしが自分なりに、自分の立場から安定と保守の原理を表象していることは、疑う余地がない。わたしは、歴史をほとんど信じない。進歩も信じない。むしろ人間の不易な構造から、すべてのものが呼び名は違っても同じものとしてまた現れていること、そのことを、わたしは感得した。地球の緩やかな冷却がそれをゆるす限り、同一物として――。この点においては、わたしはまだヘーゲリアンである。なぜなら、つねに同じ硬化を克服しなければならないとしても、だからといってそれを克服しなくてもよいことにはならないからだ。ただ、わたしは変化のための変化という神秘神学には囚われない。わたしは、しばしば言っているように、牛の歩く速さで歩む。わたしは、見かけ上われわれを同じ轍《わだち》のなかにおくような緩やかな革命を好む。たとえば、「小さな所有権」がふたたび所有権そのものを救っている。わたしの見るところ、人間の歩み〔はたらき〕とはそのようなものであり、人間への緩やかな還帰だと言ってもいい。わたしはここで、ようやく、悟得した。哲学のこのような究極的な立場は、人が考えているような重要性をもつものではない。絶対精神とは、思うに、おのれの思想以外の何ものでもない。

ヘーゲル再考

そういうわけでわたしは、ヘーゲルについての講義を三回、一九二〇年から一九三〇年頃まで行なった。それは一年間、毎土曜日にあったのでかなり厖大なものになった。最初の時は、勇気がなかったわけではないが、この広大無辺の哲学の目次をたどり直したにすぎなかった。しかしその後は、もっとうまくやれた。しかして生徒の数は、年々増加した。ヘーゲルについての三度目の講義は、わたしはそれを非常によく覚えているが、広い机と真ん中に大きな通路がある大製図室で行われた。約七五名の正規の生徒と相当数のノルマリアン〔師範学校生〕がそこにいたが、その中にはアマチュアも紛れ込んでいた。ある青年銀行員は土曜半休を利用して神託を聴きに来ていた。それらのことを知ったのは後になってからだった。わたしはこの種の輩《やから》たちには目もくれなかったが、しかしながら、彼らのすぐそばにいた。音響効果のせいでわたしの声が聞こえなくなったので、わたしは中央の通路を歩きまわった。わたしはもっとも晦渋なページの中からあらかじめ選んだページを読ませた。わたしはそれらをあまり照らし出さないようにし、しかし少なくとも根底から掘り返し、そこにわれわれ自身の思考とのレゾナンスをいつも求めながら、註解した。注意してほしいのは、われわれ自身の思考は本来、かなり晦渋なもので、もっとも大胆なヘーゲルでさえその〔われわれ自身の思考の〕そばではまだ明晰であることだ。若者たちはそこに、彼らが求めていたもの、すなわちある精神の詩を明らかに見いだしていた。それはほとんどカントについての講義の反対だった。しかし、これらの見かけの矛盾にはこだわらなかった。決して反駁しないこと、問題の著者をすぐれた人間的事実とみなす、というわたしの規則に従った。実のところ、どうしてウェルギリウスやホメロスよりもむしろプラトンやヘーゲルに反駁するのか、わたしにはわからない。わたしの方法はソルボンヌ的なものとはかけ離れていた。

そういうことは好意的には見られなかった。電話戦術もよく行われた。「もしもし校長先生ですか。少なくとも三人の生徒が抜け出し、アランの講義を聴きに行ったようだ。そのあたりを調査して、ご返事願えませんか」。エコール・ノルマルからである。校長は生徒監に伝えるが、生徒監はまじめには取り合わなかった。事態はそのようにして少なくとも一年経った。しかし、きっと監察当局の言うことが、結局まじめに受け入れられたにちがいない。この流行《モード》は——そのように当局は言っていた——廃れた。おそらく読者には、わたしがそのようなことにはほとんど興味をもたなかったことはわかってもらえるだろう。とにかく、欲すると否とにかかわらず、それらのことを知らない人物を演じていた。「リュトラン」[1]〔譜面台〕を想起させるこの小競り合いを終わらせるためには、まだ何回か、授業をやめるまで思想の最有力な先生方までも襲った、このパニックの喜劇的な証拠を握った。わたしは新しい「リュトラン」を書くつもりはない。わたしは自分を偉そうに見せる滑稽さだけは避けた。とにかく周囲の事情のおかげで、競争に参加しないですんだのは事実だ。この問題で思うことは、わたしには中等教育の最高のポストが実に似合ったこと、そして高等教育は、おそらく自分はそれを立派に果たしただろうが、自分が決してやろうとしなかった仕事だということである。

そこからわたしが理解することを、今わたしは、テクスト批評や解釈の検討のような形の相違によってのみでなく、もっと深い相違によって説明しなければならない。高等教育はわれわれの思考の成熟期に対応する。収穫し、麦をえり分ける。われわれはというと、われわれは種を蒔く。わたしの生徒たちは、詩と思想とを区別しない、そしてよく響く謎に力の限り専心する年齢に、まさに達していた。わたしがすでにちょっと言ったことのあるマラルメの「骰子《さい》の一擲《いってき》」〔このことば「賽《さい》の一振り」は断じて偶然を廃することはないだろう」を軸にくりひろげられる《詩と偶然》をめぐる言説〕の詩は、われわれの謎の極致のひとつだ。ラニョーには、わたしは尊敬の念を抱いていた。彼の「見かけ上明晰なものをその暗さに返すこと」Clarum per obscurius には——。だから、ある意味においてわたしは、明晰であることを嫌っていた。ラニョーの弟子でもある若い仲間が、何年ぶりかで会った時、「晦渋でなければならないと思ってはならない」と言ったことを思い出す。ご推察のとおり、わたしは返事に窮した。しかし、結局のところ、わたしはどう答えるべきだったろうか。

ヘーゲルはわたしには、手本として役立つ。ヘーゲルが教えていること、神は絶対精神であること、神は内在的であること、神は生けるものであり、この世のなかに自己をあらわすこと、そして、神が思惟するに従って（神が神自身を限りなく思惟するに従って）、精神的出来事が展開することを、わたしは信じているのだろうか。わたしは自分のアリストテレスを認めた。そしてこの符号《しるし》は、わたしがアリストテレスを誤って理解していなかったことを、自分に証明した。しかし結局、わたしが自分を純粋行為にまで高めた時、わたしが有名な「思惟の思惟」を説明した時、自分は、はたして何を望んでいたのか。また同様に、わたしがヘーゲルのなかに、すべての生の、すべての思惟の、すべての歴史の主宰である「生ける完全者」を見いだした時、わたしは、自分が神の夢に囚われていると感じただろうか。たしかにそうだ。しかし、ただ方法的に、そして自分がいつもカントのなかよりもホメロスのなかに思想を好んで求めるのと同様に——。カントは学校の教師である。それは結構なことだ。カントの荒野は祝福されるように。人が精神の誠実を学ぶのはそこにおいてであり、そしてそれを何度も学ばなければならない。しかしながら、われわれは、おのれが母なる「自然」に走り寄り、その暖かい「襞《ひだ》」のなかに身を隠すふしぎな有袋類の動物である。われわれが眠るのはそこであり、われわれが目醒めるのもそこからである。ヘーゲルの神髄は、わたしの理解した限りでは、人間の世界はいくつかの迷信がもはや存在しない歴史の段階に到達した、ということではなかった。否、それどころか、わたしはわれわれの思想の初期には迷信以外、見なかった。コントはそのことについて、わたしに教えてくれた。現代のヘーゲルであるコント、そしてヘーゲルについて、彼をよく知らないで、「ヘーゲルはその精神によって何を意味しているのか」と言ったコント——。芸術、神々、そして哲学に到る進歩は、それぞれの意識の試練においてかならずくりかえされること、そしてこの道、言い換えれば、下から上への上昇によって、われわれのリアルな思考が聞いて覚えた思考から区別されることを、わたしは理解した。自分が晦渋さを、精神を覚醒させる方法と捉えることができたのは、このような見解からである。

そして今また、わたしとしては、まず晦渋な点にとどまり、あえて言えば、暗さの全側面を探究する盲目的な変形の方法によって、どうしてもその点を確認したいと思う。人はつねに、あまりにも性急に説明しようとする。そうして、どんな結果よりも無限に貴重なものを失う。それは飛躍であり、信仰である。なぜなら、ある暗さ、われわれに触れていて、われわれと繋がっている暗さは、間違いがないと言える思考を、絶対的に、そしてわれわれが美と呼んでいるものによって、約束するからだ。それに対して早まった明晰さは、われわれ自身とともに思惟しないように意識しているから、ほとんど無意味なものになってしまう。わたしは何度も、この意識に駆られて、あまりにも性急な、その上ひどく疲れさせる話をしてしまった。しかし、わたしはすぐに、どのようにしてこの知的貧困さから脱出すべきかを知った。わたしはまた、時々、若い友人たちをもそこから脱出させたと信じている。この方法はしばしば、気分に従う。この方法は、修辞学の練習が生徒にすべてを言い表す手段を与えるやいなや、人が時々(思っているよりももっとしばしば)受け取る深遠なテクストの上で新たな展開を示す。この方法は説明することなく、くりかえすことを好む。魔術的な方法――。どうしていけないのか。魔術もまた、人間的なものである。詩もまた、人間的なものである。少しシェリング(ドイツ観念論、ロマン主義の哲学者)を読んだ人たちは、ここに、このすぐれた魔術師が成功した、趣味から証明への置換を認めるだろう。しかし、ハイネがその『ドイツ論』のなかで言っているように、ヘーゲルを見事に秩序づけられた強靱な脈絡のなかで理解した時、人はシェリングを棄てた。哲学の歴史はわれわれの思考の歴史と似ているので、わたしは、いつもシェリングからヘーゲルに行かねばならないと言おう。フィヒテからシェリングに行くのと同じように――。この最後のパサージュは、あるべきものから自然に到る『論理』である。それは、すでに言ったように、ヘーゲルのなかにある。シェリングからヘーゲルに到る道もまた、ヘーゲルのなかにある。自然のなかを泳ぎ回った後、そのなかを、あえて言えば、海豹《あざらし》や鯨のように泳いだ後、精神に帰還しなければならない。しかも一回ではない。千回でも、と言おう。おそらく一分間に千回も、われわれは論理を棄てる、われわれは再浮上する。ヘーゲルは結局、正しい。われわれのすべての思考は、下のものからの生成としてあり、原初の夜のなかに、何度もなんども、もぐり込む。この運動のなかで若さを取り戻さない人は、恐ろしいほど速く老いる。老いた人、それは懐疑論者のことだ。彼が虚偽の雲を集めていることを、わたしは非難する。雲はありあまるほどある。

ヘーゲルの深みについてはこれで十分だ。この深みは、くりかえして言うけれど、通り道にすぎない。わたしは彼が芸術や宗教について教えていることのなかに、もっと多くの学ぶべきことを見いだした。そこでは、彼は、ほとんどいつも『精神哲学』の洞窟に帰ることなく、その見事な分割によって、また自分を示すことによって、自分をあかしする秩序によって、聴衆の心を奪っている。これらの壮大なフレスコ画のなかには人間のすべての歴史が見える。

しかしながら、ヘーゲルが芸術について言っていることにわたしは驚いた。ほとんど憤然とした。芸術は、ヘーゲルによると、今やほとんどまったく過去のものだった。すると、われわれは今や(われわれ、すなわち現代の人びとは)宗教を通して哲学に到達したことになる、と自分は考えた。嗚呼《ああ》、新聞は答えている、また古代からくりかえしあらわれているすべての専制君主は答えている。芸術もまた、気高く答えている。否、われわれは進歩のある一点にあるのではない、それどころかそこに到ることはありえないだろう。なぜなら、芸術から始め、宗教に到り、哲学によって宗教を乗り越えねばならないのは、「人類」だけではないから。この見事な発展過程をまた始め、しかもその思考の一つひとつにおいてまた始めねばならないのは、すべての人間なのだ。ここでは、わたしはもはやヘーゲリアンではなかった。構うものか。彼自身、しかも今また対立によって、その反対に、敵対する力に満ちた反対に、わたしを投げ入れた。こうしてわたしは、宗教の秩序と連関とをまったく別の意味で感得した。なぜなら、芸術と宗教は真実の力強いイマージュであるならば、いつもそこに下りていかねばならないから。そして、いつもそこから逃れ出なければならないから。『神々』はヘーゲルに多くを負っている。しかし他の思考においてもまた、わたしはそこから発想していたに違いない。

わたしはより迅速に、自分が正しい政治学と信じているものに連れ戻された。われわれが陣地を占めて、そこに構築することのできないヘーゲル政治学がある。われわれはほとんどそこには陣を敷くことができない。自己同一なものは何もないのだ。昨日の正義は明日の不正なのだ。矛盾を感得し、それを乗り越えることによってそれを解決しなければならない。結構なことだ。しかし、歴史を、歴史自体の上に折り返しながら、わたしは「神話的人間」のこの限りなき進歩を、各人のなかで限りなくくりかえされる進歩と解釈した時、わたしは生成しつつある歴史を、少し異なる意味で読んだ。政治学の明白な、そして明晰な部分は、その政治学が王党派であれ民主主義であれ、宗教的であれ無神論的であれ、資本主義であれ共産主義であれ、迅速に滅びる運命にあることを、わたしは感得した。だから、大地に、下位の必然に、その時々の経験に立ち返り、そこにおいてイデオロギーという大道具を鍛えなければならない。レーニンとトロツキーは彼らの政治学を刻々救って、そういうことを相当行なったとわたしは信じる。スターリンもまた、知りうる限り、むずかしい問題に見事に適用されたその農業政策によってわかるように、彼らを立派に継承している。そこで彼らへのソルボンヌの激怒と破門が、いかによくわかることか。なぜなら、彼らもまたひとつのソルボンヌをもっているから。

しかし、自分の自由を守ることに専心している市民であるわたしは、これらの見事な例から何を引き出すことができるだろうか。大ざっぱに言えば、自由は、あるいは戦争によって、あるいは産業や商業の危機によって、あるいは内乱によって危機に瀕しているのだから、問題は自由をもっとよい時期まで延期するというのではなく(もっとよい時期など存在しない!)、自由を塹壕のなかで、すなわち障害のもっとも近くで、しかも仕事に相応した措置によって救わねばならない。たとえば、大臣たちは組合員たちが我慢できないことを時々思いつく。真のポリティク〔政治〕は彼らに道をゆずり、彼らの名誉となることだ。その時彼ら自身、自分の限界を見いだすだろう。わたしはここで止める。しかしながら、読者は今一度『精神哲学』のなか、「客観的精神」のセクション、「都市生活」の章を参照されたい。そのような都市生活は、ヘーゲルによれば、大地から出た、そして大地に汚されたふたつの原理、すなわち組合と警察とを内容としている。この考え方までさかのぼらない人は、ポリティクにおいては盲目だろう。

訳　註

(1)「リュトラン」(Le Lutrin)はボワロー(Nicolas Boileau-Despréaux, 1636-1711)の詩の名前。

デカルト

このヘーゲル哲学（デカルト哲学）は、気に入った。しかしながら、その哲学を、全部まじめに受けとるわけにはゆかなかった。大地と精神との交わりは、一瞬のことにすぎない。それは詩的高揚にすぎないのだ。実をいうと、説話を信じる以上にはヘーゲルを信じなかった。それだって、すでにかなりのことである。デカルトは、あまり幸福を与えなかったが、より多くの確実さを与えてくれた。デカルトの上に、わたしは今、立つだろう、もしどうやって自分の思索が満足に到ったかを理解させようとするならば。デカルト研究は、他の多くの人たちがそうであるように、わたしにとっても専門の仕事だった。彼の『省察』（デカルトの哲学的・根元的作品をなすもの）や『精神指導のための規則』や『情念論』を読まなかった年はほとんどなかった。しかし、『方法序説』（あらゆる哲学的ないしは科学的探究がよって立つところの規則を語ったもの）にはほとんど手をつけようとしなかった。なぜなら、あまりにもよく知られていながら、計り知れない何かが秘められていたから。デカルトの『哲学原理』（世界がどのようになっているかを説いたもの）は、いつもわたしを夢中にしたものだ。この真理探究者を、手に道具や武器をもった、泰然自若たるこの人間を、真似ようとした。しかし、結局、この人間は底知れぬところがあり、近づきがたかった。彼はただ独り、自分自身のために思索をした。人を回心させようとする大それた野心など微塵《みじん》もなかった。だから、彼には弟子などいなかった。デカルト自身が満足したような弟子は——。彼の信じる術策・奸知《かんち》についても、またその和解の速さについても、何も知らない。彼は率直さをひとつの情念として、頑固さとして、恐れていた。だから、反駁者があらわれないように、多くの努力を惜しまなかった。日常語で書かれた『方法序説』は、人を導くために書かれたものではまったくなかった。むしろ彼は、自分の精神の物語を語っている。人はそれについて好きなように考えたらいいのだ。助力をもとめる人たちを見棄てて顧みないこの冷淡さ、あるいは、ほぼそれに近い冷淡さは、彼の思想から来るひとつのあり方で、わたしにはよくわかる。だから、ハルツの有名な肖像画と、わたしが持っているその何枚かの複製《コピー》を見ながら思いめぐらしたすえ、ついに、フランスを代表するジャンセニストをみとめた。服従しながらも反抗する人、非の打ちどころがないが、しかし怪しい人、彼のなかには異端があらわれているのだが、それが拒絶されている人、告解においても明晰に思考する人を、みとめた。だから、彼は救霊の取引もしなければ、免罪符を買ってもそれを人に売るようなことなどもしない。それは師としてもつには恐ろしい人物である。彼の眼差しはこう言っているようだ。「またひとり、間違える奴《やつ》がいる」。

したがって、わたしはデカルトを、そばから、そう言ってよければ、彼に気づかれることなく、眺めようとした。彼はほとんど人から知られなかった。しかし、その思想は生き生きとしていた。世界を軽蔑することなく、彼は一生涯、修道僧のような隠遁生活を送った。その青春時代を、彼は軍隊で過ごしたが、彼自身の想いとしては、この混沌たる時代においてひとつの党派から他の党派へと転々と仕えた傭兵たちとほとんど変わることなく過ごしたと感じている。彼は健康の一条件として危険や偶然を求めたのだろうか。幼い頃、朝寝坊が好きだった、そしておそらく、すっかり起きてしまわないで長く瞑想することを好んだ彼は、臨戦体制下の安逸に慣れたのだろうか。おそらくそうだろう、と思う。彼は目醒めている時は、エネルギッシュな、性急な怒りっぽい男だった。また、おそらくはその学のゆえに、大変な怠け者で、逃げてゆく真理のほうへ手を伸ばそうともしない男だった。トゥーレーヌ地方〔のラ・エー〕で生まれたこのブルターニュ人は、われわれの間に多くの兄弟を残した。何も自慢しない、多くの束の間のデカルトを――。わたしはほんのわずかの間だったが、戦争において、ひとりの年老いたジャンセニストでポリテクニシャンの司令官と知り合った。彼はなんでも知っていたが、信じられないものを除いて、何も信じてはいなかった。彼の勇気はたじろがなかった。彼が自分の国を愛していたかどうか知らない。それについては断言できない。敵は彼にとって、イラクサが刺すように、敵の役割を演じてはいるが、どうでもいい存在だったのはたしかだ。兄弟のようで、かつ冷淡。わたしは今でもまだ、彼の青白い眼を思い浮かべる。兵士たちは彼を崇敬していた。それはデカルトではない。何ひとつデカルト的ではない。しかし結局、彼はわたしの知った人たちのなかでもっとも自分をひけらかさない人だった。彼はわたしに、自分のなかにある子犬のような衝動を、抑えることを教えてくれた人びとのひとりだった。そこでわたしは知った、情感〔愛情〕は何ごとも解決しないということを。

まあ、いいだろう。それで、デカルトはどうだろうか。もう一度わたしは、わが思索の歩みをデカルトの歩みに合わせるようにしなければならない。ペギーはわたしのあまり好まない男だが、彼はデカルトのことを、「この上もなく見事な歩調で出発したあのフランスの騎士」と言った。至言である。しかし、ペギーの善良さはいわゆる善良さの域をはるかに超えていた。わたしは社会主義者であるデカルトを思い浮かべることができない。わたしはこの冷たいデカルトのなかに、救いは握手によっては成就されないだろうと感じている。救いによってわたしは、だれもがそう理解しているように、また、あの〔そしてこの〕かの世において理解されているように魂の正しさと健やかさとを理解している。かの世〔もうひとつの生〕、すなわち、おのれが魂を按排しはじめるやいなやこの世がそれとなるのだ。はたしてデカルトは自分の魂を按排している。しかも奇妙な仕方で。彼は魂を戦争に連れていった、まず始めに、しかし、わたしの想像するに、それを永久に遠ざけるために――。そのような仕方で身体から自分を切り離したのだ。これこそまさに、思考の賭け、思考の最大の賭けである。しかし、魂を身体から切り離すことにかけては、わが兵士《ソルダ》はこの激しい作戦の英雄である。そこにはいかなる優柔もない。もはや夢見ている時ではない。想像力を突き刺し、夢や亡霊どもを殺さねばならない。しかも想像力がまさに真に迫っているその時に想像力を捕らえるあの戦略行動によって――。かまどの傍らには、ひじ掛け椅子、火ばし、その種のものがすべて、疑いの余地なくある。そしてわたしは、落ち着き、心がかき乱されることも、思いわずらうこともなく、母なる自然に支えられて、飼い犬のように感謝している。これらすべてを、わたしは拒否しなければならない、と彼は思っている。犬との会話を拒否するのと同じように。なぜなら、そこには同じ困難さがあるから。動物の魂〔霊〕は、剣を振り回すと、世界の魂〔霊〕と同じように、永久に飛び去ってしまった。そうとしかと考えられない。それが絶対的懐疑の意味である。この懐疑は見せかけのものであると判断するのは誤謬だ。それ以上もっと重大な誤謬は決してないほど――。しかし、これほど広まっている誤謬もない。なぜなら、この役割を真面目に演じる人はほとんどいないから。ラニューの追憶がわたしを、しばしば、照らしてくれた。なぜなら、彼はついに、懐疑主義は正しいことだと言ったからだ。自分の考えでは、そのことこそ、人が決して十分に考えていないことなのだ。それを考えないことによって死ぬのは、魂なのだ。魂は信じやすいものを信じることによって死ぬ。プラトンはすでにそのようなことを言っている。考えている。

これがデカルトである。デカルトは感覚の探究によって、夢によって、最後には、人がなしうるもっとも驚くべき想定である「悪しき霊《マラン・ジェニ》」(Malin Génie)によって、信じ込む幸福からまぬかれている。戦慄すべき想定だ。なぜなら、「悪しき霊」は一方で、おのれ自らを啓示しながら、なお、もう一方で、われわれを欺くことができるからだ。すべての観念は虚偽となるだろう、ただそれが現前するということだけで――。しかしながら、わたしが確かに、本当に、欺かれていないためには、わたしが判断するのを拒絶すれば十分なのだ。停止されたこの一点において、デカルトは自分が自由であることを認識する、そして自分が精神であることを認識する。精神とは否定するもの、拒絶するもの、経験の集積を、また諸観念を、すべてをばっさりと打ち棄てるものなのだ。すべてを拒絶することによって、人はすべてを所有する。これは重要なことだ。このような福音的定式が、ここで、その啓示を見いだしている。それをよく見たまえ。デカルトが悪魔払いをする。すると、真の神があらわれる。そうではないのだ。神はあらわれることはない。神は、あの間違った証拠を与えはしない。すなわち神がおのれ自らあらわとなる、つまり、真にあらわれる、という証拠など与えはしないのだ。わたしがおのれ自身のうちに沈潜し、真の信仰に到るのは、逆に、信じないようにおのれを訓練することによって、なのだ。

そのようにわたしは問題を精査していた。デカルトは神を求めている。威信に満ちているけれども、わたしはこの言葉を受け入れる。なぜなら、結局、主観的と言われる精神は、精神と見えるものをすべて、打ち砕く懐疑によって何度も殺されるから。「われ思う」は純粋なもので、ほとんど無に還元されている。それはやはり、あらゆる可能な思考を含んでいる。しかもすべての人に対して、永久に――。もはや欺かれまいと決心するやいなや、わたしが求めているのは、「思考」であって、わたし一個の思考ではないのだ。そしてどんなに奇妙であっても、それはわたしの自我ではなく、「自我」なのだ。「精神」は人間を超えている。言い換えれば、「人間」は人間を超えている。ここでもまた、ラニョーがわたしを助けてくれた。彼は主観的認識など存在しないと言ったのだ。そこからわたしは、夢を見たい。なぜなら、それは意図的な夢であるから。わたしは神を造るだろう、なぜなら、わたし自身が欲するから。もしわたしが、デカルトが明白に促しているような自由な神を求めているならば、わたしが見いだすのは暴君ではないだろう。それはむしろ、他者の服従よりも他者の自由をもっと愛する人たちにも似た、親密な友人だろう。ここには、もし欲するならば、はるか彼方にまで到り得る、真の神秘哲学がある。もし欲するならば！　これが大原則である。その時、その結果である軽蔑が、そして奴隷の軽蔑がすべての大地に、すべての人たちに、降りかかる。しかし、愛でもあるのだ。それは奴隷の自由を信じることだ。それを欲することだ。それを欲することは、それを奴隷に与えることではないのだ。彼は自分の力で自由を獲得するだろう。だから、彼の唯一の助けであるわたしは、彼を見棄てる。恩寵をめぐるすべての難解さは、まさにその点に宿っている。神がすべてを赦すこと、そしてそのことは何ひとつ事を先に進めるものではないこと。そのことを、人はよく知っている。

わたしはこの暗雲が好きだ。わたしは省察のこの炉部屋に戻る。わたしはそこでただひとりいる。何ひとつ失われてはいない。何も決して失われてはいない。宿命論は死んだ。わたしのすべての思考が宿命論を殺すのだ。反証を挙げるがいい。君自身を、君の思考に服従するものとして想定するがいい。それはもはや亡霊にすぎないのだ。それが有ると信じているから、わたしは有ると信じている。事実の問題なのだ。そのように考える人間は狂人である。わたしがアヴァンギャルドの先頭に立って出発した、デカルトに従ったのは、このようにして、であった。わたしが『省察』のなかに見いだされるような神の証明を説き明かしたのは、このような冒険的な、また本来そうあるべき思考に従って、であったのだ。しかしわたしは、まったくの見かけにすぎない文字にはほとんどこだわらなかった。証明は、人がそれを懐疑しない限り、まったくの見かけにすぎないのだ。証明の証明というのは、厳密に言えば、証明など存在しないということだ。これが、朝ごとに、勇気が必要な不安定な状況なのだ。

唯物論《マテリアリスム》

何ごとにも時がある。自分自身にも生徒たちにも、まったく飾らない勇気をもつよう鍛錬したいと思ったのはたしかだ。だから、好んであの有名な「方法」に帰った。そしてついに、その経帷子《きょうかたびら》をすっかり脱がせるに到った。実は、それは自由の法則、自ら構築した明証の法則なのだ。やむなく受け入れた明証性ではなく。周知のように、フェルマー〔Pierre de Fermat, 1601-75. 数学者〕近代整数論の端緒を開いた〕やロベルヴァル〔Gilles Personne de Roberval, 1602-75. 数学者、物理学者〕の輩《やから》が楽しんでいた数学の冒険を、デカルトはまったく好まなかった。うまくかすめとったようなこうした真理を、軽蔑していた。ライプニッツは、偶然うまくいった試みにすぎないシンボルの操作によってある答えを発見した時、この好運に満足し、誇りさえも感じた。自分の精神からと同じように自分の手から得られたその好運に――。このやり方は今も、勝利を博している。デカルトは反対に、習慣と機械仕掛《メカニック》けとを用心して避けた。彼の『精神指導のための規則』のなかでそれがよくわかる。そのなかで彼は、単純な、疑いの余地のない認識のうえにしっかり立っている。そしてそこから、自分の探究にさらにすぐれた秩序を与えようとしている。すなわちその探究を自分の意志に従わせようとしている。そこから、わたしも、自由の師〔デカルト〕に対する感激で満たされ、いちばん確実な認識に立っていた。それには少なくとも新しい論証が必要だった。こういう精神の歩みはつねに、わたしをとらえてきた。

真理を愛する人たちはそれを、奇妙に思うかもしれないが。しかしそれは、能力という観点からは益がなかった。たくさんの真理をさらにもっと得た、というわけではなかったから。しかし、この精神の緩やかな歩みは精神の陶冶〔culture. 栽培、耕作、開発の意〕のために少なからず益となったことが、今よくわかる。もっとも深い意味では、数学はすべて、疑うことと拒否することを内容としている。そのことは始めにおいて、よくわかる。そこでは命題はだれに対しても疑いを容れる余地がない。しかし人は、命題が疑いを容れる余地のあることを主張する。この意味において、人はある明証性を拒否しているのだ。そしてもうひとつの明証性を求めている。

メーヌ・ド・ビラン〔Maine de Biran はペンネーム。本名 Marie François Pierre Gontier de Biran, 1766-1824. 哲学者、政治家〕のなかにすべての問題のなかでも困難なこの問題について若干の光明を見いだしたのを思い出す。メーヌ・ド・ビランは女生徒たちと一年間勉強したものだった。ビランは盲目の幾何学者たちがいてもまったく驚かなかった。それどころか、人がそんなことに驚いていることに、驚いていた。それについて彼が心のうちで抱いていた根拠は、視覚は真理の意味を知らない、視覚は自分が受け取るままに受け取っているからだ、それに対して、触覚は固体に対して自己が欲する限り抵抗感を受容する、というものだった。そのことをこの哲学者は、視覚はイデアリスト〔外界の存在を否定し、それをわれわれが持っている表象に還元している人たち〕の感覚である、と言って表現している。そして聴覚については、彼はそれを、これらふたつのものからまったく区別した。われわれに音の世界を、すなわちわれわれ自身によってすべて構成された世界をもたらす声の力によって。彼の言うこれらの区別は、視覚と聴覚のあいだに大きな相違を生み出す。視覚は、その場合叙述するだけの「パロル」〔parole. 言語能力、言語活動、発話、言葉〕によって語られたものだが、触覚は盲目的なもの、パロルによって支えられたもの、そして瞬間ごとにその対象を再構築しなければならないものである。わたしにはそれはよくわかったことだが、それは、真の幾何学者は自ら意志して盲目となる、ということだった。そこから、アンターンドル〔entendre. 聴く、理解する〕という語の驚くべき意味が出てくる。この語からアンターンドマン〔entendement. 悟性、知性、理解力〕が与えられたのだ。デカルトに戻りながら、そしてすべての数学者たちに戻りながら（なぜなら、彼らは皆、彼らしい名誉ある瞬間と、報いられない精密な思索とをもっているから）、わたしは、幾何学の真の巨匠は自分が見ていることよりも言ったことに立脚していること、そしてある意味で、何か或る対象と一致することよりも自分自身と一致することにいっそう気づかっていることを、十分に理解した。しかもこの美しい傲慢にも不都合な点がないわけではない。なぜなら、そんなことをしていると、世界を、いな、人間を、忘れるかもしれないからだ。なぜなら、結局、人間は世界のなかにいるのだから。人はデカルトが世界にまっすぐ赴いたことをよく知っている。こうして純粋の数学は、デカルトの眼には〈意志〉の練習にすぎなかった。

「意志」。この言葉は言いすぎではない。デカルトが『省察』において、物質を真の意味においてつくり出し、しかるのちに、あらゆるかどわかしを排して勇敢に、この観念に固執したのだから。このような方法によって、彼は真の世界を、すなわち純粋の存在を発見した。こうしていかなる哲学者も、デカルトよりもマテリアリスト〔物質以外にはどんな実体も存在しないと主張する人たち〕ではない。なぜなら、いかなる人も、結局、世界が存在するとは何かを知る時までは、世界は存在するように見える、としか考えることができないのだから。そこで今、手短に、肝心な点だけを言うと、デカルトは、自由な本質をもつおのれ自身の精神に抗して、敵手《ライバル》を定義したのだ。世界は慣性によって支配されていて、考え得るいっさいの物理学はそこから生まれている。かなりの人が、つまりわたしの知る限り岩の周りにつねに湧き出ている潭淵《たんえん》を恍惚として眺め入ったかなりの人が、その時、自分が何を知っているのか、わかったのだ。見かけ上のこういう激動はすべて、慣性的なものにすぎない、と言って――。そんなことはだれも知っている。がしかし、はたしてそれは本当なのか。実体的な観念を好んで考え、事物のなかに隠れた魂を想定する観念は、おそらく、もっとも古くからあった誤謬、すっかり根づいている誤謬である。ルクレティウスでさえ、原子《アトム》のなかにある種の意志を想定している。しかし、デカルトはこの誤謬から、きっぱりと一旦、自己を切断した。原子から、あらゆる性質や固有性を、いな、原子であるということまでもまったく取り除いて、そして物体は大小を問わず、ただ、その隣のものから受ける衝撃と圧力とによって、その物体が絶対的な意味において、あるところのものとなっていると、断言している。よく知られているように、デカルトはその著『哲学原理』において、重力をもつ物体のなかでも、光を発する物体のなかでも、磁力をもつ物体のなかでも、いかなる隠れた性質も、どのような魂の類いも認めないようにしている。物理学は創造すべきものではない。物理学はすでに出来上がっているものなのだ。

そんなものだから、わたしはあえて、デカルトの「虹」を、嵐に直面した人間の憲章とみなしている。伝説が語っているのもまったく同じ方法なのだ。何よりもむずかしいのは、伝説を理解することであるのが、ようやくわかった。要するに、この例には、いっさいの眩暈《めまい》の力が、そして精神の権能が、つまりそれによって人間が自分を、あらゆる眩暈の支配者とするところの権能が、集約されているように思われた。なぜなら、世界のなかでこの色彩の環《わ》(cercle)ほど、人を捉えるものは何もないから。これほど思いがけないものは何もないからだ。これほど、この混沌とした自然のなかで、われわれと似ているものは何もないからだ。そのような風にはまったく依拠しない、不思議な環は――。それは環《セルクル》をなしている。それは精神に従っている。そして、それは自然なのだ。なんという見事な契約のしるし！　はたして、デカルトの精神はこのテーマをめぐるどのような疑問にも答えている。それはひとつの屈折現象であって、どこにも、水滴のなかで見られるものだ。見る角度によってある色に見えることもあれば、別の色に見えることもある水滴のなかで――。したがって、〔虹という〕この対象は円形でもなければ、幾何学的でも、神的でもない。いな、それどころか、「対象」ではないのだ。なぜなら、各人が皆、それぞれの虹を見ているのだから。しかしながら、わたしは、そのように思索したあと、しばらくの沈黙が不可欠であることを告白する。なぜなら、よく知られているように、すべての対象は、この虹と同様、感覚にとって見かけにすぎないものだから。そして、この虹のようにいっさいのものにかかわっているのだから。だが、このエグゾシスム〔悪魔祓《ばら》い〕はすぐには発動しない。だから、わたしは大洋《オケアノス》に行き、波を少しも倦《う》むことなく眺め続けた。波もまた、決して存在〔するもの〕ではないのだ。こうした厳しい「叡知」の一瞬があらわとなっているのはわたしの『海辺の対話』のなかである。これは隅から隅までカルテジアン〔cartésien. デカルト主義的〕である、いな、そういってよければ、もうひとつの極限から飛び越えてくる信仰によっているのだ。わたしはこの著作のなかに、わたしが宇宙について語り得ること、またそれについて論議を巻き起こさないで語り得ることはすべて、書いた。このような慎重さのおかげで、わたしはかなり論を進めることができた。

こうしてわたしは、デカルトのあの分割、魂と身体との分割に到った。デカルトはそれを、きっと毎朝、行なったはずだ。そうわたしは想う、いな、毎分、行なっていると想う。われわれもまた、それをくりかえさねばならない。なぜなら、物質の通俗的な考え方、すなわちわれわれがそこでは、つねに、眠りと休息のなかに戻ってゆくその観念は、生、感情、精神の観念がそうでないのと同じように、物質の観念ではないのだから。存在するすべてのものは、この意味においては物質である。一介の医師にすぎなかったロックは、物質が思考することにどんな障害も見なかった。おそらくこの点においては、人は、デカルトの物質は絶対的な意味では思考ではありえないことを、理解しただろう。デカルトの物質は、その法則である外的な連関によって、どのような様式の思考をも否定する。しかしここにはなんという混乱があることか！　たしかに、思考するのもディドロであり、ののしるのも、博愛の涙を流すのも同じディドロである。おそらく、いまだかつて、彼ほどいかなる事柄にも確信があり、証言を容易に受け入れ、言葉の最悪の意味において俗人であった人は見られない。彼はドドネの樫《かし》の木(1)のように、託宣を告げる以外に能がなかった。彼は決して修道院を構想しなかったし、自己蝉脱《せんだつ》の労をとらなかったし、あのよき「娘」、明証性の涙を考えなかった。すでに、パリの完全な市民《ブルジョワ》、すなわち食べて消化するように、判断し信じる民なのだ。ディドロのような〔該博な知識と多方面の才能をもった〕人たちはいつの時代にも、大勢いて、権柄《けんぺい》ずくである。こういう信じやすい、かつ、信じない人、つまり何ごとにもすごい好奇心をもち、途方もない人類愛の人は、非常にしぶといのを知っている。この動物を少し疲れさせるにはかなりの時間と、かなりの弁舌とが必要だろう。

システム〔体系〕としての唯物論は本能以外のものではない。イデーとしての唯物論は真実である。しかもそれだけが真実なのではない。唯物論だけを考えるというのは唯物論を否定することだ。デカルトの物質は、自分自身を考えること、いな、何であれ考えることができないものである。物質とは、慣性、すなわち純粋存在の観念《イデー》そのものである。このイデーを捉えるためには多かれ少なかれ禁欲主義者にならねばならない。そこから驚くべきことと矛盾とが出てくる。それらはわれわれの生き方《ポリティク》のなかまで入りこんでいる。なぜなら、正義の味方たちは唯物論者であることを自慢するから。なぜなのか、わたしにはよくわかる。しかし、彼らは、そのことによって金持ちになり人生を楽しむことしか考えないといって非難されるだろう。おそらくそれは正鵠を射たものだろう。歴史的唯物論から出てきたものではまったくない。それどころか正反対である。のみならず、そのようにまったく混乱したイデーによって非難される人たちは、同じ理由でもって自分自身を非難することが、また、あるものだ。

コントはこのテーマにおいて、他の多くのテーマと同じように、わたしを照らしてくれた。デカルトから出発したわたしは、唯物論とは何であるかを知っていたが、どの点において唯物論が誤りであるのかを、知らなかったのだ。そのことは言葉のなかに曖昧ではあるが断固としたかたちで含意されているものだ。はたしてコントは、まず、第一に、唯物論は抽象的な教説であることを、理解した。これは、今ではよく理解されていることである。しかしさらに、諸科学を、すでに言ったように、抽象的なものから具体的なもの〔数学、天文学、物理学、化学、生物学、社会学〕へと秩序づけ、そしてそれぞれの学問が次の学問に、その最初の手段、最初の道具を、いわばその仮説を与えるということを指摘したコントは、それぞれの学問は次の学問に対して一種の専制《ティラニー》をおよぼしかねないことを理解したのだ。こうした抽象的なものの主張こそ、唯物論そのものである。そしてコントは言う。生物学を化学に従わせようとする唯物論があるのと同じように、幾何学を代数学に従わせようとする唯物論があると。これらはコントのなかに見いだされる観念の一例であるが、しかし、それらは他のどこにもないものだ。

訳註

(1) 古代ギリシア(エペイロス地方)の町ドドネには、ジュピターの聖樹として知られる樫の大木がある。祭司や巫女《みこ》たちはこの葉のそよぎを解釈することによって、ジュピターの神意を告げた。

高《こう》邁《まい》

ところで、わたしはまた、デカルトに戻らねばならない。デカルトの学説のある一点、ほとんど知られていないけれど、わたしがそこから、すごい結論を引き出した、ある一点のために。すなわちそれは、高邁である。『情念論』のなかに定義されているものである。何度わたしは、戦争につづく一五年の教育のなかで、デカルト自身、「度量の広さ」よりも好んだこの高邁という美しいことばを、鳴り響かせようとしたことだろう。実際、これは魂のはたらきというよりもむしろ〔精神の〕均衡《エキリーブル》をあらわしている。この短い教説から、無謀な結論を引き出したのかもしれない。わたしは決して歴史家ではなかった。むしろわたしは、自分が読んでいるまさにその時に自分の糧を、著者のなかに求めている。それ以外のかたちでひとりの著者が考えていることを知ることはできないだろう。わたしが驚嘆したのは、デカルトがどのように考えたかを知ることに、心を砕いていることだ。それがほんとうに正しいかどうかを知ることに、ではなく。それはそれとして、とにかく、わたしは今、意地の悪い近視眼的な批評家たちを軽蔑する、そしてもはや歴史家であろうとは欲しない。

『情念論』は、わたしの最初の読書、しかも本物の読書、すなわちわたしが自分だけに従った読書のひとつだった。結果は名状しがたい困惑だった。わたしはこの書物について、仲間でもある聴衆たちと一衒学者《げんがくしゃ》を前にして行なった講義をよく覚えている。彼らはみんな、わたしがこんなに単純な、哲学者のために書かれたのではないこの書物において困惑しているのを見て驚いている。実際、それはどの部分においても、明晰だった。驚嘆について書かれた章を除いて。この箇所については、わたしはほとんど何も理解してはいなかった。しかし、全体としては、自分が遠くおよばないことを知った。こんなに愚鈍な精神を、どうしていつも、迅速なもの、反論の余地を与えないものと見ていたのか！　驚かざるをえない。実際、わたしが高邁について読んだところを自分の思想にするのに、何年もかかった。高邁とは、人がその経験において、いま自由であることを知る、また将来自由であろうということを確信する情念、あるいは感情である。わたしとしては、あえてこんなふうに言い切った。高邁は、自由意志を決して手放すまい、という断固たる決断を内容としている。事実としては、それは不正確な表現である。面目次第もない。しかしながら、そこにおいて、わたしは決してデカルトを裏切っていない、と確信している。しかし、そんなことはどうでもよかった。何よりもまず、新しい光、強烈すぎるほどの光に眩惑されて——。なぜなら、だれひとり自分に、感覚するとは何であるかを、説明しようとさえしてくれなかったのだから。それでよくわかった。つまりもっとも浅薄な経験論がこの領域の全体を支配し、サンサシオン〔感覚、外部印象〕はまったく素朴な事実と解されて、いっさいが、そこから出てきていることが——。わたしの考えでは、またその問題について自分が見た限りでは、わたしは反対に、素朴なサンサシオンは感覚されないと理解していた。それに、動物たちは自分が《有る》ことさえも知らない、と断固主張したデカルトの判断に導かれて、わたしは大胆に、われわれの思考の最低のものは何も照らさないこと、一方、意識のもっとも弱いものでも、いつも、きわめて高い意識である、と言い切った。こうして、現代のもっとも強い偏見に反論した。ともかくわたしは、すべての学者から厳しい判断を受けざるをえなかった。自分が無意識、潜在意識、識閾《しきいき》、そして他の猿のような哲学の条項を、四つんばいになって崇敬するようなことを、しなくなった瞬間《とき》から——。その点において、とりわけ大きな恐怖があった。なぜなら、慎重な人たちは、魂のこのような機構をかなり警戒していることを、わたしは一度ならず指摘したからだ。しかし、そのような明白な批判にもかかわらず、むずかしい専門的理由から、彼らはその問題に介入できなかった。

すでに言ったように、わたしは共通の言語、万人のことばを用いることにしていた。この言語は、意識という語に道徳的な判断以外の意味を認めない。わたしは、しばしば、人がおのれを認識するのはおのれを断罪する時だと考えるようになった。すなわち自分を自分自身から分割すること、そして同時に自分を再認識すること。なぜなら、なんらかの内的な葛藤によるのでなければ、どうして人は、おのれ自身に目醒めるだろうか！　しかし、こういうふうに敷衍《ふえん》してゆくにつれて、自分の恥としていた晦渋さに陥ることになる。すると、はたして、無意識の人とは、共通の言語が意味しているように、自分を判断できない人であると言わねばならないだろうか。とすると、道徳性のない〔人間習俗を観察できない〕人間は、おのれを、知らないのだろうか。しかし、はたして、道徳性のない人間などいるだろうか。わたしの知る限り、いかなる人間も、彼が名誉と呼んでいる或るもののために、おのれが「いのち」を賭そうとするものだ。そして名誉は、しばしば、人間がより多くの悪徳と、より多くの罪悪とにまみれているだけ、それだけいっそう強くなるものだ。こうしてわれわれは、自分の運命を考えて麻痺してしまうあの瞑想家たちからは、はるか彼方に立っている。反対に、どんなにありふれた人間でも、運命が告知されたならば、最小限の恥辱でさえも耐えがたいかのごとく、立ち上がって行動し、おのれを賭して「おのれ」を与えるものだ。このような人たちを、人は高邁だと言う。そして、これについてはデカルトの権威もあることだから、もっと多くの注意を払わねばならない。

同時にまた、その時、善と悪とが英雄にも護れない陣営のように堕ちるのも本当だ。なぜなら、彼がおのれを賭して「おのれ」のために復讐するのであれば、彼は、それが赦されているか禁じられているかなど、いっさい顧慮しないからだ。そのような状況にあっては、彼はおのれ自身と、ただひとりである。恐怖もなければ、おのれの外のいかなる人間存在に対する敬意もない――。もうそうなったら、邪魔をしてはだめだ。彼は正気ではないから。英雄が諸悪を撒き散らす。瞬間ごとに、わたしは自分が、いな、わたしや他のすべての人が、英雄たちによって、死をもって脅かされているのを理解する。彼らがいのちの一息をもつ〔生きている〕限り、何ものも彼らを制止することはできないだろう。わたしは彼らを恐れることもあるが、しかし彼らを理解しているように思う。彼らはおのれの運命を「おのれ」で造り出そうとし、耐えようとはしないのだ。譲らざるを得ない必然〔運命〕がまさに、彼らを奮い立たせているのだ。あたかも譲歩などということはなんでも不名誉であるかのごとくに――。それがおのれ自身の自由意志を感じることでないとしたら、いったい何だろうか！　もし自分の魂を裏切る、という意味が、自分以下のさまざまな力に屈する時のことでないとしたら、いったいどんな意味で、モリエールは、自分の魂を裏切る、と言ったのだろうか！　それはいつも、自由意志を欠くことだ。それは、ほとんどいつも、最悪である。それはいつも、自由意志を信じようとしないことだ。そして、それは自由意志を信じる者を軽蔑することにほかならない。

ところで、わたしは、人間というのは犬のように、一片の砂糖菓子の前で、ちんちんをするために造られたとは信じていないということを、無数の証拠から知っている。犬はいちばん強い、いちばんいい匂いに惹かれる。犬は鋭敏な、香りや色彩や、音響に弱いマシーン〔機械〕である。それらすべてのものに導かれる。人間は導かれるのを拒否する。脅しに屈する人はほとんどいない。わたしはこの高邁な動物が戦争をするのを見ていた。動物たちは戦争をしないことを、わたしは理解していた。動物たちにとっては何でもないものが、人間にとってはすべてであるところの卑怯とは、人がやろうと思っていることをやらないこと以外の何だろうか。したがって、自己超越と自己蝉脱《せんだつ》があるのだ。これこそ人間に固有のものである。わたしは、魂を肉体から切り離さねばならない、と言ったが、それは、人間を動物から切り離さねばならない、と言っても同じことだ。

　この相剋は感じられる。そこからもっとも激しい苦痛が生まれる。そして勝利は最高に酔いしれた歓喜を与える。自由である幸福は唯一の幸福であり、内心の隷属は唯一の不幸であるというのは、はたして本当だろうか。今は、それ以上のことを、言わねばならない。完全な隷属は自分を知らないのだ。モロッコではあの捕虜の士官、かつて眼を抉《えぐ》られ、挽《ひ》き臼《うす》を廻すために繋がれていた男が見つかったが、彼にはずっと前から意識の光などまったくなかったのだ。したがって、われわれが意識できるのは、大なり小なりの勝利だけである。だから、たとえば、人がそれにまったく屈服した恐怖は認識されないのだ。そしてこのことは経験上の事実なのだ。おそらく、人がそれにまったく屈服した、いわゆる純粋のサンサシオンもまた、認識されないと考えるべきだろう。したがって、意識は、自由な懐疑によって存在する。しかしわたしは、自分の想いをそれほど先まで推し進める必要はない。わたしは、自由意志の相剋はどんな段階でも問題点と論拠とをもっているわけだが、相剋はそれ自身によって、楽しみと苦しみが交錯した情感であることを統覚すれば十分である。いな、それほど煩瑣《はんさ》にならないで、こう言うことができる。その時苦しみは、いつも、一種の楽しみに照らされている、それに対して、完全な絶望には、共通の証言によれば、感情がない。したがって、自分の意識を救うという表現には、エネルギーと意味との充満がある。それはまた一般的用法とも合致するものだ。そのことはわれわれに、高邁な心の高揚に従ってそのように描かれた人間こそ、真の人間、愛すべき、恐るべき友人であると考えさせる。情念はすべて、高邁なものなのだ。ただしそれは、不断におのれを救い出すところの魂のはたらきによって、である。それがなければ、いらいらした人間は、ただの動物にすぎないことを認めねばならない。感情のこれらの「かたち」を探究しながら、わたしはしばしば、愛や、吝嗇《りんしょく》や、野心のほんとうの運動を描くことができると信じた。それは、哲学をやめて文学に入ることだ、と人は言うだろう。わたしもたしかにその通りだと理解していた。ずっと以前から、詩人と小説家たちはおのれを知る術における最初にして最後の師である、ということを原則としていたからだ。そしてわたしは、自分が試みたこのような人間描写と、たとえそれらがいかなるものであれ、哲学者たちが彼らの片隅で考え出した理論とは、もはや何の関係もない、ということを告白する。

感情

そんなわけで、始めに愛を探究した。そこでまず気づいたのは、自由でない愛は愛ではないということだ。「自由でない」とは、つまり自分が自由であると信じない、また他者が自由であるとも信じない、そういう意味だ。こういう根っからの人間ぎらいは、有名な喜劇のタイトル(1)ともなった。この喜劇は実際、愛のドラマである。ドラマの筋は明白である。情念は高揚し、そしてまた堕ちる。情念はその段階のいずれにもとどまることができない。もしふたたび高揚しないなら、堕ちることになる。高邁なアルセストは、自分が自由であるのを知りたいのだが、できない。彼はセリメーヌが自由であるのを知りたいのだが、できない。ここで読者の思惟は、わたしよりも早く駆ける。なぜなら、このテーマは、読者にとって自分のすべての生の問題であるから。わたしは、極限のものにつねに興味をもっているので、こう自らに問う。自由であることにも自由なる存在者を愛することにも、愛されることにも人の気に入ることにも、尊敬することにも、まったく無関心な或るアルセスト、そして猫を受け入れたり棄てたりするように、愛する人を受け入れたり棄てたりするアルセスト、そういうアルセストを、どのように考えたらいいのか、と。この表現はバルザックのものである。バルザックがそれを適用している彼のフロリーヌは、まったく暗黒の地獄から遠くはない。しかし、彼女は、ある種の高邁な心によって自分を救っている。しかし、婦人たちの交際まで探究を深めてみたまえ。われわれは今、ほとんどそこに来ている。そこには、どのような愛もない、暗い眠りが見いだされる。もしそこに愛が生まれるならば、愛は自由になることであり、自由にすることである。この弾道は高くは上がらない。なぜなら、信仰がないから、換言すれば、ほんのちょっとの疑惑にも負けるから。アルセストの想いもまた、それほど高まらない。それはセリメーヌが明らかにふさわしくないからだと、人は言うだろう。そうではない。もしもそうだとすると、すべての問題が抹殺されてしまうだろう。むしろわたしは、悪魔のように、換言すれば神のように、自由なセリメーヌは、アルセストが欲するように完全であろうとは、まったく欲しないからだ、と信じる。アルセストの愛が再燃する理由もここにある。つまりどういうことなのか。半端でない愛が必要なのだ、一瞬、一瞬、セリメーヌをセリメーヌ自身に帰すためには――。おのれをおのれ自身に帰すためには――。「おのれをおのれ自身に」、このことは修道院を意味するものだ。男たちは女たちと同様、修道院をつくった。修道院を迷信だというのは、まったく当たっていない。修道院は、人が自由に愛する場所、もはや強制されることのない場所である。戦後、書いた「プロポ」のなかで、わたしはこの種の分析をたくさん行なっている。これらの分析そのものは明晰であって、そこには曖昧さはない。曖昧なのは、むしろ、そこから出てきた結論と他のもっと隠された観念とのつながりである。したがって、いわば、『わが思索のあと』のこの部分について、少し詳しく語りたい。

たしかに、いかなる愛人も第一に愛しているのは魂であることに、ひどく驚く。しかしながら、媚薬の使用は彼に嫌悪を起こさせるのは容易に理解される。それは彼がそれを用いないだろうという意味ではない。そこにはまさに、様々な情念を、上に、下に、地獄から楽園に、楽園から地獄に動かすいっさいの矛盾が集められている。これまで書いた本からもわかるように、わたしは、自分の好きな哲学者たち以上に、スタンダールやバルザックを、またユゴーを、そしてまたトルストイを読んだ。人はここにおいて、どのようにして読む楽しみがわたしの主要な研究となったか、またどのようにしてこれら、一見相違した探究がついに収斂《しゅうれん》するに到ったかを理解するだろう。わたしはここで、小説家や詩人たちを挙げて、わたしのやり方で、思うに、彼らが自由の真似ごとによって何を見いだしたかを、説明しなければならないかもしれない。しかし、次のことを感得いただけたらそれで十分である。コルネイユのなかで見事に輝いている、ルイ一三世風のデカルト思想が、どのようにして、わたしをしてまず、情感を、体系的図式によって論じるようにさせたか、さらに進んで、神秘神学のニュアンスはまったく人間的であることを、今一度発見させたかを——。神が、高揚した魂を自然とあかしする、ということは、まったくありふれたことだ。それはわれわれの感嘆の言葉が、いな、ののしりの言葉がそれをナイーヴに表現している。それらの言葉はわたしには、つねに意味の深いものに思われた。したがって、神はすべての愛の、想像上の、かまどである。しかし、神々は想像上のものをはるかに超えている。神々については、後に述べよう。

わたしは始め、味も素っ気もない吝嗇《りんしょく》が、それなりに神秘的なものであるとは、まったく思いもよらなかった。しかし、わたしは守銭奴を、ある意味で復権させることがしばしばあった。なぜなら、要するに、この情念のなかには〈無私〉がある、また富に対するひとつの〈叡知〉があるからだ。そのことはアルパゴンの猛烈な姿とは一致しない。しかし、恋に堕ちた者の〈地獄〉があるように、守銭奴の〈地獄〉があるのかもしれない。それは何なのか。守銭奴の楽園は、物惜しみせず、自由で、かつ自由なる者の友だろうか。たしかにそうだ。わたしはそう信じる。金と高利とから生まれたこれらの驚くべき情念の分析は、経済学が照らし出してくれた。ここでもまた、わたしは、哲学の書物よりもむしろ小説のなかに人間の真理を求めた。今こそ偉大なディケンズに、自分が彼に負うものを返さねばならない。読者はカッパーフィールドの背広を買って金を払うまいとするけちな商人を覚えているだろうか。このいらいらした吝嗇の亡霊は、守銭奴が避けることのできない矛盾によって動かされている。なぜなら、彼は盗みたいと思いながら、同時に、盗みを嫌悪しているから。いかなる商人も、廉潔が商いの精髄であることをよく知っている。わたしはここで、吝嗇は廉潔なもの、すなわち分裂しているものであることを、感得した。

わたしが見いだしたのはそれだけではなかった。守銭奴はまた、労働によって市場が支えられているのを、よく知っている。耕作し、収穫し、掘り起こし、引き出し、運搬すること。富の源泉とはそういうものだ。そして、守銭奴は運まかせに生きるのを決して好まない。反対に、秩序、正確さ、安全性こそ、彼が好むところである。したがって、彼は浪費家を好まない。しばしば浪費家を搾取しているけれども。アルパゴンが貸すというのは、まさに吝嗇の第一のモーメントである。怠け者に貸すのは、長続きしない。反対に、働き者に貸すのは、その果てが見尽くせない仕事である。守銭奴は働き者をさがす。働き者を好む。しかしとりわけ、守銭奴は守銭奴をさがす。そのことからわたしは、けちな農夫とけちな銀行家との違いを考えた。銀行家は農夫に仕事の拡大を促し、彼をもっともすぐれた農夫とする。一が他を鞭打つこのような二人の守銭奴の関係は、到るところで見いだされる。若くて勇気のある一人の家政婦が、一軒の家を建てることを夢のように考えている。もう一人の守銭奴が彼女の意図を見抜き、必要なお金を貸す。守銭奴は守銭奴の徳に賭ける。彼はそれをよく知っているのだ。彼は人が馬を調教するように、債務者をいたわる。仕事にはつながりというのがあるから、たとえば、家を建てる場合、工場を建設する場合、石切り場と鉱山は、鉄道や道路や航海と同じように重要である。それゆえに、守銭奴はこれらの問題を認識し、でき得ることなら、この貴重な運動の全体を早めようと切望する。より多く儲けたいという欲望と、仕事のつながりを切ってしまうのではないかという不安とのあいだを、つねにゆれ動いている。このような状況はほとんど観想的である、いな、公益についてさえ観想的である。これらの活動に年季が入ると、守銭奴の徳が成就する。すなわち節度である。こうして最初の吝嗇である、獲得したいという身振りは、ついに洗練される。なぜなら、この身振りは無益な浪費であるから。しかし、獲得しようとする人たちのなかにどんな多様性があることか。盗みをする人はほとんどいつも浪費家である。彼は消費されるべきものしか好まない。守銭奴は蓄える。しかし、すべてのものが消耗される。したがって、彼は金を好む。宝を埋める守銭奴も、守銭奴のヴァリエテ〔一品種〕である。高利貸しも、しるしと、信用と、約束で生きている、そして正しい法を尊重している守銭奴のもうひとつのヴァリエテである。ビジネスを経営する有能な人間はというと、それはしばしば、守銭奴よりもむしろ浪費家である。なぜなら、自分自身のためであれ、会社のためであれ、彼は浪費を好むから。彼らは一緒になって、一大企業をなしている。高利貸しはその隠れた首領である。

人は守銭奴に驚嘆する。彼が儲けていること、彼が自分の必要量をはるかに超えてまで儲けようとしていることに——。人はまた、守銭奴である物乞いに驚嘆する。彼が宝を持っていながら、それをまったく用いようとはしないことに――。これらのパラドクスからわかるのは、吝嗇のなかでも、愛のなかと同じように、欲望を抑える力が働いていることだ。守銭奴がその力を拡大し、時として、ついにあらゆる手段を講じるまでに到るのは、とりわけ、人は何をなし得るか、何をなすべきかを、知るからである。またたれもそれを、彼のようには見ないと信じるからである。そこには、ある種の野心が、そしてある種の愛が見いだされる。要するに、秩序を認識することによって、愛することによって、守銭奴はあらゆる組織をつくり出す。無料診療所や学校から、病院や家族の家まで。

したがってわたしは、愛のそれと同じように、一種の吝嗇の弁証法を統覚した。そしてあらゆる感情の始まりにさかのぼるのと同じように、あらゆる情念の始まりにさかのぼることによって、わたしは、構造的運動であり偶然の運動である、まことに巧《うま》く命名された情動を、ふたたび吟味した。わたしはそれを、痙攣的なものと見た。なぜなら、それ以外であることができないから、対象を壊してしまうから。最初の吝嗇は食事の陶酔のなかに見られるように思われる。しかし、わたしは明日のために取っておく思考に驚嘆した。わたしは最初の愛を、踊りと飾りと追従《ついしょう》のような、人の気に入ることへの陶酔のようなものと想像した。わたしはそこにもまた思考と、そして明日への不安とを見いだした。吝嗇のなかでも愛のなかでも、人間的完成に対するおおいなる配慮が、また敵対者への憎悪がある。なぜ相手を憎んでいるのか知らずに、彼が相手としてふさわしいのか、ふさわしくないのか、わからないままで――。嫉妬のこのような矛盾は眠りを妨げるものである。しかし、指摘しなければならないのは、これらの矛盾は知識から生まれていることである。情念に駆られた人は真の知識に飢えている。なぜなら、疑わしい知識をむさぼるような守銭奴や、愛欲者などいないから。虚しさから、欲望に囚われて情念が始まるのは本当である。それこそまさに、陶酔の正体である。しかし、情念に駆られた人間はすぐに真の計算に到り、どうしても眠っていたいので虚しさにまた堕ちる。情念のなかでは何ひとつ定かではない。いかなる情念も情動と感情のあいだに自分の場所を見いださない。すべてが刻々に変わっている。盗む、あるいは犯すという観念は、吟味することの拒否のようである。しかし、どうやって吟味しないでいられようか。情念に駆られた人はすべて、金を量る人である。

以上のことから、情動・情念・感情という貴重な心の系列に対して、わたしが何を為したか推察されるだろう。わたしは情動と情念とが不断に克服されることによってしか、感情を認めることができなかった。なぜなら、ただ単に愛するとは何だろうか。ただ単に管理するとは何だろうか。それは弱い、あまりにも易しい仕事である。それは真理を恐れることなく真理を愛するようなものである。静寂主義《キエティスム》は自分を有徳だと信じている。反対に、真の信仰者は自分が日に一〇回も神を憎悪し、否認するのを意識する。交換の真理は最初、守銭奴によって嫌われ、そしてつねに嫌われていることを告白しなければならない。愛の真理は最初、愛する者によって嫌われ、そしてつねに嫌われていることを告白しなければならない。あらためてわたしは思った。宗教は、この世で認められているのとは別の真理、別の価値がそこに現れている虚しいエピソードとはまったく異なるものである、と。

愛と吝嗇のあいだの、中間の情念である野心は、三つのなかでいちばん理解しづらいように思われた。いつも勢いよく結果に走り、そこに愛する存在を見いだすからである。しかし、わたしは決してそうではないと思う。わたしは三〇年代以来、『ディオニュシオス〔ドゥニ〕、すなわち野心家』という対話篇を書き始めていた。また、それを一度ならずわたしは取り上げた。その筋書きは野心家を打ち砕き、恩寵が彼を打ちのめす、(2)というのだった。この作品は幸福に恵まれなかった。それがいつか完成されるのかどうか、わたしは知らない。それはわたしが事柄の弁証法《ディアレクティク》に懐疑を抱いているからではない。反対に、わたしはいつも、無理をする野心家は虚しい運命をたどることになるのを知った。野心とはおのれを説得するものである。それはわれわれを遠くに導く。シラクサのディオニュシオスとプラトンとの諍《いさか》いは、いわば愛する者同士の諍いであり、その仕掛けはよく知られている。しかし、わたしのドゥニは現代人であり、その対論者たち、守銭奴と愛する者は、高揚した世の中からさながらに取ってこられたものである。彼らは皆、凍え死んだのではないか、とわたしは恐れる。そのことはわたしに、もうひとつの対話篇を思い出させる。『音楽家訪問』というもので、そこでは登場人物が生まれる暇がなかった。なぜなら、わたしの目的は、正しいと信じた分析的鍵《キー》に従って、ベートーヴェンのヴァイオリンとピアノのソナタを分析することだったから。そして、思想《イデー》が登場人物をむさぼり食ってしまったからだ。登場人物がいるのも、想うに、ただ説話、すなわちまったく不条理な話のかたちを取っているだけである。ふたたび、わが野心家のことに戻るが、彼は友情の価値を知るほどまで人を殺さなかった、とわたしは思う。

訳註

(1) モリエール作『人間ぎらい』。「悲劇の世界を喜劇の水平線へ浮きあがらせた」作品で、「明るく澄んだ空の下にひろがる森の奥の暗さを、ひしひしと感じさせる」雰囲気がある、と評されている。

(2) キリスト教徒を迫害していたパウロをモデルに解釈したい。ダマスコに近づいたとき、神の啓示が彼を打ちのめし、彼を馬から落とし地に倒した。そうして彼を真理へ連れ戻した。したがって、野心家を打ち砕くというのは、彼を、貪欲の彼方にある真理、力の腐敗の彼方にある真理に、連れ戻すことだろう。

人間ぎらいになるな

人はもう、そのことに、おそらく気がついただろう。長い間、こうした読書をし、経験をし、思索をすることで、わたしの人間ぎらいはすっかり癒されていた。また、人間ぎらいに極端にいかなかったのは本当だ。反対に、わたしは人間を、つまり最悪の人までも、讃えた。わたしは、動物がもっとも卑しい人間に、ちょっとでも近づきうるとは考えなかった。動物は戦争をしない、と人は言う、そう書いてもいる。しかし、そこから動物を人間よりも上のものに考えようとするなら、それはまちがった考えにすぎない。しかしながらまた、あえて獣にとどまろうとする偉大さ、そして、「偉大さ」を馬鹿にするような偉大さ、そういうものも在《あ》る。人間というのはまるで、どんな障壁も絶対乗り越えてやるぞ、と心に誓ったようだ。そこには高邁のパラドクスというのがある。つまり、自分が自由であることを知り、そのことに酔ってしまうこと。すなわちそれは、自分の存在を中傷すること、そしてどんな徳も重力には伏したといって徳を疑うのを、自分の義務であるとすること。これは徳についてよく見られる教説である。しかし、徳が坂道を下っていくようなものであったなら、それはもう徳ではない。ストア派やカントがこの偉大な思想《イデー》を構築したのは四つ辻《カルフール》においてなのだ。彼らがそれを緩和したのは神々への顧慮からである。なぜなら、もし監獄に入るのが怖いから、オネット〔正直な、誠実な、良心的な〕であるのは卑しいことである、というのならば、地獄が怖いからオネットであるというのも、また同じく卑しいことであるから。そうなると、神に対する反抗こそ〔神に対して「否《ノン》」と言うことこそ〕、最高の義務であろう。したがって、たわいもない輩《やから》どもが、カントの道徳に対して彼らのいわゆる敵意をむき出しにする時、彼らは自分たちが何をしているのかよく知っている。爾来、社会学者を装ったとしても、彼らはやはり同様である。彼らは現状のままの秩序の義勇兵である。

ところで、徳は不安定でアクロバット的なものであることを、わたしはよく知っている。徳はいつも、ついには伏してしまう。しかし、わたしはまた人間のなかに、次のことを認めた。眠りながらやるところの過多〔一線を乗り越えてしまう性質〕を、そして単に危険を表象するだけでは終わらない、強い拒否の姿勢を。眠っている人は気をつけることに疲れたのだ。ゆえに、夢にもすぐれた点がある。夢みている人は恐怖とたわむれて、眼を醒まさないのだから。したがって、眠れないというのは、だらしのないことなのだ。たしかに、うるさくて眠れないというのは、動物であるしるしである。人は、動物性は健康であると言うだろうが、わたしはそれをまったく信じない。動物たちはわれわれほど病気にならない。動物は考えないからだ。人間は考える、そして自分が自分の動物性に従うことをよしとしない。そこから、あの激情、すべての病気をこみ入らせる激情が出てくる。人間は魂の偉大さによってのみ、そこから癒される。

この点においては、われわれは、哲学者たちからよりも、小説、演劇、歴史からより多くを学ぶ。なぜなら、人間は不可能なことを企てないと退屈するから。われわれは人間が必要な行動をくりかえし、それをグラース〔恩寵、優雅、美しさ、気品〕で飾るのを見ている。すなわち先に行なったり、必要以上に行なったりする。なぜなら、グラシュー〔厚意から生まれた、優雅な、しとやかな〕というのはまた、「無償でもって」という意味でもあるから。戦争はまだ、今日、もっとも高貴な仕事とみなされている。人間がこの栄光もまた軽蔑し、そしてそれを他の悪趣味な金ぴかの服の上に投げることができない限り――。権力は叡知をもたない。その理由のひとつは、あまりに強制するからだ。ふたりの中尉が、ヴェルダン戦線で、持ちこたえられないと判断した一陣地から、その兵士たちを撤収させる決意をした。彼らは自分たちが即座に銃殺される恐れがあることを知っていた。はたして彼らは銃殺された。人はわかるだろうか。この退却の決意が、危険の確実さによって、さらに恥辱によって、もっとも栄光あるものであったことが――。なぜなら、恥辱はまた、人間の上にのしかかっているものであり、そして人間は恥辱を物ともしないのを知っているから。サタンが自らの意志で地獄に堕ちたという観念は、神学者たちを勇気づけている観念のひとつである。

　自由意志の領域はほとんど探究されなかった。モラリスト〔人間習俗観察者〕は、自分のきわめて有益な秩序を人が無《な》みするのを恐れている。隊長は、自分の十分に武装した命令を人が無みするのを恐れている。この御《ぎょ》しがたい清廉の士《オネットム》〔honnête homme. まっとうな人、礼儀をわきまえた温厚な人〕を、どのように支配すべきか、だれも知らない。勇気が最後のところ、どこに行き着くのか、だれも知らない。なぜなら、何をも恐れない人を、恐れさせるのは愚かなことだから。したがって、政治の奸知は深遠で窺い知れない。わたしが驚いているのは、いまだ軍隊が、こういうものを無みする力によって司令官たちに立ち向かわなかったことだ。したがって、人間ぎらいというのは国家的な教説《ドクトリン》だろう。兵士に向かって、君が自分を殺すことになるのは恐怖によってであることを証明するのは、この上もなくデリケートなわざだろう。「無みする」奸知から、したがって、司令官の奸知は成り立っている。実に繊細微妙な問題になるが、自由の教説は、それと密接に結ばれている恩寵〔グラース〕と同じ根拠から、この上もなくデリケートなものであると、わたしは固く信じている。それに反して、自然なる力の教説は、まったく大ざっぱなものだ。わたしがしばしば、卑怯な思考をきらうのはそのためである。第一にわたしは、それはbête〔ベート。獣〕であると思うから。実に意味の深いこの語の、十全の意味〔獣、禽獣、獣人、怪物、お馬鹿さん、愚鈍〕において。もし獣であるのが本当であるならば、それを諦めなければならない、と言うだろうが、わたしが獣でなく人間の側を取るのはまさにこの点においてなのだ。このように合点のいかない拒否から思惟をたどる方法は、それ自身、自由であることのあかしであり、自由の煉獄なのだ。たとえ、われわれは思考において自由であるとしても、しかし、それには何か実例が要るだろう。いな、陰気な博士を、かすみたいな教壇から引きずり下ろすためにはかなり多くの成功例が要るだろう。実を言うと、成功は輝いている。人は皆、獣である〔おばかさんなのだ〕という想定は、どのような宗教もどのような栄光も、説明することができない。マキャベリスムと卑怯さとによって以外には。すなわち、人間に加えられたふたつの侮辱によって以外には。司令官たちはあえてやることを、そして勇敢に立ち向かうことを知っている。人間を信じるのが彼らの主要な奸知なのだ。

人間が獣であることだけからは、悪徳そのものさえ、うまく説明できないのだ。愛が自由であることの、また愛が自由であるのを欲することの、あらゆるニュアンスをあかしするのは容易なことではない。もし愛の否定が、獣たちがやるように、やむを得ないものであり、黙っていることであるならば、獣たちは正しいと信じて構わない。しかし、愛の否定は愛そのものと同様、一線を簡単に乗り越える性質をもっている。地獄に堕ちてもいいという酔いが、ここにはあかしされている。犯罪のなかにもそれがあるように――。犯罪というのは、崇敬したくないものを、少なくとも踏みつぶそうとする激昂とよく似ている。人は人間を、獣を殺すよりも、もっと喜んで殺す。完全な陶酔は、すなわち飢えと貪欲とから出てきているような陶酔は、逆に、人間のしるしをもっている。それは高尚な部分の自殺にほかならないのだ。そして、神々に投げつけた挑戦にほかならないのだ。あえて言うと、人間の生はすべて、神々に対する挑戦なのだ。なぜなら、神々自身、どんな神々も、人が神々を畏れるように計っておられるのは本当だから。この観念は宗教なるものがどんなふうに展開されるかを、見事に照らし出している。神である動物、予兆、神託、そして今なおわれわれの叡知の奥に隠れている、このような狂気のような「知」が感得される。しかし、人はそこにとどまることはできない。この世のすべての戦士〔英雄・半神〕たちがやったように、神託にも勇敢に立ち向かわねばならない。またあの戦士にも、すなわち電霆《いかずち》をその意のままに駆使する者〔ジュピター、すなわち「雲を集める者」「高く雷鳴を轟かせる者」〕にも勇敢に立ち向かわねばならない。勇気の宗教の後に、すなわちその信者が自分の神にふさわしければ、まったく当然のことのように自分自身を否定する宗教の後に、もうひとつの宗教があるはずだ。そしてさらに、もうひとつの宗教があるはずだ。すなわち、ついにすべてを棄てるところまで到った宗教、窮極の宗教、もっとも低い場所においてもっとも高い宗教、しかもつねにそうであった宗教が――。このような宗教系列のなかで、わたしの心をいちばん強く打ったのは、それはひとつの系列ではなくて、むしろその対象が何であれ、われわれの思考のなかで不可避に生ずる

〔精神の〕ディアレクティク〔弁証法〕であるのがわかったことだ。なぜなら、自然の美しさは永遠の序言であり、叙事詩は永遠の発展であるから。精神の崇高さは永遠の太陽であり、きらめく星空の下の静寂なる眠りは、たとえそれが二行詩、いな、一センテンスにすぎないものであっても、永遠の結語であるから。耳がまず、これらのニュアンスを聞く。そして、詩は思考よりももっと精確である。

こうしてわたしは、すべての神々を殺し、そして、すべての神々を復活させることになった。なぜなら、未開の人たちの思考がわれわれの思考とまったく無関係であると主張するのは、思うに、非常に愚かであり、意図的に愚かなふりをすることであり、あえて言うなら、愚かを気取ることであるから。反対に、わたしは人間ぎらいになるな、と言ってきた。なぜなら、それによって、未開の人たちの思考はわれわれの思考と同じように卓越したものだろう、と最初、臆測として感じたからだ。そのことはすぐに、探究によってあかしされた。ある種の動物たちを育て、仕込むのを仕事にしている人は、動物を決して食べないという。そのことに何の不思議があろうか。また特権意識には、形而上学的偉大さのすべてがある。形の変わった器で食べるなら、むしろ、自死を選ぶという話を考えなくても——。他のいかなることを、われわれは行うだろうか。わたしはヴォルテールの散文は、それが人間を嘲笑するだけいっそう人間の友であることに気がついた。こうして、ひとつのなんでもない身振りによって、深い意味領域がひらかれている。

神々のほうへ

こうして、神々のほうへ赴《おもむ》いた。数多の道がそこへ通じている。彼が単に人間であったというだけの、そういう人間に腹を立てるのは、おのれが時間をむだにすることだ。どのような根拠もなしに、途方もない誤謬の連鎖を考えることは、そのこと自体、人間ぎらいである。だからずっと以前から、薔薇と収穫の祭りである聖体祭を馬鹿する人たちを、わたしは馬鹿にしてきた。彼らはそれを馬鹿にするが、しかし、だれも降誕祭《ノエル》を馬鹿にしない。このようにさまざまな祭りの間に詩的なレゾナンスがあること、またかならず踊り《ダンス》があることに、しばしば驚いた。そして人が祈る身ぶりは、咲く花の身ぶりと同じように自然なものであることに、何度も打たれた。手を動かすこと、言葉をつぶやくこと、ひざまずくこと、腕を十字に組むことなどを内容とするリアルな想像力を、詳しく探究しながら、そこに見いだされるのはただ、人間の平和の表現と、そして現実に働いているもうひとつの生の告知であることを知った。このもうひとつの生を信じるのは、自分がその生のうちにとどまっているほんの一瞬だけのことだ。想うに、超自然的なものは、その全貌が人間の地上的自然のなかで見いだされた時、ひとつの虚構《フィクシオン》である。それがリアルなものであり、ポジティヴなものである。そのことによってわたしは、地上の神々をきわめて注意深く捉えている〔オーギュスト・〕コントの思想に、連れ戻された。そこから、そしてつねに詩人〔コント〕に導かれて、わたしはまた、聖書を尋ねた。わたしはそこに、人間以外の何も見いださなかった。ただし、人間の全体以外を、である。

祭儀・讃美を、その真の対象である人間に引き戻すことができたのは、コントのすぐれた功績である。彼はユマニテ〔人間精神、人類〕を群衆のポリティクと捉えたとはいえ、したがって、そのことは秩序を讃美しすぎることになるけれども、しかし、彼は死者の記念祭《コメモラシオン》に太古からあるところの意味を見いだし、それによってあの「卓越した存在者」、すなわち《知られている存在のなかでもっとも生き生きした者》を屹立するに到った。死者が生者を支配していること、そのことをわたしは理解することができた。呪いでしかないような、遺伝の亡霊によってではなく、およそそれとは正反対の観念によってである。すなわち、人間のなかでもっとも純粋な、もっともすぐれたもの、かつて存在したことのないものによって――。そして、その観念は敬虔と讃美とによって支配されている。きわめて自然的な、そしてあらゆる慰めの基調をなすこの観念を、根源までたどっていったと信じている。すなわち、真の敬虔の配慮を受けない限り、夜な夜な彷徨するのをやめないと言われるかの亡霊どもを、理解するに到った、と信じている。想うに、この例によって、全宗教の真理が照らされているようだった。なぜなら、肉体を石の堆積の下に埋葬し、あるいは焼却しなければならないのは本当であるが、そのことはまた、貶《おとし》められ、辱められた死者の残酷なイマージュを、また常軌を逸した病人の、あるいは震え声の老人の悲しいイマージュを、おのれのうちで、消し去らねばならないことを意味しているから。それはけっして死者を彼の真の姿で思い出すことにはならない。それはむしろ、彼を百回も千回も殺すことになる。したがって、死者を力強く、できる限りその栄光のうちに、復活させること、敬虔とはそれ以外のことではない。わたし自身、すべての人がするように、亡くなった両親や友人たちについてこの美しい瞑想に耽った。すべての人がするように、彼らの伝説をつくった。伝説とは、語られるだけの価値があるもののことだ。この豊饒な思想を、わたしは汲み尽くすことができなかった。かろうじて、物語る人の唇を、また死者たちのすぐれた徳を顕揚しようとするあの注意を、時々素描しえたにすぎない。生者たちについても同様である。君たちは、生者が彼ら自身の称讃をどのように振り棄てるかが、わかるだろうか。まず、自然的な謙遜によって——。また、あの怒りによって——。すなわち、わたしにはまったく正当だと思われる、自分の内においては自分が、他の人たちの讃えるような英雄などではまったくない、という怒りによって——。悲しいかな、この自己認識は、食ってかかるようになるだろう。たとえ、そのように語って、そのように呪われた証言をすることによって、死者を貶めなかったとしても——。わたしは、ともかくすぐれた点を救い出し、できればそれ以外のものを忘れることが、自分自身に対する一種の義務であると好んで考えた。それが本当の悔悛・悔い改めだと、わたしは思った。それに対して、希望のない悔恨は、自己の亡霊を内容としている。

こうしてわたしは、まさに宗教のまっただ中にあった。楽園と地獄とをこしらえていたのだ。わたしは大勢の聖人たち、永遠の父と永遠の母、そして赦されることを欲しない不良の子を、思いめぐらした。偽善を含まない、人びとの集合による陶酔も含まないこれら炉辺《かまど》の思想、これら夜とぎの思想、これら冬の説話は、わたしのすべての思索のなかで、もっとも心地よいもの、もっともやさしいもの、わたしという人間を温めてくれるものだ。わたしはその時、ミケランジェロが三角形のなかに嵌《は》めこんだ図形のような、永遠の幕屋の下にいる。わたしは厳しい自然のなかで、そしてわたし自身が選んだのではない仲間たちに囲まれて、おのれのものとしては自己自身以外の何ものをも、もっていない。『人質』のなかのシーニュの崇高なことばを使うと、わたしはその時、もっとも低い場所に座っている。そこから、わたしは、退《ど》くことができない。わたしの心の神々が、ホメロスが言ったように、物乞いの姿に身をやつして、やってくるのはまさにこの時だ。善良な砲手ジャナンがアキレウスに匹敵するのはまさにこの時だ。生きていた時彼はどんなであったか、わたしはもう覚えていない。しかしわたしは、彼のポジティヴな能力によって、彼が隷属からも束縛からも自由なことから、彼が生きているのを見ている。彼は、自分が生きていた時よりももっと生きている。こうしてすべての人は、おのれの孤独な裡《うち》から英雄や不死の神々を生み出す。するとカエサルは、彼に対してどういうことになるのか。しかし、彼の失った友人が彼にカエサルを説明している。また逆に、カエサルの風貌は、パトロクロスとアキレウスとの友情がすべての友情を照らしているように、親しい英雄を照らしている。かくてこの時にこそ、すなわち、日暮れ時、火のほのかな明かりのもと、煙のなか、亡霊たちが踊るなかで、ほんとうの煉獄が、語り手たちの楽園の希望が形造られる。地獄はというと、地獄に住んでいるのは知らない人たちだけだ。説話のなかに強盗や人喰い鬼がいるのと同じように——。

こうして人間の宗教をその源において省察することによって、わたしは歴史の魂から、何かをえぐり出した。わたしは、カエサル、ポンペイウス、その他だれかれのような、わたしの知らないすべての英雄たちを地獄に投げ込もうとはしなかった。実を言うと、わたしは自分の心の奥で燃やしていた人間愛によって、彼らを救った。それはすなわち、時として、コントがわれわれのすぐれた先人たちを、彼らのさまざまな徳によって愛するように勧めているようなことだ。しかしながら、それらの徳のなかでも敬虔こそ第一のものでなければならない。否、敬虔自体が、第一のものとされることを求めている。そして敬虔は力の限りを尽くして死者たちを救い出す。死者たちにはどうしても敬虔が必要なのだ。わたしの陰府《よみ》の王国《くに》とはそういうものであった。王位や支配権はそこにはなかった。カエサルとてひとりの物乞いにすぎなかった。神を見いだすのはわたしの仕事である。

わたしはナポレオンの『セント・ヘレナの回想録』を読んで、この追憶を確かめた。この書はいつも、わたしの愛読書のひとつだった。そこから、くだらぬ馬鹿者たちは（実際、彼らは馬鹿をやっていた）言った、「あんたがボナパルティスト（帝政派）だとは知らなかった」と。わたしは決してボナパルティストではなかった。また決してそうなることもあるまい。行列が通っている最中に帽子をとるのはわたしの性に合わない。あとから、わたしはとる。「あとから」、それは詩人が言っているように、ワーテルローであり、それはセント・ヘレナであり、そして墓である。これがこの乞食皇帝のありさまであり、彼はこの本を通してわたしのところに来た。つまり彼の相手はわたししかいない。せいぜい、書物の英雄とはそんなもので、読者が生き返らせる、吹けば飛ぶような亡霊である。そこでわたしは、この皇帝のいろんな部分《パート》を取り上げた。そこから、熱情と感動とに満ちた一人物をつくり上げた人間を、しかもどんな人間をも信じ切った稀有の人。廷臣を裁いた、そして自分の宮廷を軽蔑した。稀有の人。「諸君は何ひとつ後悔しない人間を見ている」と、彼は流謫《るたく》の船上で言い放った。彼の八月一五日を悲しみのなかで祝った時のことだ。彼自身、この誕生日のことなどまったく念頭になかったのだ。この重大な事柄に関するテーヌの馬鹿な言葉が（実際、彼は馬鹿者のように思われる）、なぜ、わたしをむっとさせたか、よくわかるだろう。この人生は楽園ではない。何事にも気をつけて、すべての悪魔どもに対して身を守らねばならない。悪魔どもはすべての信仰を取り去ってしまうだろう。過去を蔑んでいて未来を構築できるわけがない！　人間ぎらいは正義の敵である。現在のなかにはよりすぐれた正義を告知するものは何もない。正反対なのだ。過去のなかでこそ、正義が、希望が、光を放っている。だからそこに、それ自身、まったく自然な黄金時代の虚構が、われわれの実証的《ポジティヴ》な思考のなかで、確たるものとして、現として、存するのだ。こういうわたしの説明から、わたしの力は限られたものであるが、どうして進歩が、わたしの信じる事柄のうちにまったく入ってこないのか、また、なぜ伝説が、わたしの眼には歴史よりももっと真実に見えるのかが、わかるだろう。したがって、わたしは、自分の裡で、わたしの炉辺の片隅で、はるか遠い時代からさまざまな信仰の根拠を引き出してきた、あらゆる宗教の祭儀をとり行なっているのだと思う。しかし、そのように共通の懐へ戻ることとは、黄金よりももっと大切な、わたしの切り札である、トータルな不信とは、容易に相容れない。

わたしは新しい人間の知見をもたらしたい。人間、すなわち、まったき意味で「人間」を包摂している人間、そしてまた、希望をもちながら、騙されないような人間。みずから自由であると言っている人たちは、そこまではほとんど行かない。彼らは自分の愛するものにもっともよく似た人間たちや書物に、虚偽と虚言との疑いを投げかける以外、いったい何をしただろうか。このような不安は到るところにある、社会主義者の良心のなか、共産主義者の、アナーキストたちの、あるいは何と言おうとそういう種類の人びとの良心のなかで——。といって、わたしは、たいしてカトリックでもないし、また、たいしてキリスト教徒でもない。わたしはただ、全歴史のなかでもっとも輝いている出来事と言えるように、彼に記念祭をささげたいのだ。したがってわたしは、彼を友人として考えている。否、敬虔な想いで言っている。人間的でありうるすべてのものを、わたしはそこに求める。滓《かす》でしかないならすべて、棄てる。わたしが棄てるという時、この身ぶりはつねに慎重であることを知ってほしい。わたしは決して絶望しない。ほとんどすべてを、否、すべてをほんとうに、救うことに対して――。なぜなら、法王のなかでもっとも悪しきものでもわが同胞たる人間であるから。なぜわたしは、福音書の中のいちじくの木の譬え話、すなわち有名な「はたして、それはいちじくの季節ではなかった」を救ったのか、弁護したのか。これ以上巧みに、人間を信じる信仰を言い表しているものはないからだ。なぜなら、すべて人間的なものはいかなるかけらも、それがおとぎ話にすぎないとしても、わたしには少なくとも注意に値すると思われるからだ。この敬虔の念は、発掘と廃墟を通じての唯一の可能な導き手である。要するに、わたしが思うに、われわれの思惟が歩み始めた道は、すなわち過去の時代を野蛮な時代として、そしてまた古い書物を不合理な書物の集積としていつも篩《ふる》おうとしたやり方は、非常にまちがっていたのだ。ああ、もし人が今の時代をまちがって考えていたら、今の時代について何とでも言えるではないか。それゆえに、人は、人間を造りなおしたがるのだ。この意志には高貴なものがある。わたしは彼を支えたい。わたしがここで想起した様々な理由とともに、コントのこの思想を与えることによって――。

「望ましい人間の変化というのは、現実において、ごく僅かである」。

要するに、わたしが理性によって様々な宗教ドグマを吟味しながら、到達したところはまさに、この点だったのだ。しかしまだ、わたしの前には、そう言ってよければひとつの〔むずかしい〕テクニカルな問題が残っていた。なぜなら、わたしは、想像力《イマジナシオン》は叡知よりももっと強いものであり、もっと正鵠を射ているものだ、と考えたから。この点については、わたしはヘーゲルに、彼の芸術と宗教に関する強靱な思索に従った。宗教は芸術についての省察《メディタシオン》にほかならない、というあの偉大な観念は、わたしの心を強く捉えたのだ。この観念はヘーゲルの要綱のなかにあるものだが、彼の思想展開のなかではしばしば、失われている。それはかなり明らかなことだった。寺院や彫像は、偉大なる書物であり、ほんとうを言えば、人間が問うのをやめないスフィンクスであったのだ。神学はやっとのことでそれをたどっている。この観念はそれ自体、神話《ミュートス》的である。それが言わんとしているところは、叙事詩によって思想は支えられている、ということだ。しかしながら、わたしには、どのようにして想像力が、あの狂おしいものが、このように理性によって按排されるのか、わからなかった。わたしがそれをちょっと理解できたのは、想像力というのは、われわれの内部に働きかけ、もうひとつの別の世界を造り出すことができる、ということを否定した時だった。わたしはその時、神々のすぐ近くにいた。とりわけ、小さき神々の——。わたしはリアルな力である恐怖の、そして何ものでもない幻覚の、まっただ中に閉じ込められたが、そこで見たのはただ、この無欠な世界においては、幻《ヴィジョン》や亡霊というのは存在しない、ということだった。このような対象のない恐怖は、想像力の無によって、目に見えないものを造り出していた。そんなことは、まったくどうだっていいことだった。大事なのは、実証的に〔事実において〕ほんとうの想像力を捉えることだった。そしてまた、想像力のもっとも自然な歩みのなかで——。なぜなら、芸術はしばしば、どのようにも取れる微妙な内容を語っており、少なくとも神学的な内容を語っているから。

物語《ミュートス》

「物語《ミュートス》」が市民大学の女子の授業に設けられたのは、二度あった。数年を隔てて。ミュートスというのは、見かけはたいへん美しいが、そこには壁のように閉ざされたものがある。経験が捉えることのできない狂おしい想像力の讃美が、そのことをすべて、物語っている。なぜ子どもは、これらのありそうもない物語を信じるのか。子どもというのは、自分の手の届くところにある対象から、勤勉に、貪欲に、学ぶのをやめないものなのに。はたして子どもは信じているのだろうか。わたしはというと、これを機に、ペロー、グリム、『千夜一夜物語』をもう一度読んだ。何がおもしろかったか。これほど骨折ったテーマは滅多にない。奴隷や弱者がこの世を忘れようとして、奇蹟に魅せられるというのは、よくわかる。だが、こういう安易な考えは、しばしば詩の説明にも用いられるが、結局、つまらぬもの、曖昧な、いいかげんなもののようである。世界がないところには「すべて」がない。詩は、あるがままの、どこでもそうであるような詩は、どんな散文よりももっと真理に近い。そして寓話は、すなわち奴隷の詩《うた》であるそれは、いつも苦い経験に充ち満ちていて、そこではあらゆる幻想が一掃されているようである。ミュートスにも同じような力があるように見えたが、わたしにはまだ、その意味を推し量ることができなかった。

わたしはまず、オーギュスト・コントの思想によって難局を脱することができた。それは、魔法の力はどのようにしても、心の世界を変えることができない、というものだ。

『イリアス』や『オデュッセイア』の神々は、したがって、心を統《す》べるものではない。実際、自分の家の煙を想っただけで、死ぬほど望郷の念にかられたオデュッセウスの嘆き、このような嘆きは、決して神々のなしたわざではない。またペネロペイアの忠実も、さらにアキレウスの怒りも、神々のなしたわざではない。むしろ、神々はそこにおいては何もすることができない、と判断されよう。しかしながら　詩《ミュートス》　というものに、創作はつきものだから、それに詩は最初の源泉からかけ離れてしまうものだから、コントの思想は揺れる。人は一種の媚薬の結果であるフェニキアのチュロスの王女ディドの愛や、さらにそれ以上に、外的な奇蹟によって〔媚薬を誤って呑んでしまうことで〕始まるトリスタンとイゾルデとの愛のことを考える。だから、こうした二次的な詩を、わたしはあまり好まない。そこでは神話《ミュートス》が現実を引き裂いている。『殉教者』〔キリスト教の卓越性をいわんとして『キリスト教精髄』のテーゼを例証しようとしたシャトーブリアンの叙事詩〕のなかの天国の描写ほど冷ややかなものは何もない。詩《ミュートス》　については、わたしはまったく別の観念をもっている。詩は人間と世界との歌である。現実のもっとも近くにある世界の、すなわち詩人のリアルな知覚の歌なのだ。したがって、もっとも微妙なメタファーでさえ詩人には現前しているもの、彼によって見事に描かれたものだ、とわたしはいつも想っている。この探究はしかし、非常に難解なので、この程度でやめておかねばならない。コントに戻ろう。わたしはそこに、呪詛をいつもまぬかれている感情の宝庫を見いだしている。こういうふうに見ると、善玉と悪玉という子どもっぽい区別も、出来事が人間を変えることはまずない、という或る真理をあらわしている。そしてこのことは、いずれも動物の外被のもとに忠実なものである、青い鳥と白い牝牛によって、ほとんど苛烈とも言えるほどに描かれている。そこから出発して、もうひとつのことを発見した。すなわち、人間は人間にとって大いなる障害であるということ――。人間は障害を、隔たりを、仕事を片付ける。だから耐え忍ぶ。それでいい。しかし人間は、人間を片付けることができないのだ。そのことは戦争を見るとよくわかる。したがって、人間が人間の邪魔をしなくなるやいなや、旅はただちにまっとうされる、ということを、魔法の絨毯《じゅうたん》はきわめて巧みに表現している。逆に、すべての魔法使いや魔女たちは、勝手に命令する力を表現している。なぜなら、大地は、勇気でもってはどうすることもできないような壁や障害によって隈なく占められているのは本当だから、従わざるをえないのだ。このようなミュートスの世界の成り立ちは見事なものだ。これが、わたしの最初に発見したことだ。

第二の探究において、わたしはついに、何が自分よりもすぐれた存在《もの》なのか、わかった。すなわち、子どもの最初の生は、子どもを、魔法使いや魔女たちに依存させる。彼らはなんでもすることができ、同時になんでも邪魔をする。子どもが最初の観念を形成するのは、このようなまったく実証的な経験からである。こうして、われわれの最初の観念はまったく神学的であるという、コントのもうひとつの観念に、わたしはいっそう多くの内容を与えた。しかし、子どもの生をより詳しくたどることによって、わたしは、ミュートスの闇の部分がもっとよくわかった。子どもは外部の力によって抱かれ運ばれて、ドアを通り窓を開ける。(1) そして祈りによってすべてを手に入れている。この昔の、すべての人にとって昔の世界においては、人はまったく働いていないというのは本当だ。これこそ、まさに黄金時代である。しかし同時に、そこではすべてが黄金であるわけではない。待たねばならない。気に入らねばならない。不可解な意志に服従しなければならない。こうして、ミュートスのなかで演出された想像力は、ただ、われわれのもっとも古い経験をきわめて精確に描いたものにすぎない。われわれが、老いてゆく、ほとんど若者たちを理解しない、しかも彼らを執拗に困らせる人びとを、相手にしなければならないことを考えなくても——。したがって、すべての神学はわれわれの前に厳然としてあり、虚構ではない。なぜなら、人は神々を愛し、にもかかわらず、神々がそういう存在でないことをしばしば、欲するだろうから。また人が学ぶにつれて、企てるにつれて、神々から解放されることもやはり真実である。そこから、昔は神々がいたが、今は神々はいなくなってしまったという自然的観念が出てくる。実際いつもそうだった。宗教のなかでもっとも近代的なものでも、古い奇蹟にのみ依存している。こうして神々のための場所が造られた。人間の姿をした場所が——。わたしはあらためて、いっそうよく、式典を挙げて祝うとは何かを、そして厳めしい死者たちがその生存中と同じように事物を支配し続けていることを理解したのだ。

しかしまだ、宗教のすべての位階を把握してはいなかった。神々は愛されると同じように、恐れられている。ただ恐怖の探究は、愛の探究よりもずっとやさしい。恐怖のなかで第一に来るものは、恐怖を起こさせるものの認識ではなく、むしろわれわれの身体のなかの戦慄と動揺であることはよく知られている。否、このような恐怖がわれわれの内に恐怖を生み出すのだ。そこからわたしは、森や山々に出没する、形のない、見えない神々を容易に説明した。想像力は見ているつもりだが、何も見てはいないのだ。言い換えれば、神は途方もなくリアルなのだ。神は瞬時に遁《に》げ去る牝鹿《めじか》である。森の中を、ひとりで何時間も彷徨《さまよ》ったことのない者は、想像力の不意打ちがわからない。

二十歳《はたち》の頃、狩りをやめて、わたしはしばしば、友人の猟師と一カ月過ごすためにウール川の水源地の近くにある廃家に出かけた。この地方には到るところに森と沼があった。そこでは人に出会うことはほとんどなかった。歩くにつれて、木の幹が見る見る転移して、そこから、今見たばかりのものは決してもう見られない。こうして、世界は隠れてばかりいる存在で満ちている。子どもたちにはこの孤独が耐えられない。青年はそれに慣れている。大人はそこには、真の恐怖を感じない。否、むしろ、そう言ってよければ、自分が怖いと思ったら、人は恐怖を感じる。

こうして絶えず、信から不信へ到る思惟の歩みは、田園の宗教独得のものであり、そこには実のところ、あまり恐ろしい神々はいない。だから、森が絶え間なく断続している場所での、彷徨する人と動物とのまったく自然な混同は、結局のところ、アイギパーンをその典型とするような親しい怪物をつくり出したにすぎなかった。こうして次の真理を感得する。動物のなかにある神秘的なものは、人が狩ったり、それに対して身を護ったりする動物のなかにはほとんど見られない。むしろ、きわめて近い、きわめて遠い、動かない家畜のなかに認められる。

神々が生理学的《フィジオロジック》〔physiologique〕な「かたち」で論じうることを、これらの観察はあかししている。

訳註

(1) 幼年時代は子どもにとって、神話と魔法の時代である。子どもは、両親の腕のなかで抱かれ運ばれる。どこでも行きたいところに行ける。ドアを通ることも窓を開けることもできる。

様々な宗教

もはやどういうふうに並べるかだけだった。「思想と年齢」の観点からは、子どもの宗教とも言える説話から始めるのがよかった。しかし、どうしても具合のわるい点があった。神人同形説《アントロポモルフィスム》が、説話においてはまったく自然であるのに、田園の宗教では確たる意味をもたないのだ。田園の宗教ではつねに動物が讃美されている。たとえそれが人間の形姿《すがた》をとっていても。なぜなのか。それは豊穣・繁殖力の観念が農家や家畜の飼育者の考えを支配しているからだ。だがその観念には、祖先崇拝が結びついているに相違ない。祖先崇拝は伝統の力によってより確たるものとなった。なぜなら、こうした謂われのまったくわからない物事、それも長い歳月を通してわかった物事では、もっとも高齢の者がもっともよく知っているから。しかし別の観点から見れば、ヘーゲルが指摘したように、家族的宗教は、それが都市的正義との均衡を欠く時、季節の暴力に与《くみ》するだろう。また狂った愛に与するだろう。そこから、家庭内の悲劇や、赦すことのない復讐が生まれる。ここでは、魔法使いと神託が支配している。ヘーゲルは最古の神々を、泥と血の神々である、と言っている。見事な定義だ。都市に固有の掟、すなわち戦《いくさ》と征服の掟は、それを田舎のソヴァージュ〔野生・野蛮〕と比較するならば、「正義」をあらわしている。しかしながら、ヘーゲルを読み――彼はここでは豊かな意味をもち、重大な誤謬がない、否、真実議論の余地がない！――ヘーゲルを理解するにおよんでわかったのは、このような文明の「歴史そのもの」が、実は「神話」なのだ。なぜなら、農民の暴力はいつも同じものであったし、今なお同じものであるから。昔からいつも、町を取り囲むようにして田園があって、測量士と裁判官が境界を設けて、聖なる人が権利と測量を無《な》みするものなのだ。進歩というのは、絶えず元に戻ろうとする激しい揺れのように、わたしには見える。たとえば、よく知られているように、バビロンのあと出てきたのは追い剝ぎの羊飼いだけだ。またカルタゴのあと出てきたのも同様である。しかしながら、このような追い剝ぎたちにあっても、客をもてなす決まりは怒りにまさるものである。ホメロスに見られる通りだ。もっとも驚くべきことは、文明は市民化されても、田舎の様々な情念をたいして弱めはしなかったことだ。別けても愛の陶酔は、そこには様々な段階があり、様々な彷徨があるけれども、もっとも恐ろしい情念なのだ。そこから、今なお、様々な犯罪が生まれているのだ。そんなわけで進歩というのは、そのカーブを二、三千年に限って見ると、まだ人間の本質を欺いている。すなわち、革命から生まれている途方もない残酷さは、残虐で不条理《アブシュルド》な夢のように見える。したがって、歴史哲学はわたしの印象では、まだ十分、生理学的なものとはなっていないのだ。それに、この問題はくりかえし言われてきたもので、われわれの努力を、しばしば先延ばしして、終わっている。なぜなら、ほとんどの人がわかっているように、人間の平和にはおそらくまだ、千年の忍耐が、否、それ以上の忍耐が必要なのだから。したがって、あえてわたしの考えを、もう一度くりかえすならば、様々な宗教を人間の段階《エタップ》〔étapes〕、すなわち身体である人間の自然な発達過程としてではなく、人間の位階《エタージュ》〔étages〕、すなわち、魂である人間の存在様態として捉えねばならない。歴史が議論に暇をつぶしているのに対し、わたしは反対に、簡潔に、直截に示そうとしたのである。なぜなら、わたしは人間の肖像をつくろうとしたから。なぜかというと、戦争は習俗の進歩によってなくなるだろうという代わりに、反対に、戦争はつねに、今あるように、そしてかつてあったように、われわれを脅かすものであること。そして、道徳はすべて、正義はすべて、ほんの一時のもの、否、人が馬鹿にするようなものであること。人がそういうことを感じて欲しいと思ったから。宗教であるところの、人間の様々な位階に読者が感じ入って欲しいというわたしの意図は、おそらく、読み手には十分伝わらなかっただろう。読み手が一瞬《いっとき》おのれの全存在を忘れない限り——。

でも、わたしにはまだ、もうひとつの狙いがあった。なぜなら、思うに、学の道はすべて、最高の学でさえもあの観念、すなわち、われわれの先駆者は直前の方々も例外なく、われわれよりも愚かであるという観念に、支配されていたからだ。だからまず、多くの人たちが、新しい観念しか正しいものとは認めなかった。そして、古人のなかに過ちを探したのだ。このような精神はまさに近代的なもので、なぜなら、自分をそのように信じ込んでしまうからだが、何を論じようとも、「教養」、すなわち人間の神託に対する、言わば、祈りのようなものとは正反対のものだ！

ただ叡知を貶《おとし》めるために書かれたような、或る歴史の狂信は、とりわけ、古い信仰に対していつも偏見を抱き、「人間」の居場所に野生的でナイーヴな動物たちを見いだし、いつも、いらだっている様々な宗教の歴史のなかにあらわれている。結局、それは虐殺や火刑や、すべての宗教戦争のテロを、十字架に架けられた人、聖母マリア、諸聖人への崇拝から来るものだ、と言い張ることだ。ところが、これらの崇拝はまっとうなものなのだ。そして当然ながら、そのような力の譫妄《せんもう》の反対なのだ。こうしてわれわれの周りに、われわれのすぐ近くに、同じような激昂が、同じような責め苦があるように、同じような信仰が、しかも同じような「かたち」で、そう言ってよければ、同じような「祈り」によって堅持された信仰があるのだ。

ところで、理性の立場にたつ者たちも、まったく純粋の信仰に対しても、火刑に対しても激しくいらだち、終わりの見えない虚しい弁証法に陥って、盲目となっている。しかも、しかじかの頃、イエスは最後の審判において魂たちが同じであることなど教えなかったと証明しようとするほど――。この思想は彼らの戦略の要であるのに、である。まだ、しかし、幸いである。もし彼らがこの観念はまやかしであり、もっとも明晰な、もっとしたたかなエゴイズムによって、より卓越した正義がやってくるのだ、とまで言わないならば――。人間に対するこの深い不正に、わたしが憤慨するのはまさにそこなのだ。思考と感情の間にあるこの矛盾を(おそらくまた、わたし自身のなかでも)感じるのはその時なのだ。その矛盾はわれわれが逃れることのできない不変不動の反抗を言いあらわしている。平和をもとめて教会に行き、われわれが終わりにしようとしているその同じ不正の罪をはっきり認めている善良な婦人たちのなかで、われわれはどれだけの仲間を失っていることか。政治家でさえ、このような混同はしない。われわれの敵はまさに、われわれ自身なのだ。

では、これらの善良な婦人たちに従い、ロザリオの祈りを唱え、ミサを執り行い、そしてこういったものをなすように勧めるというのか。ちがう。決してそうではない。わたしはそれには、いつも反対した。何のためらいもなく――。なぜなら、そういう教義の、そういう祭儀の深い真理を知っていたからだ。人間が、あるいはその弱さから、あるいは感情から、あるいはむしろまったく誤った人間の叡知に対する不信から、それらを信頼しても、宗教の深い真理がただ、それを信じる人たちによって統覚されているならば、われわれの脆い文明でも何も恐れる必要はないだろう。なぜなら、文字通り、楽園を、地獄を、贖罪を信じることは、この魂を解放する宗教を、不合理なものと判断し人間の手の届かないところに位置づけない限り、まったく危険なものではないからだ。なぜなら、そこではすべてが奇蹟であり、すべてが人間の理解できる範囲を超えているので、もはや、おのれのすべてを蝉脱した諸聖人たちの酩酊と、他者に放棄を迫る政治的酩酊とを明確に区別することができないから。他の様々な酩酊において、明晰さを欠く愛の上に基礎づけられた寛大な取引を考えなくても——。狂信者を知らなかった、すなわち、そういう人を知ること、理解することのなかった者は、彼の兄弟たちのもっとも高邁な人たちを知らないのだ。したがって、教義史や教典の批判による奥義の拒否は、まったく見当ちがいのやり方のように思われる。事実、スコラ派を論駁するスコラ派は、やはりまだそれでもスコラ派であることに変わりはない。イエスがそう命じたということから、われわれが兄弟であることを欲する人は、イエスが存在したことは証明されないのであるから、われわれが兄弟であるというのは本当でないことを証明する人よりも盲目であるなどとは、思えない。この種の議論に熱を上げるのはもうやめねばならぬ。そんなものは所詮、おしゃべりどもがいい気になっている言いたい放題でしかない。わたしとしては、ユゴーのロバのように、幾千巻の書は時間と努力の浪費であると言いきる。苦労に苦労を重ねて、すべてを互いに和解させようとしたヴィクトール・ユゴーは、たしかに、正しいのだ。たとえそれが、自然の酩酊、リズム、物の運行、あるいはダンス、あるいは歌唱の陶酔であろうとも、詩人〔ユゴー〕は、いっさいは兄弟である、という汎神論のうちに神々の統一を回復している。これは欲望を神格化することであり、いっさいを包摂することだ。韻文は、もっと慎重である、ユゴーにおいてさえも。

わたしの思索がどこへ行こうとしているのか、明らかだろう。だが、実際にそれをやるのは容易なことではなかった。多くの、もっともらしい知見と袂《たもと》を分かつ必要があったのだ。わたしはこの宗教哲学を、あらかじめ示しておいた計画に従って、教員組合員の雑誌『エコール・リベラトリス』に、毎日、執筆しはじめた。おそらく彼らは、非常に警戒しながら、こうした論考を読んだのではないか。そういう読み方は、読んだことにはならない。それに、わたしは教育についてあまり書いていないけれども、わたしの書いたものは、いわゆる近代的な教育学〔実証的経験論とアングロサクソン系の心理学から着想された教育理念〕とは、まったくかけ離れている。そんなものは、だいたい、まったくばかげている。わたしはそう思っている。注意深くわたしのものを読んだ人たちは、それが、わかったに違いない。なぜわたしが、子どもには、まず、もっとも厳格な詩を、およそもっとも子どもらしくない詩を、朗誦させようとしたのか、また、なぜ朗誦者の高尚な礼儀を、精神を卑俗にするだけの娯楽的な知識よりもはるかに高く評価しているのかが――。なんということだ！　わたしは自分のいちばん大切な友人たちにへつらっているのか！　そうではない。わたしは、彼らとともにいる。単純に、純粋に！　少なくとも、彼らも、それはよくわかっているはずだ。

その頃（一九三〇年頃）、セヴィニェ校での授業は公開になっていた。わたしはもう一度、『神々』のあの重大テーマを論じようとした。やる気のある、真面目で、忠実な受講者たちを前にして。いくつかの例外は除いて。なぜなら、そこには流行《モード》が混ざっていたから。

やむを得ない事情から、この種の授業は終わらざるを得なかった。それに、所詮この種の授業はたいした結果をもち得ないものだ。わたしの自由な時間を見つけると、わたしはすぐに、公刊されたとおりの『神々』を、毎朝、二時間足らずを割き、一気に書き上げた。

『神々』はその透明さにおいてどんなに晦渋であろうとも、わたしはそれを何ひとつ変えるつもりはない。なぜなら、わたしの意図はひとつの学説を、他の多くの学説のなかに加えようとするものではないからだ。そうではなく、すべての学説に「否《ノン》」を言い、自分の思索領域を際だたせることだから。

そんなわけで、今ここに書き終わるこのもうひとつの書物に対し、ご寛恕を乞う次第である。この書は、正しく理解されたならば、叡知と友情とに満ちあふれた、『神々』への長い序《プレファス》にほかならない。

〔ブルターニュの海岸〕ル・プルデュにて

一九三五年七月—九月

「終」

Fin

オデュッセウスの読み手としてのアラン
──『わが思索のあと』解題をかねて──

神谷幹夫

1

あるヘレニスト（ギリシア学者）がわたしに、言った、自分はアランを読んでギリシア古典学に赴いた、と。この声が、今も耳もとに残っている。もう三〇年も前のことだ。『わが思索のあと』解題を書かねばならないのだが、この学者の思いをたどりたい。それはまた、わたしにとっても、アラン発見につながると想うから。アランを読む、それは**おのれを見いだす**ことだ。おのれの道を──。この道が「すでに在《あ》った道」であることを──。アランが生きた。アランが死んだ。そのことがわたしにとって、意味を持つのはなぜか。魂は死なない、そういってもいいようなある種の永遠、ある種の普遍が、そこにあるからだ。わたしはそう、素直な思いで、信じている。

われわれはアランの「自画像」、すなわちその（思索の）道のデッサンをしたいわけだが、なかなかやっかいだ。アランは、俺だけがこれをやったぞ、などとは絶対いわない男だから。《自分だけが……。》そんなものはないという。いや、たとえ在ったとしても、そんなものに何の意味（人間の種としての意味）があろうか。そう言うだろう。人間は、ひとり生き、ひとり死んだ（そんなのは獣ではないのか！)、ではないのだ。地上があるのだ。宇宙があるのだ。おそらく天上も。人間はすでにある社会に生まれる。そこには「わざ」(行動)の、全的な意味ではおよそ捉えがたい崇高な意味がある。精神の奸計の――。

そこで、われわれは、オデュッセウスを想起せざるを得ない。アランの思索道に、オデュッセウスの術策道を思い描くのは無謀の誹りを免れないだろう。構うものか！　あえてやらねば何も生まれない。アキレウスの「根性」を、ここに想う。

(名馬クサントスから、ヘクトルを殺《や》ったら、あんたも生きていないのだよ、と告げられると、構うものか！と突っぱねている。)

(アラン思索道のひとつの〈しるし〉。あえてやること。もうひとつの〈しるし〉は、続けること。やめないこと。ともに、「意志」――捉え尽くすことのできない意志。つまり、〈われ欲す〉ではあるが、人は勝手に、気ままに、欲するというわけにはいかないのだ。意志はある種、神的なものだ――の意味がある。)

ある学者によると、オデュッセウスはアキレウスがその対極にあってこそ、オデュッセウスである。ちょうどそれは、『オデュッセイア』と『イリアス』の関係のように――。アキレウスが死に向かう**パトス**の人ならば、オデュッセウスは生に向かう(苦難を克服しつつ)**エートス**の人である。かれの「叡知」は非合理的衝動(アキレウス的なもの)を「克服した」徳と言えるという。

これはまさに、アランの思索に通じるだろう。

アンドレ・ボナールによれば、「オデュッセウスの身は、自然に、そして、まだ人が運命と呼んでいるものに立ち向かう人間の剛毅の化身である。眼前に障害が現れると、それがどんなものにせよ、彼はかならず黙考し、行動にかかる前に考えを練る。これが最大の危険を前にした彼の最初の動きである。（……）海と運命との仮借のないたたかいで幸福を奪い取るためのオデュッセウスの武器、それは勇気とともにつねに知性である。人の意表をつく才知、人間や事物や、はては神々までも利用する最高の術策、（……）とりわけ、彼の有する卓越した、人間精神の洞察によっておのれを救い出す才知。（……）オデュッセウスの身は、自然界の法則がまだカリュブディスやスキュラのように思われる時代において、人間に幸福をもたらそうとする才知のたたかいの化身である」（アンドレ・ボナール『ギリシア文明史1』岡道男ら訳による。ただし、フランス語原文に即し、若干、手を加えている）。

アランが「叡知」をこう定義している。

「**これは怒り狂った判断を克服した徳である。**（中略）だれも自分は間違っていないと思っている。叡知とはあらゆる種類の性急な判断や先入観に陥らないようつねにめざめている慎重さである。だから叡知は、知られていることや受け入れていることを問い直し、さらに確かなものとするため、主義として懐疑する」（『定義集』一四六頁）。

叡知とは、おのれが獣でないことの決意（認識）であり、同時に、おのれが神ではないことの自覚（意識）である。

アランとオデュッセウスとが、同じ〈くに〉の人たちのように思えてならない。二〇世紀の人と紀元前七〇〇年頃の叙事詩に描かれた人との違いはあるが――。

かれらの「違い」、それって、いったい何なのか。かれら「違い」の重さと、かれらの「同じ」の重さとでは、どちらが重いのか。どちらが「意味」が深いのか。ここには知られている意味を超えた意味がある。意味はつくり出すものだ。はるか昔からある「ことば」はつくり出せないが。

2

『オデュッセイア』（I、1―10）はこう語り始めている（川島重成訳〔試訳〕による。若干、手を加えている）。
あの男《ひと》のことをわれに語り給え、ムーサよ、機略縦横な男、
かれこそまことに遠くまで
彷徨《さまよ》った、トロイエーの聖なる都を滅ぼした後に。
かれは多くの人たちの町々を見、その者たちのこころを知った。
海で多くの苦難をおのれが胸に受けた、
おのれがいのちと仲間たちの帰郷をかちとろうとして。
だが、そのように願ったものの、仲間たちを救い出すことはできなかった。
かれらはおのれが非道な振る舞いによって滅んだのだ。
なんと愚かな者どもか、かれらは陽の神ヒュペリーオーン《エーエリオス》の牛を
喰ったのだ。かくして神はかれらから帰郷の日を奪い去り給うた。
これらのことのいずれかからなり、女神よ、ゼウスが御息女よ、
われらにも語り給え。

アランとオデュッセウスとが、同じ〈くに〉の民だといったが、二〇世紀の人間と、二七〇〇年前の〈人間〉とが、隠喩的なニュアンスであれ、ユマニテなる思考磁場において、繋がるというのは奇蹟のようだ。夢を見ているようだ。人間の凄いわざを――。人間という種（ユマニテ）が到り得るひとつの極点を――。

人間とは何か。人間を登り詰めても、人間のリミットはわからない。神々とは何か。神々を探究しても、神々は捉えられない。家の塀に手で触れるようなわけにはゆかないのだ。神々を探すのをやめた時、神々はかまどにおわすのだ。

獣に抗して、人は人間を知る。神をものともしなくなった時、人は神を畏れる。

「オデュッセウスの歌」、すなわち『オデュッセイア』は、しびれを切らした神々がお姿をあらわになさった詩である。『わが思索のあと』は〈事実でないものを事実とした〉男のひとり歌である。

何か似ているところがある。

何かちがうところがあっても。構うものか！

3

さて、アラン Alain（本名エミール・シャルティエ Emile Chartier, 1868–1951）について、手短に言おう。

アランが生まれたのはモルターニュ Mortagne-au-Perche、亡くなったのはル・ヴェジネ Le Vésinet（パリの西郊。五つの湖があり、それらが運河で繋がれた、イギリス風の庭園のような町）。かれはロリアン、ルーアン、そしてパリ（リセ・アンリ四世校）で、リセの哲学教授を務めた。「アラン」のペンネ

パイプをくゆらすアランとそのエコール・ノルマルの学友たち．右端に立っているのはレオン・ブリュム．(source: Alain-Mortagne-au-Perche)

ームで、地方紙 *La Dépêche de Rouen et de Normandie* のコラム欄に、一九〇六年二月一六日から一九一四年九月一日まで、三〇八三篇の「あるノルマンディ人のプロポ」«Propos d'un Normand»を書いた。今みんなが強い関心を持っている問題を論じた、一八二〇篇の『リブル・プロポ』*Libres Propos*（アランの個人雑誌）は仲間内でのみ読まれ、公刊されなかった。主な著作としては『神々』『海辺の対話』『マルス 裁かれた戦争』『精神と情念に関する八十一章』などがある。

4

アランの『わが思索のあと』（*Histoire de mes pensées*）はデカルトの『方法序説』のようなものだ。ある学者はそう言い切っている。そのように捉えるならば、アランが続いて書いた『神々』はデカルトの『省察』のようなものだ。はたして、プレイヤッド版アラン全集の第一巻の『芸術と神々』（Editions Gallimard, 1958, 1440 pages）は、「**わが思索のあと**」から始まる。そして「**神々**」で終わる。

おそらくアランという著者ほど、biographie の要らない著者はあるまい。プロポ(Propos. 哲学断章)があるから。一葉、見開き二ページからなる紙面に書かれた「**プロポ**」という文学ジャンル、これはアランのつくり出した「かたち」であるが、「アラン」そのものである。ペンネームであるアランは、まさにその「作品」であるから。人が「かたち」である、人がその「作品」であること、これは何かである。凄いことだ。言い換えれば、〈個別な〉ものであるおのれ自身が、同時に〈普遍な〉ものだ。そういうことだ。

『わが思索のあと』は、物語 histoire なのだ。デカルトの『方法序説』(*Discours de la méthode*)が、**ディスクール**(言説。談話。お話。序文。――こんなにたくさんの言葉でもって書く、それはまた、どのひとつでもないということか――)であるように。

なるほど。たしかに。だがしかし、この **Histoire** が、くせ者だ。(光のようであり闇のようだ。「光は闇である。闇は光である」シェイクスピア『マクベス』)。)それは「物語」、「**ミュートス**」(神話、寓話)だ。なるほど〈語り〉である。そしてミュートスは批判をゆるさない。

たとえば、なぜ、シンデレラはかぼちゃの馬車に乗るのか、と問う者はいない。

アリストテレスがホメロスの天才についてうまいことを言っている。ホメロスはいっさいの伝説を語ってはいない、ある意味の統一性をもって、起こり得る出来事を(起こるはずの出来事、起こるのが〈道理〉である出来事を)語っている。そしてそれがミュートスの本領なのだ。だから、**一部を抜き取るだけで、順序を変えるだけで、全体がくずれてしまう**、と。

ここで今、ミュートスについて語られていることは、「かたち」や「作品」についても言えるのではないか。

「かたち」はまったきものである。「作品」はまったきものである。つけ加えることも削ることもできない。許されないのだ。

「かたち」とは、すなわち、均衡《エキリーブル》なのだ。「事実や論拠が猛烈な、荒々しい力を帯びているような職業や学問では得られない」ひとつの（精神の）均衡——。満たされた、窮められた思惟・轍《わだち》である。「かたち」はメタフィジックなものだ。個々のものを超えた、個々のものの背後にある、そういうものだ。つまりそういうことである。

ところが、個物を超えたものが、「エキリーブル」が、かたちに（かたちを通して）あらわれ出るというのである。この展望（エキリーブル）のもとで、個物が輝く。

「茶碗一つ手にもつその持ち方に、いかにその人の気品が出るものかわかるのである。フェンシングの先生は、コーヒー茶碗のなかで、余計な動きひとつなしに、スプーンをまわす回し方を見ただけで、剣士の腕を見抜いたのである」（『幸福論』二七七頁）。オデュッセウスの行動する知性が光輝を放っているようだ。

かたちを超えたものが、しかし、かたちのもとに、見える。それが「かたち」の深層（メタフィジック）だろう。

「部屋の整頓の仕方やカーテンの掛け方」（本書四四頁）が、「形而上学」から、きわめて明晰に引き出せるというのが、それである。（わざに見える知性の問題だ。）

ただ、アランはその隠れた〈きずな〉を、あかしすることは自分にはできない、と言う。（知性の奥は、知性では捉えられない。)

もともとthéorie(理論)である哲学が、ここではaction(行為、わざ)そのものである。何かまるで、ここには『省察』のデカルトがいるようだ。アランとデカルトは、思っているよりもはるかに近い。そう言っていいだろう。

アラン(中央)とその戦友たち.(source: Alain-Mortagne-au-Perche)

5

ところで、アランのよさ・凄さについて――。

アランはこう言う。

「《寒いな。身を切るようだ。これが健康にはいちばんだ》という人たちを軽蔑しないのである。なぜなら、これにまさる態度はないからだ。風が北東から吹いてくる時、両手をこすり合わせることは、二重の意味でよい。ここでは本能に生きることが知恵と同じ意味である。肉体の反応がわれわれによろこびを教えている。寒さに抵抗する方法はただ一つしかない。寒さをいいものだと考えることだ」(神谷訳『幸福論』岩波文庫、七四頁)。

智慧が行動であり、行動が智慧である。

人間は考える。思考は出来事をも変える。いな、人間が変わるから、出来事も、世界も変わる。（人間を軸にして出来事が変わる、世界が変わるのだ。）そういうことではないだろうか。

《うまく行ったからうれしいのではなく、自分がうれしいからうまく行ったのだ。》（同七四頁）

という。

「眠りたいと思ったら、眠りを信じたまえ。要するに、どんな人でもこの世の中に自分よりもおそろしい敵は見つからないのである。」（同七五頁）

しあわせを軸にして、今度は、人間が廻っている。

人間であるすべ。アランはこれを、捉えきっている。それがわかること、それを単純に、純粋に生きること。（思想は行動である。）アランを知るたのしみが、生きるたのしみがここにある。

6

《あのわざとらしい楽観主義《オプティミスム》、あの盲目的な期待、あの自己欺瞞》（『幸福論』二二六頁）、あるいは《度しがたい楽観主義》（同二三〇頁）……。

敵はみごとな言葉で、アランを攻め立てる。敵がいる、これが人間の娑婆《しゃば》なのだ。世界なのだ。

アラン思想に通じているフランス人が、パリの通りを歩きながら、わたしの耳もとでこうつぶやいた。

「アランにはたくさんの敵がいた。だが、アランは書いたもののなかでは、敵のことをけっして決してわるくは言わなかった」。

なぜだろうか。他者にたいする絶対的敬意。信仰が生まれるすぐ近くのところ。シモーヌ・ヴェイユの畏友で、同時代にアランの弟子でもあったシモーヌ・ペトルマン女史が、晩年、ふとわたしにこんな言葉をもらしたことを思い出した。「〔シモーヌ・ヴェイユはもう亡くなっているので〕今、わたしはシモーヌ・ヴェイユのことを批判しない。だって、彼女はもう、〔わたしの言うことに〕反論できないのだから」。

〈普通〉の徳だが、凄いこと。魂のやさしさ、柔和な精神は——柔和な精神は武器など持たない(アラン)——人間にすぐれた徳をもたらす。いな、人間を崇高なものにする。崇高さは、意志の、そして行為の「結晶」なのだ。だから、つねに《意志》によって支えられている。絶対的他者がいなければ、意志は強固にはならない。意志の強さは、他者信仰の強さである。

ところで、敵にどう応ずるか。他者にいかに振る舞うか。そこには、「人間」のすべてがあらわれ出る。(コートの掛け方ひとつにも、その人のすべてが現れる。対象・事物の前では、われわれもまた事物なのだ。)

敵がいること、(その存在を無に還元し得ないものが、つまり)他者があること、その意味は、けっして小さくない(計り知れない)のだ。「おのれ」がひとり存するだけでは、およそ真の(精神の)成長などあり得ない。

7

「死とは、他者が存在しなくなることだ」。

あるフランス人医師がそう言い切った。つまり、意識とは、意志とは(これらはひとつの生を構築するものであるが)、自己と(自己でない)他のすべてとを、選びとること、にほかならない。(意識は他の何かと対立することで、確立する。意志は、他の何かを、おのれの所有とする術(わざ)にほかならない。)

「負けるな、わが心《モン・クール》よ。行け!」(同二四八頁)

アランは、エキスパンダーを引いて、身体のトレーニングをするのと同じように、人びとの「不機嫌」をわが身に(わが魂に)引き取り、おのれはさらに上機嫌になろうとする。

《よし、これは手応えがあるぞ。》

「ボクシングにおけるように、フェンシングにおけるように、ほら、すごい一撃がくるぞ。かわすか、それともまともに受けるかだ」(同二四八頁)。しあわせを喰っていなかったら、こうは言えない。友人の不機嫌を、彼だと思ったらダメだ。物だと見ればいい。ものを弁えるとは、判断が「いのち」だということだ。

《困難さというのは、そこに身を棄てて、ある意味でそれにまったく身をゆだねようとするやいなや、われわれを強めてくれるものである。》

これはアランの誤謬論の中核をなすもので、モンテーニュのいう——モンテーニュの叡知も実践的だ、科学的だ——恐怖の対象のなかに入ってしまわない限り、恐怖や不安はなくならないのと、理屈は同じである。そこで、人は自分のなかにありながら、今までそれに気づかなかったことを、見いだすだろう。

8

さて、ちょっとおもしろいことがある。アランのなかにモンテーニュを求めるのではなく、逆に、モンテーニュのなかにアランを見いだすというのだ。（われわれがオデュッセウスのなかにアランを見るのと同じだ。）

これは歴史的アプローチの逆である。個別のものである真理が、普遍のものでもある、そういうことが、そこからも、見てとれる。

人は「歴史」を、一時《いっとき》、超えた時、そのとき「世界」をも超脱しているのだ。

「荷馬車に乗せられてギロチンに行く人が（……）曲がり角や揺れを数えているとしたら、彼の頭の中にあるのは曲がり角であり、揺れである。遠くに見えるポスターも、それを読もうとすれば、最後の瞬間にも彼の気をまぎらわしてくれるであろう」（『幸福論』二〇一頁）。

（世界があること、それは世界を超えて（越境して）はじめて本当に知る。）

モンテーニュはそれを、（それはある種の諧謔《かいぎゃく》？）もっとおもしろく語っている。（ユーモワ（みだらな欲望）であるどころか）これはもう、ある意味の癒しであろう。（おのれが主人であるのがわかるから。外的世界がすべてではないのだ。）

「ある人が絞首台に連れていかれる時、その道は行かないでほしい、ある商人が、昔の借金を返せと襟首をつかまえに来るかもしれないから、と言う」（『エセー』）。

（かつての他者意識が、今の状況意識に嵌入している。過去が現在を支配している。精神の現実である。）

「別の人が、刑吏にむかって、喉にはさわらないでくれ、自分はとてもくすぐったがりやだから、とびあがって笑い出すといけないから、と言ったのだった」(『エセー』)。

(おのれがどう在るか、そのことだけに意識が囚われたら、また、何かがつくり出されている。何かが生きている。)

これは単に、「陽気な欲望」humour だろうか。

判断に依って立とうとする人間の意志——意志が意志を生み出す事実——には驚くものがある。

最後は、だから、意志するか、しないか——やるか、やらないか——である。

(アランの話している)溺死しかけた仲間の話、すなわち船と波止場との間に落ちて、しばらく船体の下から出られなかった人の話は、リアルである。「水の中で目をあけていた。目の前でロープがゆらゆら動くのが見え、つかもうとすればつかむことができると思いながら、まったくつかみたいという気がしなかった」(『幸福論』二〇一—二〇二頁)。

(なんだろう、これは。何か凄いことが起きている。途轍もないことが——。今まであった世界が乗り越えられている。どうでもよくなっている。違う世界に、もう、生き始めている。)

最後は、〈意志〉をもつか、もたないか、だろう。そこでは〈意志〉が、〈意志〉を超えている。

9

友人のアラン学者が、Nation の界隈を歩きながら、アランは哲学をけっして語らない哲学者だ、と耳もとでつぶやいた。アランはオリジナルであることを拒否した哲学者である、とも。（俺はもう、俺でなくたってもいいさ。「俺」が有りさえすれば。「からだ」が有りさえすれば。）これを感得するには暇がかかる。

翻訳にあたって、アランのテクスト上のむずかしい様々な問題については、ロベール・ブルニュの調査・判断に、すべて、従った。

われわれの翻訳の底本について。

本書（『わが思索のあと』）が訳出したのは Paris の Bibliothèque Jacques Doucet にあるアランの手稿《マニュスクリ》 manuscrit d'Alain: *Histoire de mes pensées*（MNR Ms 3）である。アラン著作権管理者（administrateur littéraire de l'oeuvre d'Alain）、ロベール・ブルニュ氏から手稿の翻訳許可を得た。

（このパリ五区、パンテオン Panthéon の傍らの、小さな図書館通いの日々は、（そこで持った）サンサシオン（感覚・印象）は（パリの宿から図書館への道をふくめ）、今なお、自分のからだが、自分のこころが、記憶にはっきり留めている。まるで我が家の囲い塀に手で触れた（時の）感覚のように——。おのれ自身の存在と同じほど確かな、確かな感覚・知覚……。）

また、フランスで刊行された以下の Gallimard 版テクストも参照させていただいた。

1　Alain, *Histoire de mes pensées*, Editions Gallimard, *nrf*, Paris, 310 pages.（一九六三年三月一五日刊）。

2　*Les Essais*, Alain, *Histoire de mes pensées*, Gallimard, *nrf*, Paris, 310 pages.（一九四四年五月一〇

日刊)

3　Alain, *Les Arts et les Dieux*, Bibliothèque de *La Pléiade*, *nrf*, Préface par André Bridoux, texte établi et présenté par Georges Bénézé, p. 1-213.(一九六八年一〇月四日刊)

わが国の先人たちの訳業(『わが思索のあと』をめぐる)は、いずれも非常にすぐれたものだった。おおいに学ばせていただいた。力と勇気とを与えられた(学びは力!)。感謝したい。

――森有正訳、筑摩書房、一九四四(昭和一九)年刊行。戦時下にあり「戦争」と「軍隊」の二章は除かれている。一九四九年には、新版で、全訳が出ている(思索社刊。二〇一八年、中公文庫に収録)。

――田島節夫訳、白水社、一九八二年刊行(改訳。初訳は一九六〇年頃)。

では、どうして、わたしも訳そうと思ったのか。

ただの偶然だったのか。

わたしは、最初、シモーヌ・ペトルマン(アランの弟子であり、シモーヌ・ヴェイユとは非常に美しい友情で結ばれていた。すぐれた『シモーヌ・ヴェイユの生涯』も書いている)から指導をいただいた。そして、アランの師ジュール・ラニョーのことばに惹かれた(たとえば、「ある事が君〔アラン〕はできないというが、それは君に勇気がないということだ」。「始まりの前にいつも始まりがあるのだ」)。

それから、二つのアラン学会(Les Amis d'Alain と Les Amis du Musée Alain et de Mortagne)そしてアラン研究機関(Institut Alain)で、四〇年以上、鍛えられた。この薫陶はわたしの存在を、根柢から覆すことになった。鍛冶屋が仕事場で鍛え上げられるように――。

ただ彼らのなかでおのが思惟の道を、反芻すること。それしかないと信じた。それに賭けた。何も生まれないかもしれない？　構うものか！

だいたい、日本(の大学)を出る際に、教授から、諭された。

「神谷君ねぇ、君は数学から文学に行こうとするわけだが、文学の世界というのはね、どろどろした薄暗い沼に、一輪の花が咲くか咲かないか、なのだよ」。

普通はまあ、芽の出ないものだ、(パリの落ち葉のように散ってゆくのを)覚悟せよ、ということだ。(そのようにおそれ、おののきながら、でも何かにすがろうとした、わたしは。当てもなく。将来などどうでもよかった)。

ひとつの仕事(アラン『幸福論』の翻訳、岩波文庫、一九九八年。この仕事は、恩師・筏圭司先生がなさるものと思っていたら、神谷さんはアラン『幸福論』を食っている人だから、やり給えと言われた)ができたのは、アランと学び始めてから一五年後だった。すでに、ペトルマン『二元論の復権――グノーシス主義とマニ教』(教文館、一九八五年)の仕事でもって、翻訳(アランの翻訳)にのめり込んでいた。『わが思索のあと』をめぐるフランスの読者・学者らを、すこし詳しく知るようになり、どうしても、この書を、今、訳出したい衝動にかられた。その道をさがした。わたしの訳が狙ったところは、フランス人ならば、たぶんこういうふうに読みすすむだろう、そういうところをただ、明晰にやることだった。うまくいったの？　わからない。ただ精いっぱいやった。やれたと思う。自己満足？　満足など、死んでも、できるわけがない。もし満足したら、仕事ができなくなる。

二〇〇三年にひとまず訳し終えた。二〇二二年、作品が出ようとしている。じゅうぶんな時だった。

「発酵」のための――。

「時」はすべて、うまくできている。（「個」が「個」であることを忘れさせてくれる。）古代には、「時」を神と崇めた種族がいたという。

10

われわれのこの翻訳は、多くの人びとに深く、ほんとうに深く、負っていることを言わねばならない。作品がまったくおのずと、作品だけの〈ちから〉でもって、出来上がるものでないこと、それはアランがくりかえし言っていることだ。このうえもなく真実！　真理である。単純に、純粋に、ほんとうだといわねばならない。

彼らに対し、感謝を表したい。

とりわけ、

Institut Alain のロベール・ブルニュ（Robert Bourgne）に対して。彼はいつだって、わたしの傍らにいてくれた。思索の道においても人生の道においても。

Bibliothèque Jacques Doucet のイヴ・ゴナーさん（Yves Gonnard）に。

筏圭司先生に。先生はアランの存命中からアランを読んでいる――。

カトリーヌさん（Catherine Guimond. Les Amis du Musées Alain et de Mortagne）に。彼女はアラン『わが思索のあと』についてすぐれた学位論文を書いている。だから、細かな箇所（これこそ大事だ！）で、おおいに教えていただいた。「神は細部に宿る」（アリストテレス）。

アンドレ氏(André Comte-Sponville. 哲学者)に。彼はル・ヴェジネでのわれわれの会議(Institut Alain)で、アランに匹敵するのはモンテーニュだ、いや、むしろ、ルソー(Jean-Jacques Rousseau)だ、と語っていた。

先日、彼は『わが思索のあと』はわたしの好きな大傑作で、この書は文学的な作品であると同時に、哲学的な作品だ」と言っていた。「文学的作品」というのは——哲学をやさしく語るアンドレ氏らしい——見事ないい方だ。たぶん、誤ってはいない。哲学者アランの〈文学性〉を強調したいのだ(アランは哲学を文学にしている。文学は実学からいちばん遠い。文学がなくとも人は食べてゆける。文学はわれわれを眺めている。空が、海がわれわれを眺めているように)。

そしてもうひとつ。

希望を叶えてくれた高村幸治さん(岩波書店)、第一読者として見事なかたちに仕上げてくれた入江仰さん(岩波書店編集部)にも、心からの感謝を表したい。ありがとう。ほんとうに。

二〇二二年一月、札幌にて。

1936——**『わが思索のあと』** *Histoire de mes pensées*. Gallimard. Les essais.［森有正訳，筑摩書房，1944（のち中公文庫，2018）／田島節夫訳，『アラン著作集 10』所収，白水社，1997］

1937——**『大戦の思い出』** *Souvenirs de guerre*. Hartmann.［岡倉正雄訳，鱒書房，1939］

『彫刻家との対話』 *Entretiens chez le sculpteur*. *nrf*.［杉本秀太郎訳，彌生書房，1970（新装版，1988）］

1945——**『心の冒険』** *Les Aventures du cœur*. Hartmann.

『ディケンズを読みながら』 *En lisant Dickens*. Gallimard.

1953——**『定義集』** *Définitions*. *nrf*.［神谷幹夫訳『アラン 定義集』，岩波文庫，2003］

1956——**『アラン プロポ 1』** *Propos*.（Maurice Savin 編），*nrf*,（Bibliothèque de la Pléiade）.［山崎庸一郎訳『プロポ 1』（抄訳），2000，『プロポ 2』（抄訳），みすず書房，2003］

1958——**『芸術と神々』** *Les Arts et les Dieux*.（Georges Bénézé 編），*nrf*,（Bibliothèque de la Pléiade）.

1960——**『情念と叡知』** *Les Passions et la Sagesse*.（Goerges Bénézé 編），*nrf*,（Bibliothèque de la Pléiade）.

1970——**『アラン プロポ 2』** *Propos 2*.（Samuel S. de Sacy 編），*nrf*,（Bibliothèque de la Pléiade）.

アラン 主要著作一覧

＊原書の出版年，タイトル，出版社名，日本語訳がある場合は
［　］内に書誌情報を示した．

1901――**『スピノザに倣いて』** *Spinoza.* Delaplane (Les philosophes) (エミール・シャルティエ E. Chartier の名で)．［神谷幹夫訳，平凡社，1994］

1917――**『精神と情熱とに関する八十一章』** *Quatre-vingt-un chapitres sur l'Esprit et les Passions.* L'Émancipatrice.［小林秀雄訳(新版)，東京創元社，1997］

1920――**『芸術の体系』** *Système des beaux-arts. nrf.*［桑原武夫訳『アラン 諸芸術の体系』，岩波書店，1982／長谷川宏訳，光文社古典新訳文庫，2008］

1921――**『マルス 裁かれた戦争』** *Mars ou la Guerre jugée. nrf.*［加藤昇一郎・串田孫一訳，思索社，1950／白井成雄訳『裁かれた戦争』，小沢書店，1986］

1925――**『幸福論』** *Propos sur le Bonheur.* Jo Fabre (Cahier du Capricorne, 1).（新版 *nrf*, 1928)［神谷幹夫訳『アラン 幸福論』，岩波文庫，1998］

『ジュール・ラニョーの思い出』 *Souvenirs concernant Jules Lagneau. nrf.*［中村弘訳『ラニョーの思い出』，筑摩書房，1980］

1927――**『思想と年齢』** *Les idées et les âges.* Gallimard.［原亨吉訳，角川文庫，1955］

『家族の感情』 *Les sentiments familiaux.* L'Artisan du livre, (Cahiers de la quinzaine).［串田孫一・渡辺秀訳，風間書房，1946.（『世界人生論集 11』所収，筑摩書房，1962)］

1931――**『海辺の対話』** *Entretiens au bord de la mer. Recherche de l'entendement.* Gallimard.［原亨吉訳『海辺の対話――悟性の探求』角川文庫，1953］

『芸術についての二十講』 *Vingt leçons sur les beaux-arts. nrf.*［安藤元雄訳『アラン著作集 5』所収，白水社，1997／長谷川宏訳『芸術論 20 講』，光文社古典新訳文庫，2015］

1932――**『哲学入門――プラトン，デカルト，ヘーゲル』** *Idées. Platon, Descartes, Hegel.* Hartmann.（新版，1939)［吉田秀和訳『哲学入門　上・下』アルス，1949／渡辺秀訳『アラン著作集 6』所収，白水社，1997］

1932――**『神話入門』** *Préliminaires à la mythologie.* Hartmann.

1934――**『神々』** *Les Dieux.* Gallimard.［井沢義雄訳，彌生書房，1957］

1935――**『バルザック』** *En lisant Balzac.* Laboratoires Martinet.［小西茂也訳，創元社，1947.／岩瀬孝・加藤尚宏訳『バルザック論』，冬樹社，1968］

『スタンダール』 *Stendhal.* Rieder. Les maîtres des littératures. 新版 *nrf*, 1948.［大岡昇平訳，創元社，1948／生島遼一・小林　正・富永明夫訳，『世界文学大系 21・22』所収，筑摩書房，1958／鈴木昭一郎訳，『世界文学大系 22』所収，筑摩書房，1960］

アラン 年譜

1868年3月3日	誕生．オルヌ県の田舎町モルターニュにて．本名はエミール・シャルティエ(Emile Chartier)．
1874年(6歳)	モルターニュの学校で学ぶ．
1881年(13歳)	アランソンのリセで学ぶ．
1886年(18歳)	ヴァンヴのリセで学ぶ．ジュール・ラニョーに師事．
1889年(21歳)	高等師範学校《エコール・ノルマル》に合格．
1892年(24歳)	哲学の教授資格試験に合格．テオドール・リュイサン，エリー・アレヴィーに次いで第3位にて．ポンティヴィのリセの教授に任命される．
1893年(25歳)	ロリアンの教授に任命される．
1894年(26歳)	ジュール・ラニョーの死．獣医であったアランの父，エティエンヌ・シャルティエの死．
1900年(32歳)	ルーアンの教授に任命される．そこでアンドレ・モーロワを教える．
1903年(35歳)	リセ・コンドルセの教授に任命される．
1904年(36歳)	ジュネーヴの哲学会議に参加．精神生理学に関するベルクソンの覚書について批判する．
1906年(38歳)	ジュール・ラニョーが教鞭をとった(ヴァンヴの)リセ・ミシュレ校の教授に任命される．
1909年(41歳)	パリのアンリ四世校の哲学教授に任命される．
1914年(46歳)	戦争が勃発．アランは46歳で従軍．
1917年(49歳)	リセ・アンリ四世校に戻る．パリの西郊，ル・ヴェジネに住む．
1933年(65歳)	停年退職して，パリ(ル・ヴェジネ)とブルターニュ(ル・プルデュ)とに住む．
1951年(83歳)	5月10日．自宅で国民文学賞を授与される．アンドレ・モーロワが同席． 6月2日．アランの死． 6月6日．パリのペール・ラシェーズ墓地に埋葬．

アラン
Alain(1868-1951). アランはペンネーム, 本名エミール・シャルティエ(Émile-Auguste Chartier). エコール・ノルマル・シュペリュール(高等師範学校)を卒業後, リセ(高等中学校)の教師となり, 哲学教師として40年間, フランス各地で教鞭をとった. A. モーロワ, S. ヴェイユ, S. ペトルマンなど多くの哲学者を育てた. 主な著作に『芸術の体系』『幸福論』『海辺の対話』『神々』などがある.

神谷幹夫
1948年生. 早稲田大学理工学部卒業. パリ・ソルボンヌ大学卒業(哲学修士). 現在, 日本赤十字北海道看護大学非常勤講師. Association des Amis d'Alain および Institut Alain 会員. 主な論文に Alain, lecteur d'Homère (*Revue Internationale de Philosophie*, n°1, 2001), 訳書にアラン『幸福論』(1998), 同『四季をめぐる51のプロポ』(2002), 同『定義集』(2003, いずれも岩波文庫), 同『生きること 信じること』(岩波書店, 2015)などがある.

わが思索のあと　アラン

2022年5月27日　第1刷発行

訳　者　神谷幹夫《かみやみきお》

発行者　坂本政謙

発行所　株式会社 岩波書店
〒101-8002 東京都千代田区一ツ橋2-5-5
電話案内 03-5210-4000
https://www.iwanami.co.jp/

印刷・三陽社　カバー・半七印刷　製本・牧製本

ISBN 978-4-00-061536-5　Printed in Japan